Doris Krumpholz

Einsame Spitze

Für meine Eltern Ruth und Willi Krumpholz
in Liebe und Dankbarkeit.

Doris Krumpholz

Einsame Spitze

Frauen in Organisationen

VS VERLAG FÜR SOZIALWISSENSCHAFTEN

VS VERLAG FÜR SOZIALWISSENSCHAFTEN

VS Verlag für Sozialwissenschaften
Entstanden mit Beginn des Jahres 2004 aus den beiden Häusern
Leske+Budrich und Westdeutscher Verlag.
Die breite Basis für sozialwissenschaftliches Publizieren

Bibliografische Information Der Deutschen Bibliothek
Die Deutsche Bibliothek verzeichnet diese Publikation in der Deutschen Nationalbibliografie;
detaillierte bibliografische Daten sind im Internet über <http://dnb.ddb.de> abrufbar.

1. Auflage September 2004

Alle Rechte vorbehalten
© VS Verlag für Sozialwissenschaften/GWV Fachverlage GmbH, Wiesbaden 2004

Der VS Verlag für Sozialwissenschaften ist ein Unternehmen von Springer Science+Business Media.
www.vs-verlag.de

Umschlaggestaltung: KünkelLopka Medienentwicklung, Heidelberg
Druck und buchbinderische Verarbeitung: Lengericher Handelsdruckerei, Lengerich
Gedruckt auf säurefreiem und chlorfrei gebleichtem Papier
Printed in Germany

ISBN 3-8100-3905-5

Inhalt

1. Einleitung und Hintergrund

Dieses Buch ist geschrieben für Frauen, die in Organisationen arbeiten, für Führungskräfte, für LeiterInnen/TrainerInnen in der Erwachsenenbildung, Gleichstellungs- und Frauenbeauftragte und für Frauen, die nach der Ausbildung oder nach der Familienphase in den Beruf (zurück-)gehen, ebenso wie für Studierende. Das Buch ist aus der weiblichen Perspektive geschrieben und im Wesentlichen für Frauen gedacht. Vieles mag jedoch auch für männliche Leser nützlich sein.

Das Buch basiert auf langjähriger Erfahrung in Forschungs- und Lehrtätigkeit an der Hochschule, auf der Auseinandersetzung mit der theoretischen und empirischen wissenschaftlichen sowie der einschlägigen feuilletonistischen Literatur und auf meinen Praxiserfahrungen in Organisationen auf dem Hintergrund meiner Tätigkeit in der Organisationsentwicklung und Seminarleitung sowie der Zusammenarbeit mit Gleichstellungsbeauftragten.

Das Buch verfolgt mehrere Ziele.

In der wissenschaftlichen Literatur liegen theoretische Konzepte und empirische Befunde vor, die im Wesentlichen von den einschlägig interessierten WissenschaftlerInnen rezipiert werden. Demgegenüber steht die feuilletonistische Ratgeberliteratur, die in der Regel im (fast) empiriefreien Raum subjektive Erfahrungen und Sichtweisen der AutorInnen widerspiegelt und für Laien gedacht ist. Dazwischen klafft eine Übertragungslücke.

Dieses Buch hat das Anliegen, diese Lücke zu füllen und wissenschaftliche Erkenntnisse für Laien verständlich und nutzbar zu machen. Der Gedanke ist, ein anspruchsvolles wissenschaftlich fundiertes Buch insbesondere für Frauen vorzulegen, das für den beruflichen Alltag nützlich ist.

Die Vorgehensweise ist eklektisch[1]: Linguistik[2], Evolutionsbiologie, Organisations- und Persönlichkeits-, Führungs- und Sozialpsychologie sowie Organisationssoziologie und Erkenntnisse aus der Gruppendynamik leisten Beiträge.

---

1 auswählend
2 Sprachwissenschaft

Die Themenauswahl orientiert sich dabei an den Erfahrungen und Prob-
lemlagen, die Teilnehmerinnen meiner Seminare typischerweise schildern,
beispielsweise:

– Die Erfahrung, während einer Diskussion in einem gemischtgeschlechtlichen Gremium einen Vorschlag zu machen, der aber ignoriert wird. Eine
  Stunde später macht ein Mann den gleichen Vorschlag, der jetzt von den
  anderen akzeptiert wird.
– Die Erfahrung, sich mit einem männlichen Kollegen fachkompetent zu
  unterhalten, und dann, wenn ein zweiter männlicher Kollege dazu
  kommt, von beiden wie Luft behandelt zu werden.
– Die Erfahrung, von einem ausschließlich mit Männern besetzten Team
  als weibliche Leitungskraft von Anfang an konflikthaft angegangen zu
  werden.
– Die Erfahrung, als junge Kollegin/Führungskraft von älteren männlichen
  Mitarbeitern wie ein Kind behandelt zu werden.
– Die Erfahrung, dass es äußerst schwierig zu sein scheint, eine Projektgruppe zu leiten.

Die Kenntnis der zu Grunde liegenden Mechanismen kann helfen, die Situation zutreffender zu analysieren, Missverständnisse zu vermeiden, keine
blockierenden Gefühle zu entwickeln und zielgerichtet zu handeln.
    Weiterhin orientiert sich die Auswahl an Urteilen von Teilnehmerinnen
über die Nützlichkeit von Inhalten für die praktische Arbeit in Organisationen. Das Buch stellt von berufstätigen Frauen als wertvoll bewertete Theori-
en und Befunde vor und bietet Hilfen zur Selbstanalyse und zur Analyse von
sozialen Situationen. Es stellt Zusammenhänge her, gibt Hinweise, Ratschläge, Tipps und macht auf Fallen und typische Fehler aufmerksam und will
gelegentlich auch Orientierungshilfe sein. Darüber hinaus liefert es eine Fülle
von Fakten, Zahlen, theoretischen Ansätzen und empirischen Befunden.
    Strategische Konzepte für die Organisation (Frauenförderung, Chancen-
gleichheitsprogramme, Gender Mainstreaming, Personalentwicklung) werden
nicht behandelt, da sie den Rahmen des Buches sprengen würden und geeignete gute Veröffentlichungen vielfach vorliegen (z.B. ASSIG & BECK, 1996;
BENDL, 1997; STALDER, 1997; WEBER, 1997; HOFMANN et al., 2003).
    An den genannten Zielsetzungen orientiert sich die Sprache, die allge-
meinverständlich und nur gelegentlich „schlau" daherkommt. Übungen, Fragebögen, Cartoons, Anekdoten und Geschichten dienen der Auflockerung,
Vertiefung und Analyse. Die wissenschaftlich orientierten LeserInnen mögen
Nachsicht üben.
    Wissenschaftlicher Hintergrund und Bezug machen gelegentliche Exkur-
se notwendig, wenn Begriffe (wie z.B. „Korrelation" in Abschnitt 3.5) oder
Schwierigkeiten in der empirischen Forschung (wie z.B. die Schwierigkeit,
die Wahrheit über Geschlechterunterschiede herauszufinden, Abschnitt 10.3)
erklärt werden. Diese Exkurse mögen der eher alltagspraktisch orientierten
Leserin trocken erscheinen, sind hoffentlich aber verständlich und zur Not

auch überlesbar, ohne dass der restliche Text unverständlich wird. Manche Abschnitte geben einen Überblick über Zahlen und empirische Befunde (z.b. Kapitel 2), sie sind als Hintergrund gedacht und inhaltlich hoch verdichtet. Von daher sind diese Abschnitte anspruchsvoller zu lesen als der restliche Text, liefern aber eine Fülle von Zahlen, die helfen sollen, Argumente in erhitzten Diskussionen genuss- und effektvoll mit Fakten unterfüttern zu können.

Der Umgang mit der Literatur folgt wissenschaftlichen Gepflogenheiten: Bezüge und Verweise erfolgen über AutorInnennamen und Jahreszahl im Fließtext (bei wörtlichen Zitaten inkl. Seitenzahl). Die benannten Stellen finden sich dann hinten im umfangreichen Literaturverzeichnis, so dass die Möglichkeit zur Vertiefung besteht, falls gewünscht. Dies bietet den eher wissenschaftlich interessierten LeserInnen die Möglichkeit, das Buch als „Steinbruch" zu benutzen und sich schnell in der für das Thema relevanten Literatur zu orientieren.

Das Buch beginnt in Kapitel 2 mit einer Übersicht über aktuelle Zahlen und Fakten zur beruflichen und zur Lebenssituation von Frauen. Die folgenden Absätze wollen einen Beitrag zur Erklärung dieser Situation leisten, dabei wird detailliert auf das weibliche Geschlechtsrollenstereotyp abgehoben. Kapitel 3 beleuchtet die Vorstellungen zum äußeren Erscheinungsbild, die Kapitel 4 und 5 das korrespondierende sprachliche Verhalten und die Körpersprache. Die Auswirkungen dieser unterschiedlichen Verhaltensweisen auf die Zusammenarbeit zwischen Frauen und Männern werden in den Kapiteln 6 und 7 beschrieben. Wichtige Strukturprinzipien von Organisationen stehen den Vorschriften aus dem weiblichen Geschlechtsrollenstereotyp diametral entgegen, woraus sich für Frauen in Organisationen ein Dilemma ergibt. Dies ist Thema des Kapitels 8, Kapitel 9 beschreibt die Auswirkungen dieses Dilemmas für Frauen. Weitere Erklärungsansätze für die Unterrepräsentanz von Frauen in ranghohen Positionen diskutiert Kapitel 10. In Kapitel 11 werden empirische Ergebnisse mit Blick auf Frauen in Führungspositionen referiert. Die Kapitel 12 bis 15 sind eher handlungspraktisch angelegt und geben auf der Basis der bislang erarbeiteten Erkenntnisse Hinweise, wie sich Frauen in Organisationen erfolgreicher verhalten können.

An dieser Stelle möchte ich den vielen Studierenden, TeilnehmerInnen und KollegInnen danken, die ihre beruflichen Erfahrungen mit mir geteilt haben, ihre Probleme benannt haben, Fallbeispiele beigesteuert haben und mir Mut gemacht haben, dieses Buch zu schreiben sowie Herrn Jacques Hero für die unschätzbare Hilfe bei der Literaturrecherche. Ich danke auch den KollegInnen, die die Rohfassung des Textes kritisch gelesen haben und mir viele wertvolle Hinweise gegeben haben, insbesondere Frau Dr. Hedwig Roos-Schumacher und Frau Lydia Roy. Ein besonderer Dank gilt auch der Verlegerin Frau Barbara Budrich, die sich mit bewundernswerter Akribie durch den Text gearbeitet hat.

Ein Buch, das den Spagat zwischen Wissenschaft und Praxis versucht, ruft möglicherweise Unzufriedenheiten bei LeserInnen beider Seiten hervor, lohnend scheint mir das Unterfangen trotzdem.

Ich wünsche allen Leserinnen und Lesern, dass sie den Text kritisch gegen den Strich bürsten, dass sie Erkenntnisse gewinnen und (manchmal) Spaß haben. Für Rückmeldungen bin ich natürlich jederzeit dankbar.

2. Einige Zahlen zur Lage auf dem Arbeitsmarkt

2.1 Einführung

Es ist allgemein bekannt, dass Frauen (immer noch) in den höheren Hierarchieebenen unterrepräsentiert sind; der Frauenanteil sinkt kontinuierlich mit steigendem Niveau der (Führungs-)Positionen und zwar in allen Bereichen des Arbeitslebens: im öffentlichen Dienst, im Wissenschaftsbetrieb, in Wirtschaft, Industrie, Handel, Banken, Versicherungen und Dienstleistungsunternehmen sowie in der Politik und den Kirchen (RAU, 1995; DIENEL, 1996; Bericht der Bundesregierung, 2002). Dies wird *als vertikale geschlechtsspezifische Segregation*[1] *des Arbeitsmarktes* bezeichnet. In Abschnitt 2.2 werden einige Bereiche beispielhaft beleuchtet, um das Ausmaß deutlich zu machen.

Daneben gibt es Berufe bzw. Sparten, in denen typischerweise eher Männer oder eher Frauen arbeiten. Berufe, die einen Frauenanteil von 70% und mehr aufweisen, werden üblicherweise als „Frauenberufe" bezeichnet und umgekehrt[2]. Typische Frauenberufe zeichnen sich aus durch Kontakt mit Menschen, Dienstleistung, häufig hausarbeitsnahe Tätigkeiten und „zuarbeitende" Funktionen (Medizinische Assistenzberufe, Stenographinnen u.ä., Reinigungsberufe, Krankenschwestern, Hebammen, Kindergärtnerinnen, Verkäuferinnen, HINZ & SCHÜBEL, 2001). Mit *dieser horizontalen Segregation des Arbeitsmarktes* beschäftigt sich Abschnitt 2.3.

In Abschnitt 2.4 finden Sie Daten zur Einkommens- und Lebenssituation von Frauen.

2.2 Die Unterrepräsentanz von Frauen in Führungspositionen

Zunächst als Beispiel die akademische Laufbahn. Abbildung 1 zeigt die Frauenanteile in verschiedenen Stadien der akademischen Laufbahn von 1999-2001.

---

1 Teilung
2 Zu Maßzahlen und Indizes, die „Segregation" operational definieren siehe WIMBAUER, 1999, S. 25ff.

Abb. 1: Frauenanteil in verschiedenen Stadien der akademischen Laufbahn
1999-2001

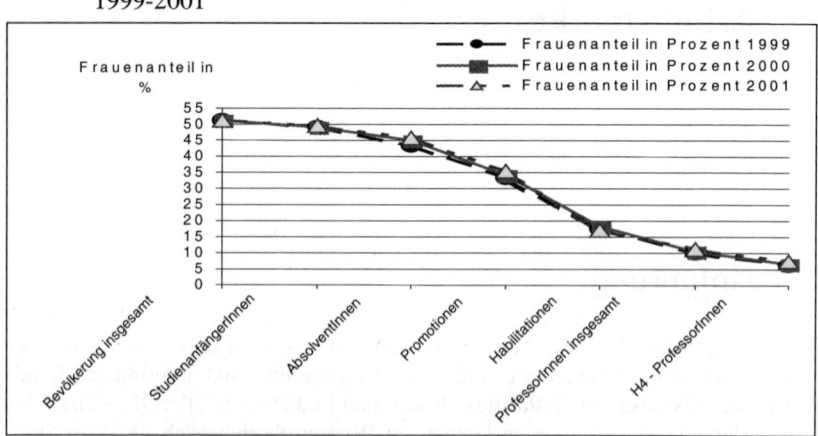

(Quelle: Statistisches Bundesamt, 2002)

Abb. 1 zeigt, dass mittlerweile bei den StudienanfängerInnen und auch noch
bei den weiblichen und männlichen Absolventen fast Parität erreicht ist. Die Zahlen sinken dann aber dramatisch, wenn es um den Verlauf der akademischen
Karriere geht: Nur ein Drittel aller Promotionen und ein knappes Fünftel aller
Habilitationen werden von Frauen abgeleistet,[3] sie stellen dann aber nur noch
ein Zehntel aller ProfessorInnen (genau 4.157 Frauen absolut in 2002 gegenüber 2.246 in 1992). *Mit dieser niedrigen Professorinnenquote ist Deutschland
im übrigen Schlusslicht in Europa*[4]. Wir sehen an der Abbildung auch, dass der
Fortschritt hier eine Schnecke ist, die Frauenanteile steigen in den betrachteten
drei Jahren nur leicht (ProfessorInnen) oder stagnieren sogar (Habilitationen).

   Ähnlich sieht die Situation in der Industrie aus: Im Jahr 2000 befand sich
weder in der gesamten Telekommunikationsindustrie noch bei 30 DAX-notier-
ten Unternehmen eine einzige Frau im Vorstand[5], ebenso wenig bei den 100
größten deutschen Unternehmen[6]. In der gesamten Wirtschaft schwankte nach
Angaben der Bundesregierung der Anteil von Frauen in Führungspositionen im
Jahr 1999 zwischen 5% und 16%, je nach Größe des Unternehmens und der
Management-Ebene[7]. Besonders dramatisch ist die Situation im Bereich der
Banken und Versicherungen: Frauen stellen hier zwar ca. die Hälfte der Be-

3   Zu den Hintergründen s. GEENEN, 1994.
4   Die Bundesregierung hat sich das ehrgeizige Ziel gesetzt, im Jahr 2005 einen Frauen-
     anteil von 20% bei den Professuren erreicht zu haben und zu diesem Zweck ein Pro-
     gramm zur Förderung junger Wissenschaftlerinnen aufgelegt, das u.a. die Juniorpro-
     fessur einführt. Nähere Informationen unter www.cews.uni-bonn.de (Kompetenzzen-
     trum Frauen in Wissenschaft und Forschung).
5   www.flexible-unternehmen.de vom 20.12.2002.
6   Michaela Schiessl: Duell der Superweiber. Der Spiegel 33, 2001, S. 88.
7   www.diw-ber.in.de/publikationen vom 20.12.2002.

schäftigten, sind aber in der dritten Führungsebene nur mit 8,7%, in der zweiten Ebene mit 3,6% und in der obersten Ebene nur mit 0,8% vertreten (SCHULTE-FLORIAN, 1999).

Auch beim Anteil an Frauen in Führungspositionen in der Privatwirtschaft ist die Bundesrepublik Schlusslicht in Europa: Frankreich 20%, Großbritannien 16%, Belgien 15%, Niederlande 13%, Luxemburg 12%, Deutschland 11%[8]. Gleichzeitig ist Deutschland auch Schlusslicht in Europa, was die Geburtenrate angeht (9 Lebendgeburten pro 1000 Einwohner, EUROSTAT, 2003)[9]. Dies hängt u.a. mit einem vergleichsweise konservativen Familienbild in (West-)Deutschland und mangelhaften zuverlässigen (Ganztags) Betreuungsmöglichkeiten in Hort, Kindergarten und Schule zusammen (vgl. Abschnitt 9.4).

Darüber hinaus stellen ALLMENDINGER & HINZ (2000) in einer Langzeitstudie bei sechs unterschiedlichen Organisationstypen eher eine Verfestigung der vertikalen Segregation fest: Trotz stärkerer Integration von Frauen in den mittleren Hierarchiebereichen steigt die Integration in den höheren Ebenen nicht und ist in manchen Organisationstypen sogar rückläufig. Darüber hinaus beobachten sie auf den Positionen, auf denen der Frauenanteil steigt, eine Entwertung des Status der Positionen und eine Verschlechterung der Arbeitsbedingungen.

Ebenso sind in den politischen Entscheidungsgremien Frauen unterrepräsentiert. Tab. 1 zeigt die absoluten und relativen Häufigkeiten von Männern und Frauen in den Bundestagen von 1998 und 2002.

Tab. 1: Anteil von Frauen und Männern in den Bundestagen von 1998 und 2002, aufgeschlüsselt nach Parteien

	Männer		Frauen		Insgesamt		Rel. Frauenanteil in %	
	1998	2002	1998	2002	1998	2002	1998	2002
SPD	193	156	105	95	298	251	35.2	37.8
CDU	159	147	39	43	198	190	19.6	22.6
CSU	41	46	6	12	47	58	12.8	20.7
BD90/Grüne	20	23	27	32	47	55	57.4	58.1
FDP	34	37	9	10	43	47	20.9	21.3
PDS	16	0	20	2	36	2	55.6	100.0
Insgesamt	463	409	206	194	669	603	30.8	32.2

(Quelle: Statistisches Bundesamt, 2002)[10]

Die Tabelle zeigt, dass der Frauenanteil insgesamt leicht angestiegen ist (von 30,8% auf 32,2%), d.h. *Frauen stellen knapp ein Drittel der Bundestagsab-*

---

8   Michaela Schiessl: Duell der Superweiber. Der Spiegel, 33, 2001, S. 88.

9   Frankreich hingegen schafft den "Spagat": Hier gibt es die meisten Frauen in Führungspositionen und gleichzeitig (nach Irland) die zweithöchste Geburtenrate in Europa (13,1 pro Tausend Einwohner, www.europa-web.de vom 16. 1. 2003), zu den Ursachen siehe HENRY-HUTHMACHER, 2002. Darüber hinaus will Frankreich ab 2004 zusätzlich eine Milliarde Euro in die Familienpolitik investieren (NRZ vom 8. 5. 2003).

10   www.bundeswahlleiter.de/bundestagswahl 2002 vom 5.11. 2002.

geordneten. Alle Parteien haben ihren relativen Frauenanteil leicht erhöht, zwischen 0,4% (FDP) und 7,9% (CSU). Die PDS ist mit nur zwei Frauen im neuen Parlament vertreten, da sie die Fünfprozenthürde nicht geschafft hat. Den relativ höchsten Frauenanteil stellen somit Bündnis 90/Die Grünen mit 58,1%, gefolgt von der SPD mit 37,8%.

2.3 Die Unterrepräsentanz von Frauen in bestimmten Berufen und Arbeitsbereichen

Frauen konzentrieren sich in Deutschland auf ein kleines Spektrum von Ausbildungsberufen und Studienfächern.

Tabelle 2 zeigt die meistgewählten Ausbildungsberufe nach Geschlechtern getrennt.

Es wird deutlich, dass sich 37,5% aller männlichen und 55,9% aller weiblichen Auszubildenden auf die zehn beliebtesten für das jeweilige Geschlecht typischen Ausbildungsberufe konzentrieren. Typische Frauenberufe (z.B. Friseurin) haben meist ein geringeres gesellschaftliches Ansehen bzw. einen geringeren Status, und auch ein relativ niedriges Einkommensniveau, das kaum die Frau ernährt, geschweige denn eine Familie. Außerdem sind es häufig „Sackgassenberufe", die kaum Aufstieg und Karriere ermöglichen.[11]

Tab. 2: Die zehn jeweils meistgewählten Ausbildungsberufe in 1999 nach Männern und Frauen getrennt

Ausbildungsberufe männlich	Anteil an allen männlichen Auszubildenden in Prozent	Ausbildungsberufe weiblich	Anteil an allen weiblichen Auszubildenden in Prozent
Kraftfahrzeugmechaniker	7.9	Arzthelferin	7.9
Elektroinstallateur	4.7	Bürokauffrau	7.8
Maler und Lackierer	3.7	Kauffrau im Einzelhandel	6.3
Tischler	3.5	Zahnarzthelferin	6.2
Kaufmann im Groß- und Außenhandel	3.2	Friseurin	6.0
Gas- und Wasserinstallateur	3.1	Industriekauffrau	5.9
Kaufmann im Einzelhandel	3.1	Fachverkäuferin Nahrung	4.8
Metallbauer	2.8	Bankkauffrau	4.2
Industriekaufmann	2.7	Hotelfachfrau	3.5
Industriemechaniker – Maschinen- und Systemtechnik	2.7	Kauffrau für Bürokommunikation	3.4
Insgesamt	37.5		55.9

(Quelle: Statistisches Bundesamt)[12]

---

11 Für LeserInnen, die an Daten zu Anteilen von Frauen in Männerberufen und von Männern in Frauenberufen interessiert sind, bieten HINZ & SCHÜBEL (2001) einen Überblick.
12 Statistisches Bundesamt, Fachserie 11, Reihe 3, 1999.

Abb. 2: Erwerbstätige im April 2001 nach Wirtschaftsbereichen

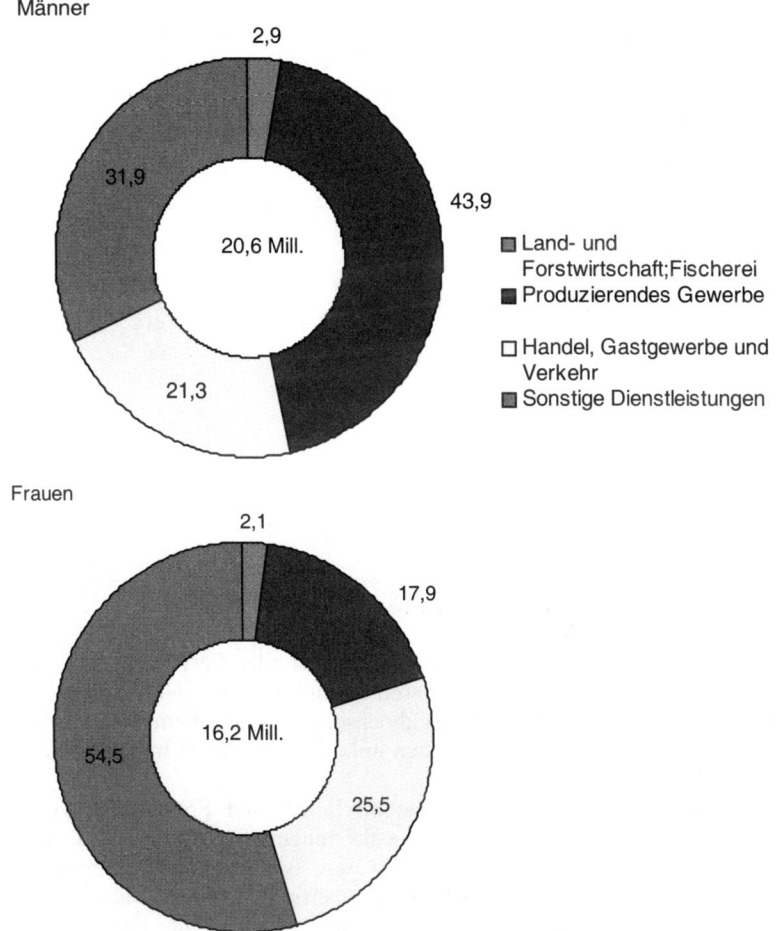

(Quelle: Statistisches Bundesamt, Statistisches Jahrbuch 2002, S. 103)

Abb. 2 zeigt, wie sich Männer und Frauen auf die einzelnen Wirtschaftsbereiche verteilen: Männer arbeiten häufiger im produzierenden Gewerbe (43,9% der Männer vs. 17,9% der Frauen). Aus der Abbildung wird deutlich, dass drei Viertel der Frauen im Dienstleistungsbereich arbeiten.[13]

---

13 Die horizontale Segregation ist übrigens seit der Vereinigigung in den neuen Bundesländern deutlich höher als in den alten. „Der Öffnung für Männer in qualifizierten, expandierenden Dienstleistungsberufen (z.B. Bankfach- und Industriekaufleute), die insbesondere im Finanzdienstleistungssektor nach der Vereinigung Einkommens- und

Ein ähnliches Bild zeigt sich hinsichtlich der Studienfachwahl, wie Tab. 3 zeigt.

Tab. 3: Frauenanteil bei den Neueinschreibungen im Wintersemester 2000/01 in den 14 meistbelegten Studienfächern an Universitäten (geordnet nach Frauenanteil, die erste Spalte zeigt die Größe: Betriebswirtschaft ist mit 28 000 Neueinschreibungen das größte Fach)

	Studienfach	Frauenanteil in %
03	Germanistik	79
11	Biologie	65
08	Humanmedizin	62
04	Rechtswissenschaften	55
09	Mathematik	54
12	Architektur	51
01	Betriebswirtschaft	47
05	Wirtschaftswissenschaften	44
13	Bauingenieurwesen	25
10	Wirtschaftsingenieurwesen	22
14	Wirtschaftsinformatik	20
02	Informatik	19
06	Maschinenbau	10
07	Elektrotechnik	09

(Quelle: Statistisches Bundesamt vom 17. 2. 2003)

Der Anteil an weiblichen Studierenden ist in fast allen Fächern in den letzten zehn Jahren gestiegen. Frauen studieren besonders häufig Germanistik, Biologie und Humanmedizin (an Fachhochschulen vor allem Sozialwesen). Deutlich unterrepräsentiert sind Frauen immer noch in allen Ingenieurfächern und im Bereich der Informatik.

Bei den selbstständigen UnternehmerInnen sind Frauen häufiger als Männer vertreten in den Branchen Dienstleistungen, Einzel- und Großhandel, Gastgewerbe, Gesundheits- und Sozialwesen, typischerweise Unternehmen mit wenigen MitarbeiterInnen, bzw. Einfraubetriebe, während Männer in den Bereichen Landwirtschaft, Industrie, Baugewerbe, Verkehr- und Nachrichtenübermittlung, Finanzdienstleistungen, Unternehmensdienstleistungen überwiegen (EUROSTAT, 2002). 75% aller Firmen, die von Frauen geführt werden, haben weniger als fünf MitarbeiterInnen[14]. Dementsprechend expandieren von Frauen geleitete Unternehmen langsamer, was die MitarbeiterInnenzahl und die Umsatzentwicklung angeht, die Überlebenschance ihrer Betriebe ist allerdings nicht geringer (JUNGBAUER-GANS, 1993).

Prestigegewinne zu verzeichnen hatten, stand keine Öffnung für Frauen in qualifizierten Berufen, in denen sie unterrepräsentiert waren, gegenüber" (FALK, 2002, S.56).

14 Financial Times Deutschland, 6.9.2000, S. 34.

2.4 Ergänzende Daten

Die *Erwerbsquote* deutscher Frauen (zwischen 15 und 65 Jahren) betrug im Jahr 2001 64,9% und bei den Männern 80,1%, d.h., zwei Drittel aller Frauen im erwerbsfähigen Alter und vier Fünftel aller Männer gehen einer Erwerbstätigkeit nach (Statistisches Bundesamt[15], vgl. auch HORNUNG, 2000; ABELE, 1997).

98% der *Teilzeitarbeitskräfte* sind Frauen. Der wichtigste Grund hierfür ist der Wunsch, Beruf und Familie zu vereinbaren. BUSCH (1997) dokumentiert, dass 16% der Erwerbstätigen eine Teilzeitarbeitsstelle haben, nur 1,78% der Erwerbstätigen sind teilzeitarbeitende Männer, von diesen hatten jedoch 60% keine Kinder. Als Gründe für Teilzeitarbeit bei Männern wurden genannt: Aus- und Fortbildung, Krankheitsfolgen, Vollzeitstelle nicht zu finden. Die Studie von AUTENRIETH et al. (1993) zeigt jedoch, dass auch jüngere männliche Führungsnachwuchskräfte über alle untersuchten Branchen hinweg einen deutlichen Wunsch nach Teilzeitbeschäftigung äußern. Dies ist eine Entwicklung, der die Unternehmen (noch) in keiner Weise Rechnung tragen.

Entsprechend zeigen Analysen, dass die Zunahme der weiblichen Erwerbstätigkeit in den alten Bundesländern in den letzten zwanzig Jahren im Wesentlichen auf die Zunahme von Teilzeitarbeit zurückgeführt werden kann, d.h. auf eine Umverteilung des knappen Gutes Arbeit innerhalb der Gruppe der Frauen (ENGELBRECH & JUNGKUNST, 2001). Dies hat natürlich für Frauen viele negative Konsequenzen, die hier nur kurz skizziert werden können: Doppel- und Dreifachbelastung, Aufstiegsdiskriminierung, schlechtere Regelbeurteilungen, geringerer Status in der Organisation, geringere Sozialabgaben, damit eine schlechtere eigene Altersvorsorge (s.u.).

Dass das Problem der Vereinbarkeit von Beruf und Familie in der Hauptsache als Problem von Frauen wahrgenommen wird, zeigt auch, dass 97% der Personen, die Erziehungszeiten in Anspruch nehmen, Frauen sind. Komplementär dazu ist der geringe Anteil von Männern auf Teilzeitarbeitsplätzen und in der Hausmannsrolle.

Es wäre auch interessant, der Frage nach zu gehen, wie es sich mit *befristeten/unbefristeten Arbeitsverträgen* verhält. WIMBAUER (1999) zeigt z.B. für die Fraunhofer-Gesellschaft, dass im wissenschaftlichen Bereich Frauen zwar mit 45% fast paritätisch eingestellt werden, aber die Organisation schneller wieder verlassen, d.h., dass überproportional häufig Männer die Stellen mit unbefristeten Verträgen erhalten. Dieses Phänomen wird „Drehtür–Effekt" genannt („revolving doors"). Mir sind allerdings zu diesem Thema keine Überblicksartikel bekannt, aus denen sich eine Verallgemeinerung ableiten ließe.

Verdienst: Im produzierenden Gewerbe verdiente im Jahr 2000 ein männlicher Arbeiter 4705 DM, eine Arbeiterin 3475 DM, das sind knapp

---

15 www.destatis.de/cgi-bin/printview.pl vom 13.8.2002.

74% vom Bruttogehalt des männlichen Arbeiters (siehe www.bmfsfj.de, vgl. auch GEISSLER, 1996). Die Gründe liegen zum Teil in weniger Überstunden, kürzeren Wochenarbeitszeiten, weniger übertariflichen Zulagen, vor allem aber auch in der Zugehörigkeit von Frauen zu schlechter bezahlten Berufspositionen und Lohngruppen.

OSTERLOH & LITTMANN-WERNLI (2000, S. 128) weisen auf die darin enthaltene doppelte Diskriminierung hin: Arbeitsplatzanforderungen werden bei frauentypischen Arbeitsplätzen systematisch niedriger eingestuft, was ungerechtfertigt niedrigere Frauengrundlöhne zur Folge hat. Der Grundlohn ist aber eine Maßzahl für die Einschätzung der Durchschnittsproduktivität eines Mitarbeiters/einer Mitarbeiterin, so dass für Frauen eine niedrigere Produktivität angenommen wird, was wiederum ein Einstellungs- bzw. Beförderungshindernis sein kann.

Die Einkommensdifferenz zwischen Männern und Frauen steigt sogar noch bei höheren Abschlüssen: Im Westen Deutschlands erreichen Vollzeit beschäftigte Frauen mit einem Universitätsabschluss nur 72% des Einkommens ihrer männlichen Kollegen, in Ostdeutschland 89%.

Im Überblick zeigte eine neuere Studie, dass Deutschland im europäischen Vergleich die größte Einkommensdifferenz zwischen Frauen und Männern aufweist (EUROSTAT, 2002, vgl. auch AUTENRIETH et al., 1993, S. 123ff.).

Über die Wurzeln der Lohnunterschiede

„Die tatsächliche Wohlfeilheit der Frauenarbeit wird motiviert mit der weiblichen Inferiorität[16] sowohl hinsichtlich der quantitativen als der qualitativen Leistung. Bedingt ist diese geringere Leistungsfähigkeit einmal durch die für das Gros der Arbeiterinnen zutreffende mangelnde Berufsausbildung, zum andern durch die durch Erfüllung ihrer Geschlechtsfunktionen hervorgerufenen Störungen. Ferner beruht die verschiedene Lohnhöhe für männliche und weibliche Arbeit auf der Erkenntnis, dass der Mann in erster Linie als der Ernährer und Versorger der Familie angesehen wird, die Frau nur als ein Teil der vom Manne unterhaltenen Familie. Gleichviel ob verheiratet oder ledig habe die Frau doch meist den Rückhalt bei ihrer Familie, die für sie sorgt, und stelle ihr Lohn nur einen Zuschussverdienst zum Einkommen des Familienvaters (Ehegatte, Vater) dar" (NIELSEN, 1920, S. 41). NIELSEN stellt dann in ihrer Dissertation dar, dass die erwerbstätigen Frauen von den männlichen Arbeitern wegen der geringeren Entlohnung und der damit verbundenen höheren Attraktivität für die Arbeitgeber auch noch angefeindet wurden.

Wird im obigen Zitat 1920 noch auf die geringere Leistungsfähigkeit der Frauen als Begründung für Lohndifferenzen abgehoben, so zeigen HEINTZ et

---

16 Minderwertigkeit, Unterlegenheit

al. (1997) für moderne Organisationen, dass die horizontale Segregation (also ein struktureller Aspekt) ein wichtiger Faktor bei der Aufrechterhaltung der Einkommensunterschiede ist.

Die genannten Einkommensunterschiede und die (vertikale und horizontale) Segregation sind im Übrigen ein weltweites Phänomen (mit unterschiedlichen Größenordnungen, im Schnitt verdienen Frauen weltweit 20-30% weniger).[17]

Die Einkommensunterschiede in der Erwerbsphase werden im Alter durch die Alterssicherungssysteme fortgeschrieben. Frauen erreichen zur Zeit im Durchschnitt weniger als die Hälfte der Männerrenten im Hinblick auf die eigenständigen Rentenansprüche. Dies ist u.a. bedingt durch Erziehungszeiten, keine eigene Altersvorsorge als Hausfrau[18], Schieflagen bei der Entlohnung, Teilzeitarbeit, geringfügige Beschäftigungsverhältnisse (Frauenanteil 71%, BFSFJ, 2001). Darin begründet sich das *höhere Armutsrisiko von älteren Frauen.* 68% der Empfänger von Laufender Hilfe zum Lebensunterhalt („Sozialhilfe") in der Altersgruppe über 65 Jahre sind Frauen (Statistisches Bundesamt, 2000).

Ein höheres Armutsrisiko haben auch alleinerziehende Frauen (85% aller Alleinerziehenden sind Frauen). In der Altersgruppe zwischen 18 und 40 Jahren – also in Zeiten der Kindererziehung – liegt der Frauenanteil an Empfängern von Laufender Hilfe zum Lebensunterhalt bei ca. 65%, und 37,1% (!) aller „SozialhilfeempfängerInnen" insgesamt sind Kinder und Jugendliche bis 18 Jahren (Statistisches Bundesamt, 2000).

Man könnte mit einiger Berechtigung sagen, „der typische Sozialhilfeempfänger" ist entweder eine alte Frau, eine alleinerziehende Mutter oder ein Kind. Insofern geht die aktuelle sozialpolitische Diskussion über „Sozialhilfeempfänger" an den Realitäten vorbei. Sie ist populistisch, indem sie das Bild eines arbeitsfähigen, aber arbeitsscheuen Mannes als „typisch" skizziert. Schlimmer noch, sie führt zu einer doppelten Diskriminierung von alleinerziehenden (und alten) Frauen, vor allem wenn man bedenkt, dass die Hortdeckungsquote für Kinder unter drei Jahren in Westdeutschland unter 3% liegt, eine Quote, die es alleinerziehenden Frauen mit kleinen Kindern oft verunmöglicht, erwerbstätig zu sein, so dass sie auf Hilfe zum Lebensunterhalt angewiesen sind (KLAMMER, 2001).

Leider ist hier nicht genügend Raum, um auf *Unterschiede zwischen west- und ostdeutschen Frauen* detailliert einzugehen: Die Erwerbsquote ostdeutscher Frauen ist immer noch höher, die Teilzeitarbeitsquote niedriger und die Verdienstunterschiede zu ostdeutschen Männern geringer als bei den westdeutschen Frauen (für weitere Informationen siehe www.bmfsfj.de. und NICKEL, VÖLKER, HÜNING, 1999). Alarmierend ist die Tatsache, dass sich

---

17 Für einen internationalen Überblick und Zahlen siehe das sorgfältig recherchierte Buch von WIRTH, 2001.

18 Dabei ist zusätzlich zu berücksichtigen, dass Hinterbliebenenrenten nicht den gleichen Rechtscharakter haben wie eigenständige Renten, sondern im Falle einer Wiederheirat entfallen.

dort die absolute Anzahl an Frauen in Führungspositionen in den ersten Jahren nach der Wende um über 80% verringerte (MACHARZINA et al., 1993).

2.5 Zusammenfassung

Frauen sind in Führungspositionen in allen Bereichen deutlich unterrepräsentiert und konzentrieren sich häufig auf Berufe, die sich durch Zuarbeit, Dienstleistung und Dienst am Menschen auszeichnen. Häufig sind dies Berufe mit einem niedrigen gesellschaftlichen Status und mit geringeren Verdienst- und Aufstiegsmöglichkeiten. Darüber hinaus verdienen Frauen auf allen Hierarchieebenen weniger als Männer in jeweils vergleichbarer Stellung. Der Wunsch, Beruf und Familie zu vereinbaren, führt dazu, dass fast ausschließlich Frauen Teilzeit arbeiten und Erziehungszeiten in Anspruch nehmen. Frauen haben ein deutlich höheres Armutsrisiko als Männer, vor allem ältere Frauen und alleinerziehende Mütter.

Im gesamteuropäischen Vergleich schneidet Deutschland am schlechtesten ab[19]: Es gibt die größten Einkommensdifferenzen zwischen Männern und Frauen, den geringsten Anteil an weiblichen Führungskräften und Professorinnen und gleichzeitig die niedrigste Geburtenrate.

Die folgenden Kapitel wollen einen Beitrag zu einer Erklärung vor allem der vertikalen Segregation leisten, weitere Erklärungsansätze finden Sie in Kapitel 10. Überraschenderweise beginnen wir mit unserer Ursachensuche beim liebsten Spielzeug vieler Mädchen: der Barbie-Puppe.

---

19 Zu den Hintergründen s. Kapitel 10.

3. Barbie – das Aussehen von Frauen

3.1 Einführung

Als ich elf Jahre alt war, bekam ich eine Barbie-Puppe geschenkt. Das war 1966. Damals war Barbie noch nicht ganz so populär wie heute, aber das änderte sich in jenen Jahren gerade. Barbie sah damals zwar etwas anders aus (auch Barbie ist dem Modewandel unterworfen), die wesentlichen Merkmale haben sich aber in der Zwischenzeit nicht verändert (TOSA, 1997).

Abb. 3: „Barbie" (TOSA, 1997)

Sie hat

- große tiefliegende Augen, eine kleine Nase, ein kleines Kinn und einen punktförmigen roten Mund, dabei Unmengen von Haaren. Demgegenüber steht das völlige Fehlen von Scham- und Achselbehaarung.
- breite Schultern und Hüften, einen relativ großen Busen[1] und dabei eine extrem schmale Taille,
- extrem lange Beine.

Ich kann mich noch gut erinnern, wie ich mir die nackte Puppe anschaute und mich fragte, warum diese Puppe so aussieht wie sie aussieht, denn sie schien wenigstens in den genannten Punkten nicht dem Vorbild realer erwachsener Frauen zu entsprechen.

Ich habe 30 Jahre gebraucht, um alle (realistischen und unrealistischen) Details zu verstehen. Es war ein spannender langer Prozess der Auseinandersetzung mit einer Kultfigur, die eine spezielle Vorstellung von

---

1 Auch Barbie unterliegt dem Modewandel: Ihr Busen ist in den letzten Jahren deutlich kleiner geworden.

Weiblichkeit repräsentiert. Sie hat mir geholfen, mir bewusst zu werden über unsere gesellschaftlichen Vorstellungen darüber, wie Frauen aussehen und sich verhalten sollen, aber auch darüber, wie die Sozialwissenschaften diese Vorstellungen von Frauen aufgreifen, reflektieren (und fortschreiben). Oder anders ausgedrückt: Für mich ist Barbie „*die*" Symbolfigur für wichtige Facetten des weiblichen Geschlechtsrollenstereotyps unserer Zeit, das sich mit ihrer Hilfe ausgezeichnet analysieren lässt. Die Erkenntnisse, die ich in einer lebenslangen Auseinandersetzung als Wissenschaftlerin und Frau gewonnen habe, möchte ich in der Folge erläutern. Zunächst aber einige Gedanken zu dem, was unter den Begriffen Stereotyp und Geschlechtsrollenstereotyp verstanden wird.

3.2 Das weibliche Geschlechtsrollenstereotyp

Stereotype von Menschengruppen („die Türken", „die Politiker", „die Frauen") sind verallgemeinernde Glaubensgrundsätze über Charaktereigenschaften, Verhaltensweisen und Aussehen dieser Menschen und somit Bestandteile von Vorurteilen (z.B. „Italiener sind gute Liebhaber"). Sie sind kultur- und modeabhängig, d.h., sie verändern sich über die Zeit und sie werden gelernt.

Stereotype vereinfachen die komplexe Realität und helfen uns so bei der Orientierung im Alltag. Sie tragen zur Vorhersagbarkeit, Berechenbarkeit und Stabilität sozialer Beziehungen bei. Dabei steuern sie unbewusst unsere Wahrnehmung (s. Abschnitt 9.2). Sie sind in der Regel relativ resistent gegenüber Veränderungen, auch gegen die Realität. Es braucht wiederholte und deutliche anderslautende Erfahrungen für eine Korrektur (SPREEMANN, 2000).

Gleichzeitig wirken sie auch als Verhaltensvorschriften für die betroffene Gruppe und können so zur sich-selbst-erfüllenden Prophezeiung werden, indem die Menschen die an sie gerichteten Erwartungen wahrnehmen und ihnen zu entsprechen versuchen, entweder weil die Umwelt alternative Verhaltensweisen nicht wahrnimmt bzw. bestraft[2] oder weil sie für Verhaltensweisen, die dem Stereotyp entsprechen, von der Umwelt anerkannt und belohnt werden.

Das weibliche Geschlechtsrollenstereotyp unserer Zeit schreibt Frauen

– bestimmte Charaktereigenschaften zu: Frauen seien sanft, einfühlsam, abhängig, nachgiebig, emotional und reaktiv (demgegenüber seien Männer: dominant, unabhängig, rational, selbstsicher, unemotional, leistungsorientiert, konkurrenzfreudig (SPREEMANN, 2000))[3],

---

2   Dieser Wirkmechanismus ist wunderbar beschrieben in „Andorra" von Max Frisch.
3   Diese Zuschreibungen erzielen einen weitgehenden interkulturellen Konsens, d.h. sie
     sind z. T. international (WILLIAMS & BEST, 1982). HOFSTEDE (1991, S. 78) fand in 23
     (von 25) untersuchten Ländern übereinstimmend folgende Zuschreibungen an Männer: autokratisch, unabhängig, aggressiv, dominant, aktiv, abenteuerlustig, mutig,

- bestimmte Verhaltensweisen (z.B. zuständig für den Haushalt, Kindererziehung und die Pflege alter Menschen, Vorschriften für Körpersprache) und
- bestimmte Vorstellungen bezüglich des Aussehens zu, wie sie im Folgenden diskutiert werden.

In Wahrheit jedoch sind Frauen (und ebenso Männer) sehr unterschiedlich, gerade in der heutigen Zeit ist die Spannweite möglicher Verhaltensweisen, Einstellungen und Lebensentwürfe sehr groß. Das Stereotyp trägt dem in keiner Weise Rechnung. Denn vermutlich sind in der Bevölkerung die Unterschiede *innerhalb* eines Geschlechts größer als die *zwischen* den Geschlechtern.

Interessant ist in diesem Zusammenhang noch, dass SIX & ECKES (1991) das moderne weibliche Geschlechtsrollenstereotyp in drei Subkategorien aufteilen:

- „traditionell" (z.B. Hausfrau)
- „nicht-traditionell" (z.B. Karrierefrau)
- „sexualitätsbezogen" (z.B. Sexbombe).

Das männliche Geschlechtsrollenstereotyp erwies sich als weniger klar unterscheidbar in Subkategorien (allenfalls „Macho" vs. „Softie").

3.3 Verkindlichung

Ich habe lange darüber gegrübelt, warum Barbie so aussieht: ihr Gesicht, ihre Körperformen, ihre langen Beine.

Die erste Erkenntnis diesbezüglich hatte ich in der Schule mit etwa 13 Jahren, als unser Biologielehrer uns das sog. „Kindchenschema" erklärte.

„Schema" ist ein Begriff aus der Verhaltensbiologie. Er bezeichnet die Tatsache, dass eine bestimmte Zusammenstellung von Reizen bzw. Merkmalen an einem Objekt oder einer Person reflexhaft und unwillkürlich auf Grund eines genetisch festgelegten Programms eine bestimmte Reaktion provoziert (z.B. Ekel, sexueller Appetit). Die beim Gegenüber ausgelöste Reaktion ist um so stärker, bzw. um so wahrscheinlicher, je mehr Reize des auslö-

---

stark, robust, unemotional, progressiv, unternehmungslustig, ernst, während Frauen übereinstimmend als abhängig, unterwürfig, ängstlich, schwach, emotional, sensibel, verträumt, abergläubisch, gefühlvoll, sentimental und weichherzig charakterisiert wurden. Die Unterschiede in den Zuschreibungen waren am größten in den Ländern, in denen „maskuline" Werte kulturell als besonders wichtig angesehen werden (Japan, Österreich, Venezuela, Italien auf den Plätzen eins bis vier, Deutschland auf Platz neun) und besonders niedrig in Ländern mit einer geringen Betonung „maskuliner" Eigenschaften (Dänemark, Niederlande, Norwegen und Schweden auf den Plätzen 50 bis 53), also in Ländern, in denen bei beiden Geschlechtern in der Erziehung z.B. auf Bescheidenheit und Weichherzigkeit Wert gelegt wird.

senden Reizschemas das Objekt bzw. die Person in sich vereinigt („Reizsummenregel", VOGEL & ANGERMANN, 1972).

Eines dieser dem Menschen (Frauen und Männern) angeborenen Schemata ist das „*Kindchenschema*". Damit ist eine Kombination von Merkmalen gemeint, wie sie kleine Kinder und viele kleine Tiere aufweisen. Die biologische Funktion dieses Schemas ist, Hege- und Pflegeverhalten auszulösen und aggressive Impulse zu drosseln.

Abb. 4: Beispiel: Photo aus einer Werbung für Künstlerpuppen (Mit freundlicher Genehmigung von ‚The Bradford Exchange Ltd.')

Bei der Betrachtung von Abb. 4 sagen wir vielleicht unwillkürlich: „Oh wie niedlich!" Und es fällt uns schwer, uns vorzustellen, dass wir einem Wesen, das so aussieht, Schmerz oder Leid zufügen könnten. Dies ist ein Mechanismus, der in unserem genetischen Programm verankert ist, also in der menschlichen Evolution erworben wurde und vererbt wird. Seine Funktion ist, Kinder vor körperlichem Schaden zu bewahren und die Fürsorge der Erwachsenen, auf die sie angewiesen sind, sicher zu stellen.

Das Kindchenschema weist die in Abb. 5 dargestellten Merkmale auf.

Abb. 5: Das Kindchenschema (eigene Darstellung)

Erwachsene	Kinder
Groß	klein
Körperbehaarung	keine Körperbehaarung
Gesichtsbehaarung	keine oder wenig Gesichtsbehaarung
Kleiner Kopf (10% der Körperlänge)	großer Kopf (25% der Körperlänge)
lange Nase	Stupsnase
schlitzförmige Augen	runde, große „Stecknadelaugen"
schmaler Mund	runder, roter Mund
sicherer Gang, tieferer Körperschwerpunkt	unsicherer Gang, höherer Körperschwerpunkt
tiefe Stimme	hohe Stimme

Darüber hinaus sind Kinder jünger und faltenärmer im Gesicht als Erwachsene. Ich sah das Kindchenschema auf der Folie meines Biologielehrers und vor meinem geistigen Auge stieg Barbie auf. Ich dachte: „Mindestens das Gesicht passt doch: große tiefliegende Augen, Stupsnase, roter Mund." Das Gesicht von Barbie entspricht weitgehend dem Kindchenschema. Oder bezogen auf das Geschlechtsrollenstereotyp ausgedrückt:

> Frauen sollen in ihrem äußeren Erscheinungsbild möglichst dem Kindchenschema entsprechen, möglichst kindlich wirken.

Dies wird Frauen dadurch erleichtert, dass es *„körperliche Geschlechterunterschiede"* gibt, die Frauen von der Natur mitgegeben sind und die in Richtung des Kindchenschemas weisen:

Zunächst einmal sind Frauen im Durchschnitt kleiner als Männer: Der durchschnittliche Mann ist 1,15 mal so groß wie die durchschnittliche Frau[4]. Darüber hinaus haben Frauen weniger Körper- und Gesichtsbehaarung, eine feinere Gesichtshaut und eine höhere Stimme. Außerdem entwickelt der weibliche Körper bei identischem Ausgangsgewicht und gleichem Training weniger Muskelmasse als der männliche.

Diese von der Natur mitgegebenen durchschnittlichen Unterschiede werden in unserer Kultur (und in vielen anderen Kulturen auch) mit verschiedenen Mitteln betont und dadurch in der Wahrnehmung der BetrachterInnen hervorgehoben, vor allem in der Zeit zwischen dem 15. und dem 30. Lebensjahr, also in dem Zeitraum, in dem schwerpunktmäßig die Partnerwahl stattfindet.

Das heißt:

> Frauen passen sich in ihrem äußeren Erscheinungsbild dem Kindchenschema auch aktiv an.

Vor allem *„kosmetische Bemühungen"* von Frauen zielen ziemlich exakt darauf ab, das äußere Erscheinungsbild dem Kindchenschema anzugleichen: Frauen entfernen Körperbehaarung an Beinen, in den Achseln und der sog. „Bikinizone" (entsprechend fehlt Körperbehaarung auch bei Barbie[5]), zupfen

---

4 Dieser Index ist in der Evolutionsbiologie bei Menschenaffen ein Kriterium dafür, wie stark die Männchen um die Weibchen konkurrieren. Bei Gorillas kämpfen die Männchen um die Weibchen und sind annähernd doppelt so groß wie sie. Gibbonmännchen suchen die Territorien der Weibchen auf und leben dann monogam, sie sind genauso groß wie die Weibchen (Näheres zu dieser interessanten Überlegung in PINKER, 1998).

5 Fehlende/entfernte Körperbehaarung von Frauen rückt den weiblichen Körper natürlich in die Nähe von Kindlichkeit. Darüber hinaus ist gerade auch die Schambehaarung ein Symbol für die eigenen sexuellen Wünsche der Frau (und damit für Anforde-

sich die Augenbrauen und andere mögliche Gesichtsbehaarung, sie decken
eine lange Nase mit Puder ab, vergrößern den Kopf optisch durch lange Haare und üppige Frisuren[6] und die Versuche, sich große Augen anzuschminken
und die Gesichtshaut lange faltenarm zu halten, sind vielfältig[7].

Ein weiterer Mechanismus sind die Normen[8], denen in unserer Gesellschaft Frauen und Männer (bewusst oder unbewusst) bei der *„Partnerwahl"*
folgen: Bei Paaren ist in der Regel der Mann größer und älter als die Partnerin (vgl. GOFFMAN, 1994). Hier wird ein Kind-Erwachsenen-Muster reproduziert, eine (relative) Verkleinerung der Frau betrieben.

Damit korrespondiert das Bemühen um Verkleinerung der Körperoberfläche, z.b. um eine möglichst schmale Silhouette. Dies drückt sich einerseits
im Bemühen um *„Schlankheit"* aus. Die Norm, dass schlank gleich schön sei,
gilt insbesondere für Frauen. Frauen unterwerfen sich immer wieder Fasten-
kuren, konsumieren in der Bundesrepublik siebenmal soviel Abführmittel
wie Männer und stellen 95% der Magersuchtpatienten (vgl. auch SIEVER-
DING, 1993, S. 257).

Ein weiterer Mechanismus, mit dem die Verkleinerung des weiblichen
Körpers betrieben wird, ist die *„Kleidung"*. Enge Kleidung, wie schmale
Röcke und das sog. „Etuikleid", lässt häufig nicht einmal Taschen zu. Kor-
setts und Mieder „halten zusammen", schwarze Strümpfe mit Applikationen
und Nähten lassen die Beine schlank erscheinen.

Dieser einengende Kleidungsstil lässt nur bestimmte zusammengenom-
mene *„Körperhaltungen"* zu und korrespondiert mit ihnen im Bemühen um
eine möglichst schmale Silhouette, bzw. um eine möglichst geringe Körperoberfläche. Darüber hinaus werden Elemente, die Bedrohung signalisieren
könnten, vermieden (vgl. HENLEY, 1991).

---

rungen an den Mann). Weibliche Schambehaarung taucht in der gesamten Aktmalerei
der vergangenen Jahrhunderte nicht auf (die ja im Wesentlichen Auftragsmalerei für
die Schlafzimmer wohlhabender Herren war und der Animation dienen sollte). Vielleicht haben Sie Lust, das einmal mit Hilfe eines Kunsthandbuches oder eines Muse-
umsbesuchs zu prüfen. Die Luxusgeliebte sollte dekorativ und anziehend sein, aber
nicht mit eigenen Wünschen nerven (BERGER, 1974, S. 52). Barbie setzt diese Traditi-
on konsequent fort.

6   Evolutionsbiologisch gesehen erfüllt langes Haar neben der optischen Vergrößerung
    des Kopfes auch eine Selektionsfunktion bei der Partnerwahl. PINKER, 1998, S. 600,
    sagt dazu: „Üppiges Haar ist immer schön, weil es nicht nur auf einen gegenwärtig
    guten Gesundheitszustand hinweisen kann, sondern auch auf gute Gesundheit in den
    Jahren zuvor. Unterernährung und Krankheiten schwächen das Haar beim Wachstum
    und machen es brüchig. Langes Haar lässt auf eine lange Periode robuster Gesundheit
    schließen." Das gilt auch für Männer, ich denke an Winnetou und Rambo. Viele Frau-
    en stehen ihrerseits auf Männer mit langen Haaren (und Stirnband).

7   Der Parität halber: bei Männern wirkt ein breites Kinn, bzw. breite Wangenknochen
    sexy, denken Sie nur an Kirk Douglas (GRAMMER, 1993). Gleichzeitig wird ein brei-
    tes Kinn (bei Männern und auch bei Frauen) von BetrachterInnen als dominant emp-
    funden. Offenbar geht bei Männern sexuelle Attraktivität mit Dominanzsignalen ein-
    her (vgl. Abschnitt 9.2).

8   Definition von Normen s. Abschnitt 6.2.

Dies wird durch folgende Verhaltensweisen erreicht: Frauen stellen die Füße enger aneinander als Männer, nehmen (v.a. wenn sie einen Rock tragen) die Knie zusammen und sitzen mit eng aneinandergelegten oder übergeschlagenen Beinen. Sie nehmen i.d.R. die Ellenbogen nahe an den Körper heran. Sie senken den Kopf oder legen ihn schräg beim Zuhören. Die Schrittlänge ist kürzer als bei Männern. Komplementär dazu dienen Kleidung und Körperhaltungen von Männern eher der optischen Vergrößerung (Achselstücke, Wattierung der Schultern, breitbeiniges Stehen, Abwinkeln der Ellenbogen) (WEX, 1980, vgl. Kapitel 4).

Das Tragen von *„Stöckelschuhen"* ist ein besonders pikantes Element. Einerseits vergrößert es die Frau ja um einige Zentimeter, was nach oben Gesagtem nicht tunlich wäre. Damit werden aber zwei „Vorteile" erkauft: Zum einen behindern Stöckelschuhe den sicheren Gang, helfen also, dem Kindchenschema (wackelnd und stützbedürftig) zu entsprechen,[9] zum anderen verlängern sie optisch die Beine. Warum das zweckdienlich ist, erfahren Sie unten.

Wie wir später noch sehen werden, wird die Angleichung des äußeren Erscheinungsbildes an das Kindchenschema auch ergänzt durch unterschiedliches *„Sprechverhalten"* von Frauen und Männern. Hier bemühen sich Frauen ebenfalls mit vielfältigen Mechanismen um die eigene Verkleinerung (Kapitel 5).

Zusammenfassend können wir feststellen, dass Frauen sich bemühen, mit unterschiedlichen Methoden möglichst vielen Facetten des Kindchenschemas möglichst perfekt zu entsprechen (vgl. KOTTHOFF, 1994), also möglichst kindlich zu wirken.

> Eine Kombination von angeborenen Merkmalen und sozialisierten Verhaltensweisen lässt Frauen kindähnlicher erscheinen, unser modernes Geschlechtsrollenstereotyp rückt Weiblichkeit in die Nähe von Kindlichkeit.

Hier wird auch erklärbar, warum Altern in unserer Kultur (anders als z.B. in der türkischen) für Frauen eine größere Bedrohung darstellen muss als für Männer: Einerseits entfernt sich reale Kindlichkeit immer weiter auf der Lebenszeitachse, andererseits wird es immer schwieriger für die Frau, das Kindchenschema im äußeren Erscheinungsbild herzustellen: Lebenserfahrung profiliert – eben auch das Gesicht.

---

9 Ein Mechanismus, den es offenbar in vielen Luxuskulturen gibt oder gab: Das bekannteste Beispiel mögen die verkrüppelten Füße der chinesischen Frauen aus reichen Familien sein.

3.4 Sexualisierung

Der zweite Aspekt, den wir zu Beginn mit Hilfe von Barbie herausgefunden haben, ist die Körperform, die bei Frauen als attraktiv gilt: schmale Taille im Vergleich zu Hüften und Schultern – die klassische Eieruhr-Silhouette.

Klassisch deshalb, weil diese Silhouette bei Frauen zeitlos und kulturübergreifend als „schön" gilt. Vor allem in den Luxuskulturen aller Zeiten versuchten Frauen in ihrem äußeren Erscheinungsbild die „Eieruhr" zu reproduzieren und (genau wie das Kindchenschema) möglichst noch zu übertreiben: Bilder von Frauen der untergegangenen vorchristlichen minoischen Kultur auf Kreta zeigen z.b. diese Form. Im vorletzten Jahrhundert quälten sich Frauen mit Hilfe von Schnürkosetts bis zur Luftnot und Ohnmacht, um möglichst Wespentaillen zu bekommen, es gibt zahlreiche weitere Beispiele. Dieses zeit-, orts- und kulturübergreifende Muster legt nahe, dass es sich auch hierbei um ein genetisch verankertes Muster handelt.

Und tatsächlich handelt es sich abermals um ein Schema, das sog. Mann-Weib-Schema. Mein Biologielehrer zeigte uns eine Folie von nackten Menschen.

Abb. 6: Das Mann-Weib-Schema (eigene Darstellung)

Abb. 6 zeigt, was Männer an Frauen und (der Parität halber) was Frauen an Männern attraktiv finden: Es sind bei Frauen die runden weichen Formen, die Ausprägung der Brust und eben „die Eieruhr", bei Männern ist es die klassische Robert-Redford-V-Form (schmale Hüften, breite Schultern), kantige Formen und die ausgeprägte Muskulatur.

Frauen (ebenso wie Barbie), die also die Eieruhr in ihrem Körper eingebaut haben und womöglich noch durch „Hüfthalter" und „Etuikleider" betonen, können sich ihrer sexuellen Wirkung auf Männer sicher sein.

Das Taille-Hüft-Verhältnis von Frauen ist Gegenstand vieler Untersuchungen gewesen. SINGH (1994) wies nach, dass ein Verhältnis von 0,7 oder darunter in vielen Kulturen als besonders attraktiv gilt (d.h. dass der Tailleumfang ca. 70% des Hüftumfangs betragen sollte und zwar unabhängig vom jeweils absoluten Umfang: Das Prinzip gilt auch für Kulturen, in denen eher stattliche Frauen bevorzugt werden). Es ist auch der durchschnittliche Index fortpflanzungsfähiger Frauen. Der Wert liegt zwischen 0,80 und 0,95 bei Männern, Kindern und Frauen nach den Wechseljahren.

Die weichen Formen werden unterstrichen durch entsprechende Materialien („Mohairpullöverchen", Rüschen) und Schnitte (schwingende Röcke), die Brustform durch Büstenhalter („push-up", „Wonderbra"), tiefe Ausschnitte und Kragen und zunehmend durch kosmetische Operationen.

> Die „Eieruhr" des weiblichen Körpers, weiche Formen und die Ausprägung der Brust entsprechen dem „Weib–Schema" und werden durch Kleidung betont. Das moderne Geschlechtsrollenstereotyp verlangt Frauen die Sexualisierung des Körpers ab.

Am längsten habe ich gebraucht, um zu begreifen, warum Barbie so extrem lange Beine hat. Das ist nämlich (anders als das Kindchenschema und die „Eieruhr", die ja körperliche Entsprechungen auch bei realen Frauen haben) statistisch und funktional gesehen falsch: Frauen haben durchschnittlich kürzere Beine als Männer im Verhältnis zur Gesamtkörperlänge. Das macht auch Sinn, denn Frauen werden schwanger. Da hat die Natur es weise eingerichtet, dass der Körperschwerpunkt tief liegt, denn damit ist das System stabiler und besser auszubalancieren (wie ein Stehauf „männchen"). Für schwere körperliche Arbeit ist es aber (wegen der Hebelwirkung) sinnvoll, wenn der Körperschwerpunkt höher liegt, deshalb die vergleichsweise langen Beine der Männer.

Und Barbie? Ich habe es lange nicht verstanden. Dann plötzlich habe ich es begriffen: Kurze Beine sind funktional für Schwangerschaften. Barbie hat lange Beine – sie soll also wohl nicht schwanger werden. Gleichzeitig fiel mir ein, wann Barbie auf den Markt kam und populär wurde: Das war Mitte der Sechzigerjahre des 20. Jahrhunderts. In dieser Zeit kam eine andere, nachgerade revolutionäre Erfindung auf den Markt: Die Pille war erfunden worden und machte es für die Menschen zum ersten Mal in ihrer gesamten Geschichte möglich, Sexualität und Fruchtbarkeit zuverlässig zu entkoppeln. Sexualität konnte genossen werden ohne die Konsequenz einer möglichen Schwangerschaft, ein langgehegter Traum war in Erfüllung gegangen[10].

Und was passierte parallel, zeitgleich, unbewusst? Das weibliche Geschlechtsrollenstereotyp veränderte sich, die Beine der Frauen sollten nun länger sein. Diese Entwicklung wurde zusätzlich in den Sechzigern durch die Erfindung des Stöckelschuhs unterstützt. Vielleicht haben Sie Lust, sich be-

---

10 Ein Traum, den Menschen in den modernen Luxuskulturen der letzten 4.000 Jahre geträumt haben. Für Menschen in bäuerlichen Kulturen sind Kinder Unterstützung und Altersversorgung zugleich.

wusst einige Filme aus den Fünfzigerjahren anzuschauen, z.B. mit Marilyn Monroe: Die Beine erscheinen uns heute erstaunlich kurz, die Schuhe flach und die Slips nicht ausgeschnitten genug, um die Beine optisch zu verlängern.

Sie sehen schon, wir haben jetzt eine probate Erklärung an der Hand, warum Frauen hohe Schuhe tragen, obwohl es sie größer macht: Es verlängert optisch die Beine und verscheucht lästige Gedanken an Schwangerschaft beim Betrachter (ebenso wie ihre extreme Magerkeit). Weitere Mechanismen, die optisch die Beine verlängern, sind: schwarze Strümpfe (v.a. mit Naht), hochangeschnittene Slips, speziell die modernen Tangas.

Das korrespondiert im Übrigen mit der Forderung nach Schlankheit bzw. Magerkeit bei Frauen: die Wahrscheinlichkeit, schwanger zu werden, sinkt mit dem Körpergewicht. Anorektische, also magersüchtige Frauen verlieren ihre Monatsblutung.

> Lange Beine bei Frauen reduzieren die Assoziationen von Schwangerschaft.

3.5 Funktionen der Verkindlichung und Sexualisierung

Warum passen Frauen ihr äußeres Erscheinungsbild dem Kindchenschema an, was sind die *Funktionen*?

Wir haben gesehen, dass es von der Natur mitgegebene körperliche Geschlechterunterschiede in Richtung des Kindchenschemas im äußeres Erscheinungsbild der Frau gibt. Diese biologisch bedingten Unterschiede mögen in der Stammesgeschichte der Menschheit die Funktion gehabt haben, „beim Anblick des bartlosen, großäugigen Weibes einen keulenschwingenden Ur-Krieger vom Zuschlagen" abzuhalten (SICHTERMANN, 1987, S. 24). Die stärkere Ausprägung des Kindchenschemas im Aussehen der Frau mag (zumindest manchmal) als kompensatorischer Mechanismus für geringere Körpergröße und Muskelkraft, somit als *Schutz vor männlicher Aggression* gewirkt haben, ähnlich wie bei Kindern.

Darüber hinaus verfolgen Frauen das Ziel, attraktiv zu wirken, wenn sie sich aktiv durch Kosmetik und andere o.g. Mechanismen dem Kindchenschema anzupassen versuchen. Mittlerweile gibt es eine Fülle von Studien, die diesen Zusammenhang empirisch belegen. Die bekannteste Studie in diesem Zusammenhang stammt von CUNNINGHAM (1986).

Cunningham beschreibt in der genannten Veröffentlichung zwei Studien, die sich mit verschiedenen Aspekten der Attraktivität weiblichen Aussehens beschäftigen. Ich referiere hier nur diejenigen, die im betrachteten Zusammenhang von Interesse sind.

Cunningham legte 82 männlichen Studenten 16 Fotos von weiblichen Gesichtern vor, die in einer vorherigen Studie als unterschiedlich attraktiv eingeschätzt worden waren. Einzelne Merkmale der fotografierten Gesichter, die dem Kindchenschema entsprechen, waren zuvor vermessen worden: die Breite und Höhe der Augen (Augengröße), die Entfernung zwischen den beiden Augen, die Länge der Nase und die Länge des Kinns. Die Versuchspersonen sollten nun die Attraktivität der Photos einschätzen. Außerdem wurden sie gebeten, anzugeben, für wie intelligent, gesellig, selbstbewusst, bescheiden, gesund, fruchtbar und treu sie die entsprechenden Frauen hielten. Die oben genannten Maßzahlen der Gesichtsmerkmale wurden dann mit den Attraktivitätsurteilen (und den Aussagen über die anderen zugeschriebenen Eigenschaften) korreliert.

Exkurs: Der Korrelationskoeffizient
Eine Korrelation (r für Relation) ist eine statistische Maßzahl für den Zusammenhang zwischen zwei Messgrößen[11], z.B. Körpergröße und Schuhgröße. Der maximal mögliche Zusammenhang ist r = 1,0. Dies würde bedeuten, dass je größer die Körpergröße ist, um so größer ist die Schuhgröße. Ich wüsste genau die Schuhgröße, wenn ich die Körpergröße eines Menschen wüsste, z.B. alle Menschen von 1,60 m hätten eine Schuhgröße von 34. In der Praxis ist der Zusammenhang natürlich gegeben: Große Menschen haben große Füße, aber es gibt Schwankungen: Menschen mit 1,60 m Körpergröße können auch Schuhgröße 35 oder 36 haben, Schuhgröße 45 ist allerdings extrem unwahrscheinlich. Deshalb sinkt der Zusammenhang in der Realität etwas, er beträgt in der Bevölkerung etwa r = 0,80.

Stellen Sie sich jetzt eine Bevölkerung vor, in der mit wachsender Körpergröße die Füße kleiner würden, alle 2 m Leute hätten eine Schuhgröße von, sagen wir, 22 und alle 1 m Leute hätten eine Schuhgröße von 46. Wäre dieser negative Zusammenhang perfekt, so wäre r = – 1,0, bei einer gewissen Streuung entsprechend geringer.
Wenn zwischen den beiden Messgrößen überhaupt kein Zusammenhang besteht, ist r = 0, d.h. Menschen von 1,60 m Körpergröße hätten in der Bevölkerung Schuhgrößen zwischen 22 und 46, gleiches würde für alle 2 m Leute gelten.
Wir haben also im *Korrelationskoeffizienten* eine Maßzahl für den Zusammenhang zwischen zwei Merkmalen, d.h. wir wissen, wie genau wir aus einer Messgröße die andere vorhersagen können, und zwar bezogen auf die Stichprobe, an der wir die beiden Maßzahlen gewonnen haben.

In der Praxis bin ich jedoch oft an einer Schlussfolgerung von einer Stichprobe auf eine Population interessiert, z.B. in der Demoskopie: vor einer Bundestagswahl werden 1.000 BundesbürgerInnen (eine sog. „repräsentative" Stichprobe) zu ihrem Wahlverhalten befragt. Die Demoskopen schließen von dieser Stichprobe auf das Wahlverhalten der wahlberechtigten Bevölkerung („Population").
Wenn ich also in einer Stichprobe Korrelationen zwischen Maßzahlen erhebe (z.B. wenn ich untersuche, ob die Leistungsfähigkeit von Versuchspersonen mit wachsender Prüfungsängstlichkeit sinkt), und relativ hohe Korrelationen finde, möchte

---

11 Diese Maßzahl berechnet sich nach einer mathematischen Formel (vgl. z.B. BORTZ, 1993).

ich natürlich wissen, ob ich diesen Zusammenhang auch für die Bevölkerung annehmen darf. Dies bezeichnet man als *statistische Signifikanz*. Ein Korrelationskoeffizient wird dann als statistisch signifikant bezeichnet, wenn wir mit einer ge-
ringfügigen Irrtumswahrscheinlichkeit (i.d.R. $p < 0,05$) auch einen Zusammenhang
in der Population annehmen dürfen (für Details s. z.B. BORTZ, 1993), d.h. für unser Beispiel, dass wir einen Zusammenhang zwischen Augengröße und Attraktivitätsurteil nicht nur in der Stichprobe von 82 Männern finden würden, sondern dass
wir diesen Zusammenhang verallgemeinern können.

Tab. 4 stellt die für uns relevanten Ergebnisse der Studie dar.

Tab. 4: Korrelationen zwischen Gesichtsmerkmalen und
Attraktivitätsbeurteilungen sowie Eigenschaftszuschreibungen von
Männern für Frauen (Cunningham, 1986, statistisch signifikante
Korrelationen ($p < 0,05$) sind mit * gekennzeichnet).

N = 82	Klug	Gesellig	Selbst-bewusst	Beschei-den	Gesund	Fruchtbar	Treu	Attraktiv
Augenhöhe	.48*	.64*	.52*	-.52*	.58*	.44*	-.66*	.62*
Augenbreite	.36	.53*	.26	-.30	.44*	.57*	-.59*	.54*
Entfernung zwischen Augen	.13	.20	-.01	.10	.12	.35	-.14	.09
Nasenlänge	-.64*	-.59*	-.67	.43*	-.58*	.34	.20	-.54*
Kinnlänge	-.35	-.44*	-.27	.44*	-.60*	-.48*	.62*	-.53*
Attraktivität	.90*	.93*	.80*	-.69*	.93*	.85*	-.81*	

Der Tabelle ist zu entnehmen, dass das Attraktivitätsurteil (letzte Spalte) mit
der Augengröße (Augenhöhe, Augenbreite) signifikant positiv korreliert („je
größer die Augen, desto attraktiver"), mit Nasen- und Kinnlänge jedoch signifikant negativ („je länger Nase und Kinn, desto unattraktiver")[12]. Die Entfernung zwischen den Augen spielt für das Attraktivitätsurteil keine Rolle
(die Korrelation ist nahe 0). Hier bestätigt sich also die Annahme, dass Frau-
en mit hohen Anteilen am Kindchenschema attraktiv für Männer sind.
    Die Frage, warum ein jugendliches Gesicht bei der Frau sexuell attraktiv
auf Männer wirkt, wird von Evolutionsbiologen dahingehend beantwortet,
dass Jugendlichkeit Männern optimale Reproduktionsfähigkeit signalisiert
(GRAMMER, 1993), denn die Fähigkeit, (gesunde) Kinder zu bekommen,
sinkt bei Frauen natürlich mit dem Alter. Dies wird auch von dieser Studie
bestätigt, denn Attraktivität korreliert mit .85* hochsignifikant mit der Frucht-
barkeitszuschreibung: Je attraktiver eine Frau erscheint, also je mehr die

---

12 Dementsprechend assoziieren wir mit „Hexe" eine Frau mit folgenden Merkmalen:
    relativ hohes Lebensalter, lange Nase, langes Kinn, fleischloser Mund, evtl. Warze.

Merkmale des Kindchenschemas in ihrem Gesicht ausgeprägt sind, um so fruchtbarer erscheint sie auch[13].
Diese Ergebnisse entsprechen ja unseren Erwartungen. Spannend mag allerdings die hohe Korrelation von .90* zwischen Attraktivität und zugeschriebener Klugheit sein. Dies bedeutet nämlich eine Widerlegung des gängigen Vorurteils, dass Männer attraktive Frauen für doof halten. Das Gegenteil wird hier belegt.

Außerdem werden, wie die Tabelle auch zeigt, attraktive Frauen für gesellig, selbstbewusst, unbescheiden (die Korrelation ist negativ) und untreu (!) gehalten[14].

So gesehen, macht es also eine Menge Sinn, wenn Frauen versuchen, dem Kindchenschema zu entsprechen, und Barbie wie selbstverständlich alle o.g. Aspekte der Tabelle in ihrem äußeren Erscheinungsbild vereint.[15]

Ergänzend noch ein Punkt am Rande, den Cunningham mit untersucht hatte: die Breite des Lächelns korrelierte mit 0,60* mit dem Attraktivitätsurteil. Frauen erscheinen also durch Lächeln attraktiv. Wir werden später noch sehen, dass Frauen signifikant mehr lächeln als Männer.

> Frauen passen ihr äußeres Erscheinungsbild dem Kindchenschema an, um zwei Ziele zu erreichen: Einerseits soll die Verkindlichung vor männlichem aggressivem Verhalten schützen, andererseits wirkt sie auf Männer sexuell attraktiv. Die sexuelle Attraktivität wird auch unterstrichen durch Kleidung, die die Elemente des „Weib-Schemas" betont.

> Das moderne weibliche Geschlechtsrollenstereotyp zeichnet sich also durch Verkindlichung und Sexualisierung von Frauen aus.

Insofern ist Barbie ein Prototyp des modernen Frauenbildes, ein erstrebenswertes Vorbild. Mag sein, dass Mädchen das unbewusst erfassen und von daher die nicht zu bekämpfende Attraktivität von Barbie für Mädchen zwischen acht und 14 rührt. Ganze Müttergenerationen haben sich inzwischen daran abgearbeitet, sich um den verheerenden Einfluss auf die bildbare Psyche und

---

13 Möglicherweise ist der Zusammenhang, evolutionsbiologisch gesehen, eigentlich ein umgekehrter: je fruchtbarer eine Frau erscheint, um so attraktiver. Korrelationen sagen nichts über Ursache-Wirkungszusammenhänge aus.

14 Aus dem Blickwinkel der Evolutionsbiologen tut sich hier ein dramatisches Dilemma für die Männer (der Steinzeit) auf: Sie haben die Wahl zwischen hässlichen und treuen, aber dann möglicherweise unfruchtbaren Frauen, und attraktiven, fruchtbaren, aber dann möglicherweise untreuen Frauen, die ihnen also ein fremdes Kind „unterschieben" könnten.

15 Asiatische Frauen mögen für (europäische) Männer unter anderem deshalb so attraktiv sein, weil in ihrem äußeren Erscheinungsbild die Merkmale des Kindchenschemas vergleichsweise deutlicher ausgeprägt sind.

dem entstehenden Frauenbild ihrer heranwachsenden Töchter gesorgt, Barbie verboten oder rationiert.[16] Ich werde immer wieder gefragt, ob ich empfehle, den Töchtern Barbie zu verbieten.

Ich meine nicht. Das Hineinwachsen unserer Kinder in diese Gesellschaft ist ohnehin bestimmt durch reduzierende Vorschriften, gerade für Mädchen. Es geht nicht darum, die mögliche Verhaltenspalette unserer Mädchen (und Jungen) weiter einzuschränken, sondern im Gegenteil: es geht darum, sie zu erweitern auch im Sinne der Erweiterung der Geschlechtsrollenstereotype generell. Mädchen brauchen Vorbilder, möglichst viele verschiedene. Mädchen brauchen Barbie, aber auch Pippi Langstrumpf, die rote Zora, Rita Süßmuth, Nina Hagen, Niki de St. Phalle, ein so breites Spektrum wie nur möglich. Sie bekommen dann eine Vorstellung davon, wie unterschiedlich Frausein gelebt werden kann und können eine Wahl treffen für ihr eigenes Leben. Dies gilt natürlich genauso auch für Jungen, die ein ebenso breites Spektrum an entsprechenden Männerbildern brauchen/bräuchten.

3.6 Historische Entwicklung

Es lohnt sich an dieser Stelle, einen gesellschaftskritischen Blick auf die Entwicklung dieses Weiblichkeitsbildes zu werfen.

Wir hatten bereits gesagt, dass die Basis dieser Mechanismen (geringere durchschnittliche Körpergröße und Muskelmasse, höhere Stimme, weibliche Körperformen usw.) offenbar evolutionsbiologisch sinnvoll war (vgl. auch PINKER, 1998) und genetisch angelegt ist. Allerdings wurden diese Geschlechterunterschiede nie in der menschlichen Geschichte so extrem betont wie in unserer Industriekultur (und in einer Ikone wie Barbie verkörpert). Was steckt dahinter?

Was ist Barbie für ein Wesen? Wir haben gesehen, dass sie hoch sexuell attraktiv ist, dabei aber verspricht, nicht schwanger zu werden.

Darüber hinaus ist sie sicher nicht in der Lage, schwer körperlich zu arbeiten. Dafür hat sie zu wenig Körperfett und Muskelmasse. Der ganze Körper (Beine, Arme, Finger, Hals, Kopf) ist manieristisch lang gezogen. Damit kann sie nicht nur nicht schwanger werden, mit diesen Armen könnte sie auch niemals einen Wäschekorb schleppen, die Fingernägel eignen sich so gar nicht zum Putzen, Schrubben und Unkraut jäten. Die Körperhaltung ist grazil und schmal, nicht die Haltung einer stattlichen Frau, die stolz ist auf ihre körperliche Potenz, Kraft und Ausdauer. Auch die Kleidung entspricht dem: mit Stöckelschuhen lässt sich kaum über einen Acker laufen, Haarfluten, Spitzen und Nylonstrümpfe sind beim Ausmisten eines Stalls nicht funktional.

---

16 Übrigens gibt es hier eine Parallele zum Umgang von Eltern mit der Waffenverrnarrtheit ihrer Söhne, die mit ähnlichen Methoden ähnlich erfolglos bekämpft wird.

Sie merken schon, worauf es hinaus läuft: Barbie ist ein „*Luxusge-schöpf*", Produkt einer Überflusskultur, nicht aktiv, schon gar nicht körperlich arbeitend, sondern dekorativ, Blickfang und narzisstisch. Sie wird nicht schwanger. Damit ist sie der perfekte Gegenentwurf des Frauenbildes der Industriekultur zum Frauenbild der bäuerlichen Kultur. Die bäuerlichen Gesellschaften hingen bzw. hängen einem Frauenideal an, was gekennzeichnet war/ist durch Gesundheit, Körperkraft, Arbeitsfähigkeit und Fruchtbarkeit. Das war und ist einfach zum Überleben notwendig[17].

Wir müssen uns aber darüber klar sein, dass wir es nicht (nur) mit einem „natürlichen" Geschlechterunterschied, sondern mit einem historisch eingebetteten und konstruierten Frauenbild zu tun haben. In Deutschland beobachten wir eine Veränderung des Frauenbildes etwa mit Beginn des 19. Jahrhunderts (FREVERT, 1986). Wichtigen Einfluss hatten das Frauenbild der Aufklärung, das Abrücken des Bürgertums vom „entweiblichten" Frauentypus bei Bauern und Unterschichten und die bürgerliche Lebenswelt des Biedermeier, die den Frauen vor allem Anmut und Grazie abverlangte.

Eine durch die beginnende Industrialisierung entstandene bürgerliche wohlhabende Schicht war ökonomisch in der Lage, die Frau von schwerer körperlicher Arbeit zu entbinden. Gleichzeitig wurde die Frau allein für Haushalt und Kinder, also den privaten Bereich, zuständig gemacht („Verheimlichung", SEEG, 2000, S. 17) und verlor an gesellschaftlicher Bedeutung. Sie brauchte zwar körperlich nicht mehr so schwer zu arbeiten, aber sie hatte sich mit einer dekorativen Rolle zufrieden zu geben (vgl. Abschnitt 8.5).

Mit dieser Entwicklung ging ein gesellschaftlicher Machtverlust einher: HONEGGER & HEINTZ (1984) zeigen z.B., dass in der bäuerlichen Wirtschaft Frauen mehr Macht und Einfluss haben, als es scheint: Die öffentliche Vormachtstellung der Männer wird von den Frauen nicht in Frage gestellt, im Privaten aber deshalb nicht gelebt, weil „die gegenseitige Abhängigkeit der Geschlechter im Alltag faktisch gleich stark ist" (S. 15).

Im nächsten Schritt wurde dann die soziale (und historische) Konstruktion der weiblichen Rolle und korrespondierende Verhaltens- sowie Eigenschaftszuschreibungen (also das konstruierte Geschlechtsrollenstereotyp) als „natürlich", als biologisch bestimmt, bezeichnet. Damit wurden der Machtverlust der Frauen sowie die einhergehende zunehmende Hierarchisierung der Gesellschaft einerseits verschleiert und andererseits legitimiert

In der Folge wurde dann der Widerstand von Frauen gegen Entmachtung und Entmündigung einerseits als Verstoß gegen die Natur, als unweiblich, unnatürlich bezeichnet (HONEGGER & HEINTZ, 1984) und mit massiver Abwertung bestraft. Andererseits wurde er durch ein ganzes System kultureller Normen von männlicher Ritterlichkeit und Höflichkeit, „Verehrung" („sehr verehrte gnädige Frau, sehr geehrte Herren!") sowie Ritualisierungen des „Hofmachens" beschwichtigt (GOFFMAN, 1994). Dieser Prozess hält bis heute

---

17 Dieser Gegensatz ist wunderbar beschrieben in Pearl S. Buck: „Die gute Erde".

an und macht Frauen, die Einfluss und Karriere wollen, immer noch zu schaffen. Wir werden später noch sehen, wie und warum das entstehende weibliche Geschlechtsrollenstereotyp zusätzlich mit „Emotionalität" vs. männlicher „Sachlichkeit und Rationalität" aufgeladen wurde[18].

3.7 Zusammenfassung

Wir haben unsere Ursachensuche für die Unterrepräsentanz von Frauen in Führungspositionen mit der Barbie–Puppe begonnen, denn Barbie zeigt in ihrem Äußeren viele Facetten des weiblichen Geschlechtsrollenstereotyps unserer Zeit: Ihr Gesicht folgt dem Kindchenschema, wirkt damit niedlich und sexuell attraktiv, ihre Körperformen folgen dem Weibschema (und übertreiben es) und die langen Beine schließen Assoziationen an Schwangerschaft aus. Frauen folgen in dem, wie sie sich äußerlich zurecht machen (mit Kleidung und Kosmetik), diesem Ideal.

Verkindlichung und Sexualisierung sind zentrale Elemente des weiblichen Geschlechtsrollenstereotyps unserer Kultur. Dazu kommt das Ausblenden von Fruchtbarkeit als moderne Entwicklung. Die starke Betonung dieser Elemente geht historisch gesehen mit einer gesellschaftlichen Entmachtung von Frauen einher.

Im den nächsten Kapiteln werden wir genauer sehen, wie diese Vorstellungen über das Aussehen von Frauen stimmig ergänzt werden durch rollenadäquates Sozialverhalten (Sprache und Körpersprache).

---

18 Wir modernen Menschen haben die Zuschreibung von Emotionalität an Frauen so verinnerlicht, dass uns kaum noch bewusst ist, dass wir es durchaus nicht mit einem „natürlichen" Geschlechterunterschied zu tun haben, sondern mit einem kollektiven Konstrukt (vgl. Kapitel 8).

4. Körpersprache von Frauen

4.1 Einführung

Körpersprache ist ein Thema, dass viele Menschen außerordentlich interessiert. In fast jeder Wochenzeitschrift gibt es Artikel darüber und die Bücher von Sammy Molcho erreichen hohe Auflagen.
Dafür gibt es eine Reihe von Gründen:

1. Körpersprache dient der Darstellung und schnellen Übermittlung von Gefühlen (Angst, Sympathie oder Antipathie, Zärtlichkeit und Sexualität, Wut usw.). Wir können uns schnell an der Mimik oder der Körperhaltung unserer Gesprächspartner und unserer Gesprächspartnerinnen über deren inneren Zustand orientieren. Und wenn wir widersprüchliche Botschaften bekommen, wenn die Körpersprache etwas anderes ausdrückt als das gesprochene Wort, glauben wir eher an die Körpersprache. Beispiel: Eine Frau sagt freundlich lächelnd und mit zugewandtem Oberkörper zu einem Mann: „Ich habe kein Interesse, Sie wieder zu sehen." Diese doppelte Botschaft ist für den Mann verwirrend, er wird dazu neigen, der Körpersprache zu glauben, die Botschaft also für sich positiv zu interpretieren.
   In der Kommunikation ist das Wie immer wichtiger als das Was. Oder: *Der Ton macht die Musik.*
2. Körpersprache ist dem Sender oder der Senderin weitgehend nicht bewusst.[1] Viele Menschen meinen, wenn sie die Körpersprache des Gegenübers lesen könnten, könnten sie die eigentliche, die wahre Botschaft entziffern. Sie könnten sozusagen der anderen Person in die Karten schauen und damit einen Verhandlungsvorteil erzielen. Das führt zu vereinfachenden und völlig unsinnigen (damit gefährlichen) Empfehlungen

---

1   Für den bewussten Einsatz von Körpersprache hat sich der Begriff „Körperstrategien" eingebürgert. Die empirische Forschung hat sich hier vor allem dafür interessiert, inwieweit Personen ihren Körper beim Lügen bewusst kontrollieren können, also inwieweit Körperstrategien beim Lügen glaubwürdig sind. Der Pionier dieses Forschungszweiges heißt EKMAN (1989). Er hat in zwanzigjähriger Forschungsarbeit gezeigt, dass Lügen sehr wohl mit einiger Wahrscheinlichkeit zu entdecken sind, z.B. werden periphere Reaktionen (Arme und Beine) entgegen der Erwartung sehr viel weniger kontrolliert als das Gesicht.

in Frauenzeitschriften nach dem Motto: „Achten Sie darauf, wie er seine Hände ins Jackett steckt. Wenn er die Daumen draußen hat, ist seine Ehe gut, wenn er sie drinnen hat, ist er schlecht im Bett!"

3. Körpersprache dient auch der Selbstdarstellung. Die Botschaft, die wir normalerweise senden wollen, lautet: „Ich bin ein netter, intelligenter, selbstbewusster und gut aussehender Mensch von unendlich gewinnendem Wesen, die meisten Menschen mögen mich und Sie sind gut beraten, das ebenfalls zu tun!" Diese Botschaft drücken wir selten verbal aus, aber Ratgeber und Trainings zielen darauf ab, Menschen die Signale anzutrainieren, die diese Botschaft körpersprachlich vermitteln. Damit machen sie gute Umsätze, denn wir leben in einer Zeit kurzlebiger (aber oft entscheidender) Kontakte, bei denen wir anderen Menschen keine wirkliche Chance geben können, uns intensiv kennen zu lernen. Zunehmend entscheidet der erste Eindruck, der bestimmt ist von Kleidung und Körpersprache. Dies ist zum Beispiel der Fall bei einem Vortrag oder bei einem Vorstellungsgespräch, hoch evaluative, also bewertende, manchmal entscheidende Situationen, in denen es darum geht, einen guten Eindruck zu machen.

4. Körpersprache steuert soziale Situationen. Sie kann entscheidenden Einfluss auf den Gesprächsverlauf haben. Wenn wir wissen, wie wir wirken und wie wir körpersprachlich (oder „körperstrategisch") Einfluss gewinnen, können wir unsere Ziele besser erreichen. Das bedeutet, dass es dabei auch immer um die Dimensionen Macht, Einfluss und Dominanz geht.

Natürlich ist Körpersprache zum großen Teil kulturabhängig, d.h., sie wird vor allem durch Vorbilder, teilweise aber auch durch direkte Vorschriften („Halt dich gerade! Nimm die Knie zusammen!") gelernt. Dies trifft auch auf die Geschlechterunterschiede in der Körpersprache zu. Körpersprache ist ein wesentlicher Teil von doing gender, bzw. des Geschlechtsrollenstereotyps.

Exkurs: Sex und Gender[2]
„Man kommt nicht als Frau zur Welt, man wird es." Simone de Beauvoir

Ende der 60-er Jahre des letzten Jahrhunderts meldeten sich AutorInnen zu Wort, die die Verknüpfung von Geschlecht und Eigenschaftszuschreibungen kritisierten. Im Rahmen dieses Ansatzes ist die Unterscheidung zwischen biologischem und psychologischem Geschlecht (*sex and gender*) besonders bekannt geworden. „Sex" meint hierbei das sichtbare biologische Geschlecht, „Gender" benennt die mit dem Geschlecht verbundenen (verinnerlichten) Zuschreibungen mit Blick auf Rollen, Verhaltensweisen und Persönlichkeitsmerkmale entlang des jeweiligen Geschlechtsrollenstereotyps, also der Teil der Identität, der geschlechtsbezogen sozial und kulturell geprägt ist.

---

2   Das Deutsche kennt im Begriff „Geschlecht" diese Differenzierung nicht, deshalb wurden auch in der deutschen Diskussion die englischen Begriffe übernommen.

Nach diesem Ansatz ist „Geschlecht" etwas, das zugewiesen und gelernt wird und in sozialen Situationen durch Verhalten ständig neu produziert wird (*doing gender*, WEST & ZIMMERMANN, 1987, vgl. Exkurs: Sozialisationstheorien in Abs. 10.2), und zwar von Männern und von Frauen. Diese Selbstdarstellung geschieht in der Regel unbewusst. „Geschlecht" wird als sozial konstruiert und historisch eingebettet angesehen, der Ansatz ist ein konstruktivistischer.

Oder anders ausgedrückt: „Geschlecht" charakterisiert nicht eine Person, sondern wird in einer sozialen Situation hergestellt, konstruiert, und zwar auf Grund gemeinsamer externer Handlungsbedingungen (YOUNG, 1994). Dies gilt natürlich auch für das Verhalten am Arbeitsplatz. Durch die Verinnerlichung der kollektiven Vorstellungen von geschlechtsadäquatem Verhalten (inkl. Gefühlsausdruck: Frauen „dürfen" weinen) und entsprechender Wertvorstellungen erscheinen uns diese dann als stichhaltig, so dass wir sie als Grundlage der bestehenden Geschlechterordnung akzeptieren („Frauen sind eben emotionaler").

Oder noch anders ausgedrückt: Durch kollektive Praxis legitimieren sich konstruierte Vorstellungen von Geschlechterstereotypen, erscheinen uns als „natürlich" und dienen so der Aufrechterhaltung der Geschlechterhierarchie in der Gesellschaft (z.B. in Organisationen). Auch abweichende Praktiken bestätigen letztlich nur das Stereotyp (wenn eine Frau breitbeinig und mit vorgeschobenem Becken sitzt, gilt das als „unanständig") (vgl. GOFFMAN, 1994).

KOTTHOFF (1994, S. 167) denkt diesen Gedanken weiter und kommt zu dem Schluss, dass „... das Problem vieler Männer ... mit der Akzeptanz von Frauen in hohen beruflichen Positionen nicht einfach nur mit mangelnder Anerkennung der Frauen zu tun hat, sondern mit den Fundamenten ihrer Geschlechtsidentität. Gleich- oder höhergestellte Frauen verändern die gesamte Interaktionsordnung". Beispiel: „Wer jemals einen Mann mit linken Händen einen Kochlöffel in die Hände nehmen sah, wird nicht daran zweifeln, dass diese Tolpatschigkeit ihren Grund weniger in manuellem Ungeschick als in inszenierter Männlichkeit hat. Indem Männer ihr Arbeitsunvermögen in Haushaltsdingen demonstrieren, gelingt es ihnen auf einen Schlag, Hausarbeit als weiblich zu definieren, sich selbst als männlich und die ungleiche Verteilung der Arbeit damit zu legitimieren" (HEINTZ et al., 1997, S. 65). Dies gilt natürlich umgekehrt ebenfalls, z.B. für das Wechseln von Autoreifen.

WEST & ZIMMERMANN (1987) gehen davon aus, dass „Geschlecht" in jeder sozialen Situation eine wichtige Rolle spielt, sozusagen eine „omnirelevante Kategorie" ist, während HIRSCHAUER (2001) argumentiert, dass Geschlecht in unterschiedlichen Situationen verschieden stark in der Wahrnehmung präsent ist und als Wahrnehmungskategorie (mit Blick auf sich und andere) auch in den Hintergrund treten kann. Besonders stark in der Wahrnehmung präsent ist das Geschlecht z.B. in einer Minderheitensituation, wenn eine Frau alleine in einer Gruppe von Männern arbeitet („token"-Situation, dies gilt natürlich auch umgekehrt).

Herausragende Vertreterinnen des konstruktivistischen Ansatzes sind BEM, BUTLER und SPENCE sowie WEST & ZIMMERMANN (s. HEINTZ, 1997).

Der emotionale Ausdruck scheint z.T. ebenfalls gelernt zu sein. EIBL-EIBES-FELD (1973) hat darauf hingewiesen, dass das Ausdrucksverhalten von blindtaub geborenen Kindern (die also nicht durch „Abgucken" lernen können) feine Graduierungen vermissen lässt und abrupter wieder verschwindet. Der Grundausdruck scheint allerdings eine genetische Basis zu haben, denn er ist bei allen Kindern gleich. EKMAN (1971) konnte darüber hinaus zeigen, dass sechs Grundemotionen im mimischen Ausdruck (Glück, Furcht, Überraschung, Zorn, Ekel, Trauer) in ganz unterschiedlichen Kulturen überall auf der Welt mit ca. 80%iger Wahrscheinlichkeit wieder erkannt werden.

Wir können davon ausgehen, dass Körpersprache grundsätzlich genetisch verankert ist, auf der anderen Seite aber auch einer starken kulturellen Überformung und Kontrolle unterliegt (was dem erwachsenen Menschen nicht unbedingt bewusst sein muss).

4.2 Körpersprache der Angst

Stellen Sie sich einen Menschen vor, der extreme Angst hat, z.B. einen Sachsen, der Angst hat, dass ihm der Himmel auf den Kopf fällt[3]. Wie ist seine Körperhaltung?

Abb. 7: Darstellung von Angst

---

3   Die Sachsen glaubten, dass die Eichen das Himmelszelt stützen. Karl dem Großen gelang es der Sage nach, die Sachsen zu unterwerfen und zu christianisieren, nachdem er ihre heiligen Eichen hatte fällen lassen.

Die Körperhaltung ist geduckt, im Extremfall kugelförmig, die Körperoberfläche wird möglichst klein gehalten. Die Muskeln sind angespannt. Der Bauchraum und die Geschlechtsteile werden nach innen in die Kugel gezogen und geschützt, die Bauchmuskulatur ist angespannt. Die Schultern werden nach oben gezogen, der Kopf duckt sich dazwischen. Das Gesicht (Kinn) wird nach unten genommen, um die Augen zu schützen, die unter den Augenbrauen hervorlugen. Der Atem wird flach, bzw. angehalten.

Dies ist genetisch programmiert und hatte für den Steinzeitmenschen eine lebensrettende Funktion. Unsere vitalen Organe sind durch Knochen geschützt (Gehirn durch eine stabile Knochenschale, Herz-Lunge durch die elastischen Rippen). Zwei Organe, die relativ ungeschützt sind, deren Verletzung jedoch zum schnellen Tod führt, sind die Halsschlagader und die Därme, bzw. Geschlechtsorgane. Diese Organe werden statt durch Knochen durch die genannten Reflexe (Muskelanspannung, Schultern hochziehen, Becken zurücknehmen) geschützt.

Dieser instinktive Mechanismus hat in unserem modernen Büroalltag seine Funktion verloren, aber unser genetisches Programm hinkt natürlich etwas hinterher. So verspannen wir die Schultern, wenn wir mit einem aggressiven Gesprächspartner am Telefon sprechen, wir senken das Kinn, wenn wir eine schwierige Verhandlung zu führen haben und wir spannen die Bauchdecke an, wenn wir Stress haben (der Grund für die Verdauungsprobleme vieler Menschen). Darüber hinaus machen wir uns auch körperlich klein, wenn uns Vorgesetzte einschüchtern, d.h., das Angstverhalten korrespondiert mit Unterwerfungsverhalten (was in der Erziehung zusätzlich trainiert wird: „Mach einen Knicks/Diener!" heißt: „Mach deinen Körper klein vor dem/der anderen!").

4.3 Körpersprache der Macht

Wie stellt sich Macht körpersprachlich dar? Einige Elemente sind natürlich komplementär zur Angsthaltung:

1. Wo ein ängstlicher Mensch sich klein macht, imponiert Macht durch *Größe*. Am einfachsten geschieht dies durch die reine *Körpergröße*. Bei vielen Säugetierarten sind die großen (männlichen) Tiere auch die dominanten. In sozialen menschlichen Interaktionen spielt die Körpergröße ebenfalls eine Rolle, kleine Männer (manchmal auch kleine Frauen) haben im beruflichen Konkurrenzkampf darunter zu leiden und versuchen oft, die geringe Körpergröße mit anderen Mechanismen zu kompensieren.
    Größe wird auch hergestellt durch die *Körperhaltung*: Eine aufrechte Haltung mit abgewinkelten Armen und breit auseinander gestellten Füßen, dabei ein leichtes Wippen auf den Fußspitzen, im Sitzen weit ge-

spreizte oder weit ausgestreckte Beine. Bei vielen Tierarten wird dies unterstützt durch physiologische Reaktionen, z.b. das Aufplustern des Gefieders bei Vögeln oder das Aufstellen der Nackenhaare bei Affenmännchen, um die Körperoberfläche zu vergrößern und dem Gegner (oder dem Weibchen) zu imponieren.

Menschen imitieren diese Reaktionen durch *Kleidung*: Bärenfellmützen, hohe Helme, eine Krone oder Mitra, breit wattierte Schultern oder Epauletten u.ä. dienen dem gleichen Zweck.

Bei vielen Tierarten verfügen die mächtigsten Männchen über das größte *Territorium*.[4] Das Territorium wird bei Menschen dargestellt durch den Schreibtisch, das Büro, die Wohnung, das Haus etc. Je mächtiger sich jemand darstellen will, um so größer wird der Schreibtisch, bzw. die Menge des genutzten oder umbauten Raums. In den Kirchen wird in fast allen Kulturen durch einen großen umbauten Raum, durch hohe Türme und durch große Götterbilder[5] Macht und Status der Gottheit dargestellt, komplementär dazu machen sich die Betenden klein, falten die Hände, werfen sich auf den Boden[6]. Früher waren die Kirchen die größten Häuser in den Dörfern und Städten, heute sind es die Häuser der Banken und Versicherungen. Der König hatte ein großes Schloss, je mächtiger (er scheinen wollte), um so größer („Herrschaftsarchitektur").

Denken Sie einen Moment über Größe und Lage der Büros sowie ihre InhaberInnen in Ihrer Organisation nach.

Welch weiter Weg zum Altar, zum Thron des Königs und ebenso durch ein großes Büro bis hin zum Schreibtisch des Chefs. Zeit genug, Ehrfurcht zu entwickeln!

In fast allen Kulturen machen sich die Ohnmächtigen klein und die Mächtigen groß, machen die weniger Mächtigen den Mächtigen Platz, räumen ihnen Raum ein, gehen aus dem Wege, nehmen selbst wenig Platz ein. Dies scheint ein angeborener Mechanismus bei Menschen und vielen Tieren zu sein.

2.   Größe korrespondiert notwendig mit dem Blickwinkel. Die Mächtigen schauen *von oben* auf das Volk herab, haben den Überblick. Der Pfarrer hat eine Kanzel, der König einen erhöhten Thron, die Präsidentin einen erhöhten Stuhl, das „hohe Gericht" ein Podest, die Büros der „hohen Herren" (sic!) sind in modernen Organisationen oben im Gebäude, in der „Chefetage", niemals im Keller. In Kirchen sind alle wichtigen Symbole

---

4   Dies dient dem Zweck, die eigene körperliche Unversehrtheit zu sichern und möglichst viele Ressourcen (Nahrung, Schutzräume) für den Nachwuchs zur Verfügung halten zu können.

5   Die riesige Zeusstatue von Phidias war eines der sieben Weltwunder der Antike.

6   Anders war es bei den Germanen, die auf einem Berg mit hoch erhobenen Händen stehend zu ihren Göttern beteten.

über Kopf angebracht, das Kruzifix hängt groß und erhöht. Entsprechend sind die Ohnmächtigen (wie Kinder) gezwungen, nach oben zu schauen.[7]

3. Größe und Territorium korrespondieren mit *Distanz*. Mächtige Menschen lassen viel Distanz zwischen sich und anderen. Annäherung durch „Untergebene" geschieht selten, erst auf Aufforderung hin („Termin", „Müller kommen Se mal!"), durch MittlerInnen (Sekretärinnen) und hat strengen Regeln zu folgen. Die (Aufforderung zur) Reduzierung der Distanz erfolgt grundsätzlich durch die Mächtigen. Wer lädt ein? Wer gibt wem zuerst die Hand, bietet das „Du" an, bittet um Nähertreten, initiiert vertrauliche, bzw. Schutzgesten, wie Schulterklopfen oder den Arm um die Schultern legen? Aus welcher Richtung kommt der Gast? Den Mächtigen hat man sich grundsätzlich (gebückt und) von vorne zu nähern, umgekehrt tritt der Chef auch schon mal *von hinten* an die Sekretärin heran.[8]

4. Ein mächtiger Mensch hat es nicht nötig, Halsschlagader, Bauch und Geschlechtsteile durch Muskelspannung und eingerollte Haltung zu schützen. *Becken* und Bauch können demonstrativ nach vorne gebracht werden, das Kinn hoch getragen und die Halsschlagader gezeigt werden. Die Haltung kann entspannt bis lässig sein.

5. Macht kann man oft auch an der *Sitzordnung* erkennen. Helmut Kohl sagte einmal zu Helmut Schmidt: „Bei uns in der CDU sitzt der Vorsitzende *vorne!"* Das ist zum Beispiel die Schmal- bzw. Kopfseite des Tisches („Head-of-the-table-Effekt"). Hierbei scheint es allerdings Geschlechterunterschiede in der Wahrnehmung zu geben: Untersuchungen zeigen, dass Frauen am Kopfende des Tisches in einer gemischtgeschlechtlichen Gruppe nicht in gleicher Weise als Führungspersonen (an-) erkannt werden wie Männer (für eine Synopse der Studien dazu s. SPREEMANN, 2000).

    Oder umgekehrt: Vorne ist, wo die bedeutenden Personen sitzen. König Artus war der Sage nach das Statusgerangel seiner Ritter um die Sitzordnung leid. Er erfand die legendäre Tafelrunde, bei der es kein „vorne" mehr geben sollte. Plötzlich rangelten die Ritter darum, möglichst nahe bei ihm zu sitzen.

    Denken Sie an den Aufbau einer Hochzeitstafel: Häufig U-förmig, das Brautpaar vor Kopf (vorne), dann die Brauteltern, die Geschwister etc. und ganz am Ende, ganz weit entfernt vom Zentrum, an den Enden der Tafel die unwichtigen, vielleicht widerwillig geladenen Personen. Macht oder Status (im jeweiligen situativen Kontext) drücken sich also auch durch die *Nähe zu den bedeutsamen Personen* aus.

---

7 Dies dient natürlich auch der besseren Sichtbarkeit, ein Problem, das sich aber auch anders lösen lässt: in den griechischen Theatern saß ‚das' Volk erhöht auf den Rängen, implizit auch eine Aussage über die Gesellschaft.

8 Dies ist den Frauen naturgemäß sehr unangenehm. Deshalb stellen sie den Schreibtisch um, ziehen seine Schubladen heraus und benutzen Aktenberge und Blumenkübel als Barrieren. Besser wäre es natürlich, die Störung direkt anzusprechen.

6. Wichtig ist auch der *Blickkontakt*. Wir haben gesehen, dass ängstliche Menschen das Kinn senken, oft auch den Blick. Wenn wir Angst vor jemandem haben, trauen wir uns manchmal nicht, das Gegenüber anzusehen. In vielen Kulturen ist es verboten, Ranghöheren in die Augen zu schauen z.b. dem thailändischen König. Umgekehrt schauen die Mächtigen „finster" oder unbewegt und halten Blickkontakt. Untersuchungen haben gezeigt, dass Menschen, die ihr Gegenüber ununterbrochen fixieren, während sie reden, als besonders dominant empfunden werden (in unserer Kultur wird Blickkontakt der Zuhörenden mit einem oder einer Sprechenden als Aufmerksamkeitssignal empfunden). Das „Drohstarren" ist bei Menschen und bei vielen Tieren ein deutliches Dominanzsignal.

    DOVIDO & ELLYSON (1982) kamen in einer bekannten Studie zu folgendem Ergebnis: Je größer der Zeitanteil des Anschauens während des Sprechens im Vergleich zum Anschauen während des Zuhörens ist, desto mehr Macht und Dominanz wird der Person zu geschrieben. Umgekehrt wird jemand als schwach wahrgenommen, wenn er den Partner häufig anschaut, während er zuhört, aber nur selten, während er spricht.

7. Natürlich schmückt sich Macht: *Statussymbole, teure Materialien und kunstvoll gefertigte Gegenstände* sind Ausdruck von ökonomischer Potenz und damit von Einfluss. Besondere Gegenstände sind Symbole der Macht, z.b. der Reichsapfel, der Bischofsstab. Organisationen haben oft ein ausgefeiltes System solcher Symbole als „Incentives", als Anreize.

    Weiterhin schmückt sich Macht mit „Gefolge": Die *Anzahl der MitarbeiterInnen*, die einer Führungskraft unterstellt sind, ist ein deutliches Statussymbol in Organisationen. BISCHOFF (1999) zeigt in diesem Zusammenhang, dass Männer in Führungspositionen für die Erledigung gleicher Arbeiten mehr MitarbeiterInnen zur Verfügung gestellt bekommen als Frauen in Führungspositionen, gleichzeitig aber mit ihrer personellen Ausstattung wesentlich unzufriedener sind. Die Größe des Stabes ist ein wichtiger Statusfaktor und offenbar teilweise unabhängig von Arbeitserfordernissen.

    Und: Mächtige Männer „schmücken" sich oft auch mit schönen Frauen, was umgekehrt als ungewöhnlich wahrgenommen wird.

Nehmen Sie sich einen Augenblick Zeit, um zu überlegen, welche Rangabzeichen und Statussymbole Ihre Organisation bietet und wer (und welches Geschlecht) darüber vorrangig verfügt.
Hier der Vorschlag einer Checkliste:

– reservierte Parkplätze,
– Dienstwagen,
– Türschilder,
– Bürogröße und -lage,

- Nähe des Büros zum Klo,
- Möglichkeit, andere zu beobachten,
- Mobiliar (Ausstattung, Anzahl und Größe der Blattpflanzen),
- Anzahl der Fenster,
- Anzahl der Personen im Raum,
- Uniformrangabzeichen,
- Art der Kleidung (teure Materialien, „Blaumann"),
- Ehrennadeln, Orden und andere Auszeichnungen,
- Dienstreisen,
- Veröffentlichungsmöglichkeiten unter eigenem Namen (bei wissenschaftlichen Organisationen),
- Präsentationsmöglichkeiten auf Kongressen,
- Nähe, Vertrautheit und Zugangsmöglichkeiten zum „Präsidenten",
- Anzahl der MitarbeiterInnen,
- Titel.

Über wie viele und wie hochwertige solcher Symbole verfügen Sie selbst? Was sagt Ihnen das über Ihren relativen Status in der Organisation?

Hilfreich für die Analyse von Macht und Einfluss in formalhierarchischen Situationen ist die sog. *Symmetrieregel oder Regel der Umkehrbarkeit* (HABERMAS, 1984). Stellen Sie sich vor, Ihr Chef oder Ihr Kollege neigt zu Schutzgesten (Ihnen auf die Schulter zu klopfen oder den Arm um Sie zu legen), oder er neigt dazu, von hinten an Ihren Arbeitsplatz heranzutreten. Stellen Sie sich dann vor, Sie täten Gleiches bei ihm, würden die Situation also quasi umkehren. Wie fühlt sich das an? Passiert das umgekehrt gelegentlich oder ist es zumindest denkbar? Dann ist die Situation symmetrisch, die Annäherung in dieser Form in die Beziehung eingebunden. Wenn Sie sich eine Umkehrung aber nicht vorstellen können, ohne die zu Grunde liegende soziale Beziehung zu stören oder zu verändern, dann ist das Verhalten einseitig, die soziale Beziehung asymmetrisch (über mögliche formale Machtunterschiede hinaus). Die andere Person maßt sich dann etwas an, was ihr eigentlich nicht zusteht. Sie sollten sich überlegen, ob Sie sich das gefallen lassen wollen oder ob Sie sich mit höflichen Worten abgrenzen wollen, vielleicht sogar müssen. Dies ist unbedingt der Fall, wenn Sie die (junge) Chefin sind und Ihr (männlicher) Mitarbeiter Sie ungefragt berührt, selbst wenn es als freundliche oder fürsorglich-schützende Geste daher kommt.

Umgekehrt, wenn Sie in der Vorgesetztenfunktion sind, hilft Ihnen diese Regel, eigene Grenzüberschreitungen zu vermeiden. Klopfen Sie bei Ihren MitarbeiterInnen an, bevor Sie eintreten (wenn es umgekehrt selbstverständlich ist)? Sitzen Sie hinter Ihrem Schreibtisch, während der Mitarbeiter stehen muss? Oder umgekehrt: Wandern Sie bei Gesprächen herum, während die Mitarbeiterin sitzt, so dass Sie gelegentlich auf sie herab sehen können? Berühren Sie MitarbeiterInnen ungefragt, was umgekehrt nicht

denkbar wäre? Prüfen Sie Ihr körpersprachliches Verhalten auf (unbewusste) Übergriffe.
Zum Schluss dieses Abschnitts: Was halten Sie von folgendem Satz?

„Die Person, die in der Position ist, die Bedingungen einer Beziehung zu diktieren, ist
zugleich diejenige, die das geringste Interesse an deren Fortbestand hat."
(WALLER, W., 1938, zit. nach HENLEY, 1988, S. 47)

4.4 Körpersprache von Frauen (und Männern)

Wenn wir der Frage nachgehen, ob Frauen und Männer (in unserer Kultur)
eine unterschiedliche Körpersprache haben, müssen wir uns mit dem Problem
auseinandersetzen, ob wir nicht verallgemeinern, stereotypisieren, Unterschiede zwischen den Geschlechtern überbetonen und Unterschiede innerhalb
der Geschlechter vernachlässigen, bzw. Geschlechterunterschiede erst konstruieren. Dies ist im Bereich der Forschung eine Frage, mit der sich jeder
differenztheoretische Ansatz auseinandersetzen muss.

Exkurs: Differenztheoretische Ansätze

Differenztheoretische Ansätze gehen von der Frage nach Unterschieden, Differenzen zwischen zwei Gruppen mit Blick auf ein oder mehrere Merkmale aus, z.B.
von der Frage, ob sich Männer und Frauen mit Blick auf Intelligenz unterscheiden.

HIRSCHAUER (2001) diskutiert das Vorgehen bei der Theoriebildung und – überprüfung differenztheoretischer Ansätze: Zunächst werden von den WissenschaftlerInnen soziale Kategorien gebildet, z.B. Geschlecht, Familienstand, Hautfarbe,
Schicht usw. Im nächsten Schritt werden an Stichproben verschiedene Variablen
auf Unterschiede hin untersucht. Beispiel: Ledige werden mit Verheirateten verglichen mit Blick auf ihren Medikamentenkonsum, ihre Schlafdauer, ihre allgemeine
Lebenszufriedenheit, ihre Schuhgröße, was auch immer. Oder um im Beispiel zu
bleiben: Es wird untersucht, ob sich Männer und Frauen nicht mit Blick auf eine
der vielen Intelligenzdimensionen (z.B. räumliches Denken, sprachliche Fähigkeiten usw.) unterscheiden.
Auf Grund von statistischer Wahrscheinlichkeit wird man, wenn man lange genug
sucht und beliebig viele Variablen prüft, immer irgendeinen oder mehrere Unterschiede finden. „Der Befund eines ‚Unterschiedes' bestätigt die vollzogene Unterscheidung, indem er sie nachträglich mit Sinn ausstattet" (S. 213).

„Das Problem ist nun, dass es sich bei solchen Beobachtungen nicht einfach um
(mehr oder weniger triftige) empirische Feststellungen handelt. Die fortgesetzte
Reproduktion der Geschlechterteilung erscheint im Rahmen der Männer-und-
Frauen-Forschung vielmehr als ein alternativloser kultureller ‚*backlash*'[9], der die

---

9   heftige Reaktion

Geschlechterunterscheidung ununterbrochen restauriert. Diese Hydra ist das Artefakt eines unbegrenzten Beobachtungsschemas." (S. 213)

Mit anderen Worten: *Wenn wir Kategorien, wie Geschlecht, bilden und nach Unterschieden fragen, werden wir welche finden, wenn wir lange genug suchen. Eine Forschung, die mit der Frage nach Unterschieden antritt, konstruiert ihren Forschungsgegenstand permanent neu und legitimiert sich damit selbst.*[10]

In diesem Dilemma befindet sich im Übrigen auch die betriebliche „Frauenförderung": „Frauenförderung ist insofern eine „paradoxe Intervention". Sie nimmt eine „Überbetonung" des Merkmals „Frau" vor in der Absicht, dieses Merkmal in seiner Bedeutung für die Verteilung von Arbeits- und Lebenschancen in der Zukunft zu minimieren" (MÜLLER, 2000, S. 138).

Das oben geschilderte Dilemma lässt sich nun meiner Auffassung nach allerdings nicht einfach dadurch lösen, dass mögliche Unterschiede negiert werden. Es ist zu einfach, zu sagen: „Männer und Frauen sind gleich." Entscheidend scheint mir in diesem Zusammenhang vielmehr die Frage zu sein, *was* wir betrachten: Wenn wir unterschiedliche *Eigenschaften* für Männer und Frauen postulieren und zu prüfen versuchen, stehen wir vor einer Reihe von Problemen:

– Wir laufen dann, wie oben beschrieben, tatsächlich Gefahr, die Unterschiede, die wir postulieren, durch Forschung zu (re-)konstruieren.
– Wenn wir Unterschiede in den Eigenschaften finden würden, hätten wir sofort die Frage auf dem Tisch: Sind die gefundenen Unterschiede in den Eigenschaften angeboren, also genetisch bedingt, oder sozialisiert (MERZ, 1979)? Dies ist eine Falle, weil im Postulat angeborener Eigenschaftsunterschiede fälschlicherweise mitschwingt, angeborene Mechanismen seien ein für allemal so und durch Sozialisation nicht beeinflussbar (BISCHOF-KÖHLER, 1993). Diese Schlussfolgerung dient dann wieder der Legitimierung von Diskriminierung. Wenn man z.B. in empirischen Studien eine grundsätzlich geringere Intelligenz von Frauen gefunden hätte (was nicht der Fall ist), hätte dieses Ergebnis die Aussage provoziert, dass Frauen „von Natur aus" dümmer sind und sich „eben" deshalb nicht zur Professorin oder zu anderen hochqualifizierten Jobs eignen. Die Diskussion um diese Fragen ist ideologisch aufgeladen und politisch hochbrisant.
– Die empirische Überprüfung von Geschlechterunterschieden im Hinblick auf Eigenschaften ist durchaus nicht einfach und wirft eine Reihe von forschungsmethodischen Problemen auf, die in Abs. 10.3 diskutiert werden.

Es scheint mir aber sinnvoll zu sein, nach Unterschieden im *Verhalten* zu fragen, worunter ich auch die Herstellung von äußerem Erscheinungsbild zähle, wie oben dargestellt.

– Einmal ist Verhalten beobachtbar, was für Eigenschaften nicht zutrifft, d.h., es gibt geringere forschungsmethodische Probleme.

---

10   Nebenbei: Jede Unterscheidung enthält automatisch eine vergleichende Bewertung im Sinne einer Hierarchisierung, ein Problem, auf das vor allem LUHMANN (1988) hingewiesen hat.

> – Auf der anderen Seite ist Verhalten veränderbar. Deshalb liegt bei Verhaltens-
> unterschieden im Gegensatz zu Eigenschaftsunterschieden der Schluss näher, es
> handele sich um sozialisierte Verhaltensweisen entlang des Geschlechtsrollen-
> stereotyps.
> – Und mit Blick auf die Zielsetzung, herauszufinden, warum Frauen in den obe-
> ren Hierarchieebenen unterrepräsentiert sind, lässt sich untersuchen, wie Frauen
> (und Männer) mit ihrem Verhalten dazu beitragen, Ungerechtigkeiten, Diskri-
> minierungen und Geschlechterhierarchien immer wieder herzustellen (doing
> gender). Das heißt, wir können nach Möglichkeiten der *Veränderung* suchen.
> Insofern steckt in diesen Fragen auch eine Chance: Verhalten sich Frauen so,
> dass sie zu ihrer eigenen Inferiorität beitragen? Und wenn ja, wie genau? Und
> gibt es Möglichkeiten für Frauen (und Männer), ihr Verhalten zu ändern, um ih-
> re Ziele besser zu erreichen oder um besser miteinander arbeiten zu können?

Helga WEX (1980) und Nancy M. HENLEY (1988) waren Pionierinnen auf dem Gebiet der Erforschung der geschlechtstypischen Körpersprache und mittlerweile wissen wir eine Menge aus Verhaltensbeobachtungen bzw. fotografischen Studien.

Beginnen wir mit der *Körperhaltung*. Stellen Sie sich eine Frau vor, die im Wartezimmer einer Arztpraxis sitzt oder wahlweise in der Straßenbahn oder dort, wo Sie sich gerade befinden, während Sie dies lesen. WEX (1980) hat viele tausend Bilder vorgelegt, die Frauen und Männer in typischen Alltagssituationen zeigen. Typischerweise wird sie einigermaßen gerade sitzen, die Beine übereinandergeschlagen (wenn nicht, die Knie aneinander) haben und die Ellenbogen relativ nahe am Körper halten. Der Mann neben ihr sitzt vielleicht mit gespreizten oder lang ausgestreckten Beinen (kennen Sie das Gerangel in der Straßenbahn um den knappen Platz auf einer Zweierbank? Oder das Gerangel im Theater um die Armlehne?), dabei hält er die Ellenbogen weit vom Körper weg.

Beobachten Sie bewusst, wie Frauen und Männer in der Standbein-Spielbein-Haltung stehen und wie deutlich sich das unterscheidet. Männer drücken in dieser Haltung das Becken nach vorne[11], Frauen knicken die Hüfte ab.

Denken Sie an die Strumpfwerbungshaltung, wie sie sie uns z.B. Erika Berger in schwarzbestrumpften Beinen gerne demonstriert hat. Falls Sie sie gerade nicht vor Augen haben: enger Rock, schwarze Strümpfe, High heels, gerader Rücken, Beine übereinander und parallel zur Seite verschoben, Zehen gespitzt, so dass das Körpergewicht auf nur einer Pobacke ruht, Hände auf dem Knie gefaltet, Kopf leicht schräg, lächeln! Probieren Sie mal. Diese Haltung erfordert Spannung im gesamten Körper, und es ist schier unmöglich, wütend oder auch nur aktiv zu werden.

Stellen Sie sich eine gehende Frau mit einem Collegeblock vor, die Wahrscheinlichkeit ist hoch, dass sie ihn vor der Brust trägt und dass sie den Kopf dabei schief hält: Eine klassische Demutshaltung: Sie reduziert die Körpergröße und legt die Halsschlagader frei.

---

11 Mein Masseur sagt immer, bei Männern sei der verspannteste Körperteil der Po.

Weiterhin zeigt die Literatur Unterschiede in der *Raumnutzung* auf:

- Wie oben dargestellt, nehmen sich Frauen mit ihrer Körperhaltung *weniger Raum*, sie machen sich kleiner, sie haben eine kleinere persönliche „Raumblase". Sie stellen die Füße näher zusammen und sie gehen Männern auf der Straße buchstäblich „aus dem Weg", d.h. sie machen Platz (für eine Synopse der empirischen Studien s. HENLEY, 1988).
- *Platzwahl:* „Frauen setzten sich bei der Möglichkeit einer freien Platzwahl vorzugsweise direkt neben eine andere Frau, nie neben einen Mann. Im Gegensatz dazu bevorzugten teilnehmende Männer eine strategische Platzwahl: Sie ließen häufiger Raum zwischen sich und anderen – ob Männer oder Frauen – und wählten einen distanzierten Platz. Waren Frauen bereits im Raum, setzten sie sich vorzugsweise ihnen gegenüber" (DERICHS-KUNSTMANN ET AL., 1999, S. 45). Hier wird deutlich, dass Männer eine größere Distanz bevorzugen, welche die Möglichkeit des Überblicks bietet.

Blickkontakt und Lächeln: Viele empirische Studien (in der Folge von EXLINE & WINTERS, 1965) zeigen, dass Frauen – besonders untereinander – häufiger mit ihrem Gegenüber Blickkontakt halten als Männer, vor allem wenn sie zuhören. Dies korrespondiert mit der immer wieder gefundenen größeren sozialen Sensibilität von Frauen (HENLEY, 1988) und mit einem Sprechstil, der sich am Gegenüber orientiert (siehe Kapitel 5). Vermutlich dient der häufige Blickkontakt dazu, Rückmeldung über Billigung und Missbilligung des Gesagten durch das Gegenüber wahrzunehmen. Damit dieser häufige Blickkontakt nicht als Dominanzsignal wahrgenommen wird (s.o.), mildern Frauen ihn durch häufiges Lächeln[12].

Drei Grundmuster werden wir (in unserer Kultur) immer wieder finden:

- Frauen nehmen weniger Raum ein als Männer[13]
- Frauen nehmen in der Regel das Becken zurück und schließen die Beine
- Viele Haltungen, die als für Frauen adäquat empfunden werden, erfordern eine nicht unerhebliche Körperspannung und sind damit erheblich unbequemer.

Diese Haltungen sind vor allem erforderlich bei engen und kurzen Röcken, d.h. eine sehr „feminine" Kleidung unterstützt diese Art von Körpersprache natürlich (werfen Sie einen Blick in die Beschreibungen der Versandhauskataloge und schmunzeln Sie ein bisschen!).

Sie erinnern sich an das, was wir über die Körpersprache der Mächtigen und Ohnmächtigen zusammengetragen haben: sich groß machen, viel Raum

---

12 „Lächeln", die Zähne zeigen, wobei die Mundwinkel nach oben gezogen werden, ist bei Primaten keineswegs ein Ausdruck von Fröhlichkeit, sondern Mimik der Besänftigung und Unterwerfung.

13 Frauen ‚sind' durchschnittlich 10 cm kleiner als Männer, aber sie machen sich zusätzlich noch kleiner.

einnehmen, wenig Spannung im Körper, von oben herab schauen, demgegenüber steht sich klein machen, Spannung, Bauch bzw. Becken schützen. Sie erkennen die Parallele:

> Verinnerlichte und unbewusste Vorschriften aus dem Geschlechtsrollenstereotyp für angemessene Körperhaltungen rücken Frauen in unserer Kultur in die Nähe von (relativer) Ohnmacht und Männer in die Nähe von (relativer) Macht und korrespondieren mit dem Bemühen von Frauen um Kindlichkeit (und sexuelle Attraktivität) im äußeren Erscheinungsbild.

Diese Vorschriften und Vorstellungen sind kulturell produziert und historisch bedingt, ebenso wie die vorher diskutierten Vorstellungen über das Äußere von Frauen.

Stellen Sie sich eine etwa 60-jährige Bäuerin aus dem hessischen Umland (oder eine türkische Frau, die aus der bäuerlichen Kultur Anatoliens kommt) vor: Sie kommt zum Einkaufen in die Stadt, trägt vielleicht noch Tracht, auf alle Fälle einen wadenlangen weiten Rock und eine große Einkaufstasche. Wenn sie an der Haltestelle auf die Bahn wartet, sitzt sie breitbeinig (der lange weite Rock schützt vor Einblicken), die große Tasche auf dem Schoß, die Hände halten die Henkel, die Ellenbogen sind abgewinkelt. Insgesamt eine stattliche und beeindruckende Erscheinung, die eine ganze Wartebank alleine füllen kann. Bäuerliche Kulturen haben andere Vorstellungen von Frauen als verfeinerte Stadtkulturen, was sich auch auf die Körpersprache auswirkt.

4.5 Darstellung von Frauen und Männern in den Medien

Die Medien (Filme, Werbung, Fotos etc.) lehnen sich in der Darstellung von Frauen und Männern, Paaren und Gruppen eng an die Vorgaben der Geschlechtsrollenstereotype an, indem sie häufig die Realität nicht abbilden, sondern den Stereotypen anpassen, Unterschiede übertreiben oder ein Gefälle überhaupt erst inszenieren.

Besonders bei Paardarstellungen fällt das Bemühen um Darstellung von Ungleichheit auf.

Beispiel: Prince Charles und Lady Diana waren in Wirklichkeit körperlich gleich groß.

Abb. 8: Beispiel für die Inszenierung von Größenunterschieden

Wie wird Ungleichheit inszeniert? Er steht, sie sitzt (nach Möglichkeit schaut sie dabei zu ihm auf), er steht eine Stufe höher als sie, sie trägt flache Schuhe.

Der Mann steht in der Kussszene auf einem Marmeladeneimer (Kein Witz: Humphrey Bogart in der Schlussszene von „Casablanca" mit Ingrid Bergmann, beide waren ebenfalls etwa gleich groß). Die Botschaft lautet: *„Ich schau dir in die Augen, Kleines".* Natürlich wird dabei vom Betrachter/der Betrachterin implizit (und unbewusst) ein hierarchisches Verhältnis mitgedacht.

Ist Ihnen schon einmal aufgefallen, dass es in der Werbung bei der Darstellung von Familien ältere, größere Brüder und jüngere, kleinere Schwestern gibt und kaum umgekehrt? Wo ist die Kamera platziert: In Augenhöhe des Objekts, blickt sie von oben herab[14] oder von unten hinauf?

Darüber hinaus sind Frauen zahlenmäßig deutlich unterrepräsentiert und treten seltener als aktiv Handelnde auf. Die dargestellten Frauen sind im Schnitt jünger als die Männer (Beispiel: Die im Programm Power-Point verfügbaren Bilder) (vgl. auch KOTTHOFF, 1994).

---

14 Diese Perspektive, aus der in der Regel ausschließlich Frauen und Kinder betrachtet werden, trifft in der Nahaufnahme (z.B. im Fernsehen) auch Rollstuhlfahrer, z.B. Wolfgang Schäuble.

Abb. 9: Beispiel für ein Bild aus dem Programm Power-Point

Viele Darstellungen stellen asymmetrische Beziehungen dar: Er legt den Arm um ihre Schulter oder Hüfte, sie hakt sich bei ihm ein, er führt sie an der Hand (d.h. sein Handrücken zeigt nach vorne), umgekehrt nur schwer vorstellbar, woran der „rituelle Charakter" (MÜHLEN ACHS, 1998, S. 97) dieser Gesten erkennbar wird.

Natürlich betreiben die Medien nicht nur die optische Verkleinerung/Verkindlichung von Frauen, sondern vor allem auch die extreme Sexualisierung des weiblichen Körpers, d.h. sie stabilisieren und perpetuieren das weibliche Geschlechtsrollenstereotyp in beiden Facetten. Auf die Sexualisierung des weiblichen Körpers durch die Medien wird hier nicht näher eingegangen, da sie offensichtlich ist bzw. wir uns von einer Belästigung durch diese Bilder gar nicht frei machen können.

Besonders krass geschieht die Polarisierung in der Werbung und in Comics (MÜHLEN ACHS, 1998, für Radiowerbung s. KOTTHOFF, 1994). Die Darstellungen von Männern und Frauen erscheinen uns (meistens) als „natürliche" Abbildungen der Realität, und wir nehmen kaum einmal wahr, dass sie in Wirklichkeit sorgfältige Inszenierungen sind, die die Geschlechtsrollenstereotype ständig reproduzieren, aber auch das reale Machtgefälle zwischen Frauen und Männern widerspiegeln. Darüber hinaus haben sie natürlich auch Vorbildfunktion für junge Menschen, die so die Geschlechtsrollenstereotype lernen, die es in dieser Deutlichkeit bei realen Vorbildern gar nicht (mehr) oder nur selten gibt.

Nebenbei: Diese Inszenierungen sind teilweise offenbar sehr alt und ziehen sich durch die Geschichte (WEX, 1980, für die Geschichte der Malerei s. BERGER, 1974).

4.6 Zusammenfassung

Die Körpersprache von Männern und Frauen unterscheidet sich vor allem im Hinblick auf den eingenommenen Raum: Männer nehmen relativ mehr Raum ein als Frauen. Dies korrespondiert mit der Verkleinerung/Verniedlichung im äußeren Erscheinungsbild von Frauen und entspricht dem Geschlechtsrollenstereotyp.

Dadurch wird permanent ein Macht-/Ohnmachtgefälle reproduziert, das die gesellschaftlichen Machtverhältnisse zwischen den Geschlechtern widerspiegelt und aufrecht zu erhalten hilft. Medien haben dabei einen stabilisierenden Einfluss, sowohl im Hinblick auf die Verkindlichung als auch im Hinblick auf die Sexualisierung von Frauen.

Nachdem wir uns mit dem äußeren Erscheinungsbild und der Körpersprache als Ausdrucksformen des Geschlechtsrollenstereotyps befasst haben, wenden wir uns im nächsten Kapitel dem Sprechverhalten von Frauen und Männern zu.

5. Sprache von Frauen

5.1 Einführung

Die bislang diskutierten Facetten des weiblichen Geschlechtsrollenstereotyps (äußeres Erscheinungsbild, Körpersprache) sind offensichtlich und inzwischen vielen Menschen auch in ihrer Wirkung bewusst. Die Behauptung, dass Männer und Frauen unterschiedlich sprechen, ruft jedoch gelegentlich Befremden hervor.

Allerdings empfinden es viele Frauen als schwierig, sich mit Männern zu „verständigen". Die häufigsten Aussagen in meinen Seminaren sind:

- „Männer reden zu wenig" (im privaten Bereich). Die „Gesprächsarbeit" liege bei den Frauen.
- „Männer reden zuviel" (im beruflichen Bereich). Frauen empfinden, dass sie nicht zu Wort kommen, dass sie ständig unterbrochen werden und ihre Vorschläge nicht aufgegriffen werden, dass Männer Sitzungen durch langes Gerede in die Länge ziehen.
- „Männer sind konfliktunfähig" (privat). Gefühle und Bedürfnisse von Frauen würden von Männern nicht wahrgenommen, Konflikte umgangen oder verdrängt.
- „Männer sind konfliktprovozierend" (beruflich). Frauen (vor allem in Führungspositionen) beklagen, dass ihre männlichen Mitarbeiter und Kollegen ihnen ständig Machtkämpfe antragen.

Beispiel: Ein Mann und eine Frau gehen über den Marktplatz. Sie sagt: „Guck mal, ist das nicht ein nettes Cafè?" Was sagt er? „Ja!" und geht weiter. Sie ist frustriert.

Aber auch Männer scheinen es gelegentlich schwierig zu finden, mit Frauen umzugehen. „Versteh einer die Frauen" ist ein oft gebrauchter Stoßseufzer. Oder wie es Oscar Wilde gesagt hat: „Women are meant to be loved, not to be understood." Der Mann im o.g. Beispiel wird in der Folge keine Ahnung haben, warum die Frau plötzlich wortkarg geworden ist. Männer nennen das dann aus Unverständnis „Zickigkeit".

Wie kommt es zu so vielen Missverständnissen, Frustrationen und Verletzungen zwischen den Geschlechtern, aber auch zu Schwierigkeiten in der Zusammenarbeit und vor allem zur wiederholten Unterlegenheit von Frauen in Machtkämpfen mit Männern?

Dieser Frage werden wir in diesem und im nächsten Abschnitt nachgehen.

5.2 Sprache von Frauen

Senta TRÖMEL-PLÖTZ (1982, 1984, 1996) war eine der Pionierinnen im deutschsprachigen Raum bei der Untersuchung des *Sprechverhaltens* von Männern und Frauen. Inzwischen sind ihre Veröffentlichungen einem breiten Publikum bekannt geworden. Sie beschäftigt sich auf der Basis empirischer Untersuchungen (Verhaltensbeobachtungen) seit den Siebzigern mit der Art und Weise, wie Frauen (im Unterschied zu Männern) sprechen.

Zusammengefasst sind die Ergebnisse ihrer und anderer Untersuchungen die folgenden:

Frauen

– reden kürzer und seltener (ganz entgegen dem landläufigen Vorurteil),
– stellen mehr Fragen („Was meinst du dazu?"),
– kleiden auch Behauptungen in Frageform („Ist es nicht ein herrliches Wetter?"),
– gebrauchen häufiger „bitte",
– gebrauchen häufiger Einschränkungen: „ich glaube...","eigentlich", „ziemlich",
– lächeln mehr, lachen häufiger (DERICHS-KUNSTMANN ET AL., 1999, S. 51),
– gebrauchen häufiger Verniedlichungen („Wenn Sie mir vielleicht ein Tütchen geben könnten?" „Das ist aber ein nettes Blüschen"),
– unterbrechen ihre GesprächspartnerInnen seltener (TRÖMEL-PLÖTZ, 1984).

Dies korrespondiert mit Ergebnissen von ZIMMERMANN & WEST, 1975, die feststellten, dass 98% der Unterbrechungen in gemischtgeschlechtlichen Diskussionen durch Männer erfolgen. Männer unterbrechen dabei sowohl Männer als auch Frauen.

- Zeigen mehr Aufmerksamkeitsreaktionen wie Blickkontakt, körperliche Zuwendung, „ah ja" „hmhm" „ich verstehe, was sie meinen" (OPPER-MANN & WEBER, 1995),
- enthüllen in Gesprächen und Selbstdarstellungen (z.b. Vorstellungsrunden in Seminaren) mehr persönliche Informationen, auch über persönliche Schwächen (HENLEY, 1988, DERICHS-KUNSTMANN et al., 1999).

Insgesamt, meint TRÖMEL-PLÖTZ sprechen Frauen weniger, höflicher, indirekter, damit ungenauer und weniger absolut bzw. resolut.

Prosodische Elemente: Eine Reihe von Studien hat gezeigt, dass Frauen mit mehr Luft in der Stimme sprechen („hauchen"), dies wirkt emotionaler, empathischer und sanfter als eine glasklare Stimme. Gleichzeitig ist es kaum möglich, mit viel Belüftung der Stimmbänder laut zu sprechen, ohne schrill zu wirken oder lange zu sprechen, ohne außer Atem zu kommen (für Frauen oft ein Problem, wenn sie Vortragstechnik üben). Weiterhin wechseln Frauen häufiger die Tonhöhe und benutzen ein weiteres Spektrum an Tonhöhen, auch dies ein emotionalisierender Faktor (für eine Synopse der Studien s. KOTTHOFF, 1994).

Eine weitere Pionierin der Untersuchung weiblicher Kommunikation ist Deborah TANNEN (1991, 1994). Sie postuliert einen *indirekten weiblichen Sprachstil:* Bedürfnisse, Wünsche und Anliegen werden nicht deutlich, also eindeutig ausgedrückt („Ich möchte eine Tasse Kaffee trinken."), sondern indirekt, als Frage (s.o.) („Sollen wir nicht eine Tasse Kaffee trinken?" oder sogar: „Möchtest du eine Tasse Kaffee trinken?").

Spannend dabei ist, dass sich Frauen untereinander mit Hilfe dieses Sprachstils meist recht gut verstehen. Wenn eine Frau eine andere fragt: „Möchtest du eine Tasse Kaffee trinken?", sagt diese: „Gerne!". Und, falls sie gar keine Lust auf Kaffee hätte, würde sie doch zumindest nicht deutlich ablehnen, sondern etwa sagen: „Im Moment nicht, du vielleicht?" Das heißt, sie würde zumindest zu erkennen geben, dass sie das Bedürfnis der anderen Frau verstanden hat und ggf. sogar bereit ist, ihm Rechnung zu tragen.

Eine Frau würde wahrscheinlich auf die eingangs benannte Frage: „Guck mal, ist das nicht ein nettes Café?" sagen: „Tatsächlich. Hast du Lust auf einen Kaffee?"

Demgegenüber wird beschrieben, dass *Männer* direkter sprechen (TRÖ-MEL-PLÖTZ, 1984). Eine kräftige Debatte signalisiert Wertschätzung. Wer nicht unterbricht, hat nichts zu sagen, das Ganze ist ein argumentativer Wettkampf um Status (s.u.). Aufmerksamkeitsreaktionen werden als inhaltliche Zustimmung genommen.

Zwischen den Geschlechtern führt der unterschiedliche Sprachstil leicht zu Missverständnissen (und damit zu Kränkungen auf Seiten der Frau und zu Verwirrtheit auf Seiten des Mannes).

Beispiel 1: Ein Mann antwortet vermutlich auf die Frage: „Möchtest du eine Tasse Kaffee trinken?" mit „Nein", und die Frau ist gekränkt, weil sie ihr Bedürfnis ignoriert sieht, während der Mann einfach entsprechend seiner Bedürfnisse die Frage beantwortet, wie sie gestellt ist.

Beispiel 2: Nach längerem Streit schreit sie ihn an: „Dann geh doch, hau endlich ab!" Und was tut der Stoffel? Er geht. Er hört die Worte, nicht die Botschaft, die etwa lauten könnte: „Ich bin verletzt und wütend, tu was, damit ich mich besser fühle."

aus: NRZ, 18. 8. 2002, Seite „Die Letzte"

Männer stehen, falls diese Erkenntnisse neu für sie sind, oft völlig fassungslos davor, es fällt ihnen wie Schuppen von den Augen. Man sieht förmlich, wie bislang unverstandene Anlässe ehelichen Streits neu beleuchtet werden. Sofort kommt die völlig verständnislose Aussage: Wieso verhalten sich Frauen denn so? Warum sagen sie nicht direkt, was sie wollen? Damit suchen wir nach den *Funktionen* dieser Art und Weise zu sprechen.

5.3 Funktionen der Frauensprache

Die beschriebene Art und Weise, wie Frauen sprechen, erfüllt viele unterschiedliche Funktionen gleichzeitig:

1. Diese Art zu sprechen gibt dem Gesprächspartner/der Gesprächspartnerin sehr viel Raum und Entscheidungsfreiheit. Bei der Frage: „Möchtest du eine Tasse Kaffee trinken?" entscheidet die gefragte Person. Es ist ein Stil, der sich (zumindest vordergründig) an den Bedürfnissen der anderen Person orientiert.

2. Der Sprachstil nimmt jede Art von Bedrohung, jede Art von Statuskampf aus dem Gespräch. Jemanden anzulächeln und dann zu sagen: „Da haben Sie aber ein hübsches Blüschen an!" entlockt auch der schüchternsten Frau noch ein Lächeln. Die Atmosphäre wird lockerer, freundlicher. Es ist ein guter Sprachstil im Umgang mit ängstlichen, schüchternen oder traurigen Personen.

3. Der Sprachstil beugt der Angst vor, die andere Person könnte die Frau vielleicht nicht mehr mögen oder ihr böse sein, wenn sie sich klar ausdrückt bzw. durchsetzt. Dieses Verhalten könnte als rücksichtslos interpretiert werden, so die Befürchtung.

4. Entscheidungsfreiheit, Raum für die andere Person und das Fernhalten von Bedrohung bedeutet auch Konfliktvermeidung, Vermeidung von Aggression. Es ist ein konflikt- und aggressionsvermeidender Sprachstil, ein Sprachstil, der verbindlich ist und Kompromissbereitschaft signalisiert.

5. Damit einhergeht der Schutz für die Frau vor Konfrontation und Übernahme von Verantwortung für die eigene Meinung. Wenn eine Frau sagt: „Eigentlich ist das doch heute ein ziemlich schönes Wetter, nicht wahr?" und die andere Person sagt: „Das Wetter ist schlecht, dieser Nebel nervt mich.", kann die Frau sich relativ ungefährdet zurück ziehen und sagen: „Ja so betrachtet, ist das Wetter wirklich nicht sehr schön!"

6. Auch der indirekte Bedürfnisausdruck dient als Schutz, nämlich vor persönlicher Zurückweisung und Ablehnung. Die Kränkung ist nicht offensichtlich im Falle eines Nein, die Frau kann ihr Gesicht wahren. Dies scheint von zentraler Bedeutung für viele Frauen zu sein, vor allem, wenn es sich um sehr persönliche oder intime Wünsche handelt.

7. OPPERMANN & WEBER (1995, S. 92) spannen die unterschiedlichen Sprachstile in ihrer Funktion auf der Achse Autonomie und Nähe auf. Die Funktion der Männersprache sei es, Unabhängigkeit und Status zu gewinnen, die Funktion der Frauensprache sei es, menschliche Nähe herzustellen und die Beziehung durch Übereinstimmung zu festigen.

Beispiel: Ein alter Stammtischwitz: Ein Mann erzählt seinem Freund, seine Frau und er hätten seit kurzem getrennte Schlafzimmer. „Oh," sagt der Freund, „das ist aber kompliziert. Was machst du, wenn du mit ihr schlafen willst?" „Ganz einfach, ich klopfe an die Wand, dann kommt sie." „Ja, aber wenn sie mit dir schlafen will?" „Dann kommt sie und fragt: Hast du geklopft, Liebling?"

Der indirekte, vorsichtige und höfliche Sprachstil von Frauen scheint wesentlich die Funktion zu haben, die Frau vor Verletzungen zu schützen, Konflikte zu vermeiden, eine angenehme Atmosphäre zu schaffen und Ängste beim Gesprächspartner/bei der Gesprächspartnerin zu reduzieren. Dies ist eine klare Qualität und nicht etwa eine Schwäche, zumindest in manchen Gesprächen und für manche Zielsetzungen.

> Der weibliche Sprachstil mit seinen Verniedlichungen, mit dem häufigeren Lächeln und den kürzeren Redezeiten korrespondiert mit der Verniedlichung/Verkindlichung der Frau im äußeren Erscheinungsbild und in der Körpersprache. Damit wird das weibliche Geschlechtsrollenstereotyp in sich stimmig ergänzt.

Wenn Menschen (meistens eben Frauen) miteinander sprechen, die diesen Sprachstil haben, funktioniert das oft gut und führt zu einer unterstützenden Atmosphäre mit großer Nähe. Trifft ein Mensch mit diesem Sprachstil auf einen Menschen mit einem statusorientierten Sprachstil, wird sich schnell ein Machtgefälle heraus bilden, d.h. der/die Andere wird die Kontrolle übernehmen.

So tragen Frauen im Kontakt mit Männern durch ihren Sprachstil selbst zu ihrer Unterlegenheit bei. Andersrum wird auch ein Schuh daraus: Es ist das Verhalten einer gesellschaftlich relativ ohnmächtigeren Gruppe (Frauen) gegenüber einer als mächtiger empfundenen Gruppe (Männer), eine Strategie der Ohnmacht[1].

Insofern ist wahrscheinlich, dass der vorsichtige Sprachstil von Frauen weniger Merkmal des „Geschlechts" als vielmehr „Ausfluss relativer „Ohnmacht" ist. CYBA (2000, S. 181) bemerkt deshalb richtigerweise Folgendes: „Männer verfügen – vor allem in formal definierten Situationen und hierarchischen Organisationen – in der Regel noch immer über mehr Prestige und Macht, daher ist es nicht immer klar zu entscheiden, inwieweit ihre kommunikativ dominante Position darauf zurückzuführen ist, dass sie Männer sind, oder auf die Tatsache, dass sie über mehr Macht und Prestige verfügen."

Das Tragische daran ist, dass dieses höflichere, vorsichtigere und männerunterstützende Verhalten der Frauen dazu beiträgt, die Hierarchie zwischen den Geschlechtern ständig neu zu reproduzieren und zu stabilisieren. In einem Teufelskreis trägt es zu seiner eigenen „Notwendigkeit" bei. Darüber hinaus wird dadurch ein Gesprächsstil, der in bestimmten Situationen Sinn macht, in die Nähe von „Schwäche" gerückt.

---

1   Ich stimme ausdrücklich nicht mit TANNENS These überein, dass es sich um eine „interkulturelle Begegnung" handele. Es sind nicht zwei verschiedene Kulturen, sondern zwei Seiten von Macht innerhalb einer Kultur: oben und unten, mit den jeweils strategisch sinnvollen Verhaltensweisen.

In Gesprächen, in denen es darum geht, Bedürfnisse und Anliegen klar zu benennen, zu verhandeln, sich durchzusetzen, sich als stark darzustellen, Status zu erwerben, ist diese Sprechweise nicht zielführend. *Frauen müssen also lernen, eine klare, direkte, ggf. auch konfrontative Sprache zu sprechen und ihre körpersprachlichen Botschaften dem anzugleichen, z.b. weniger zu lächeln und sich körperlich etwas breiter zu machen.* Ich wünsche mir, dass Frauen stolz auf ihre Fähigkeit sein können, anderen die Plattform zu überlassen, aber ich empfehle auch, das eigene Verhaltensspektrum um Dimensionen von Klarheit und Direktheit zu erweitern. In Kapitel 12 finden sie einige Empfehlungen dazu.

Ähnliches gilt für Männer. Viele Männer können sehr klar und direkt sagen, was ihre Wünsche sind, und sie haben keine Schwierigkeiten mit Konfrontationen und Statuskämpfen. Aber sie haben Schwierigkeiten folgender Art:

Ein Seminarteilnehmer, gestandener Forstamtsleiter, ca. 50 Jahre alt, in Kniebundhosen, sagte etwas provozierend (also Hilflosigkeit ausdrückend): „Was machen Sie denn da, Frau Doktor, was machen Sie denn, wenn da plötzlich eine Mitarbeiterin vor Ihrem Schreibtisch sitzt und weint?" Ich fragte, was er denn in der Situation gemacht habe. Kurz angebunden sagte er: „Ich bin rausgegangen und hab meine Sekretärin reingeschickt!" Dann wünsche ich den Männern (und den Menschen, die mit ihnen zu tun haben), dass auch Männer ihr Verhaltensspektrum erweitern könnten, und zwar um Facetten der vorsichtigen Frauensprache. Es würde ihnen helfen, die Gesprächspartnerin/den Gesprächspartner besser zu verstehen und mit traurigen, schüchternen und ängstlichen Menschen besser umgehen zu können.

OPPERMANN & WEBER (1995, S. 114) schildern ein ähnliches und aus ihrer Sicht typisches Beispiel: „In dem Film „Tage des Donners" mit Tom Cruise, der von Rennfahrerschicksalen handelt, schildert ein Rennfahrerkollege einen Rennunfall, bei dem sein Vater umkam. Er schildert den Unfallhergang sehr bewegt, und der Zuschauer (sic!) merkt, wie berührt er immer noch von diesem Ereignis ist. Was sagen nun aber die Rennfahrerkollegen zu dessen Schilderung? Sie fragen ihren Kollegen, in welcher Kurve denn der Unfall passiert ist, und suchen daraufhin nach Lösungen, die so einen Unfall verhindern."

„Unsere größte Angst ist nicht, dass wir nicht genügen. Unsere größte Angst ist, dass wir über alle Maßen mächtig sind. Es ist unser Licht, nicht unsere Dunkelheit, die uns am meisten ängstigt. Doch sich klein zu machen, rettet die Welt nicht. Es ist nichts Kluges darin, zu schrumpfen, damit sich die Leute in deiner Gegenwart nicht unsicher fühlen. Und wenn wir unser Licht scheinen lassen, geben wir unbewusst auch anderen die Erlaubnis, dasselbe zu tun." NELSON MANDELA (zit. nach BIERACH, 2002, S. 42)

Aus dem Macht-/Ohnmachtgefälle und den unterschiedlichen Sprachstilen resultieren unterschiedliche Strategien, Einfluss zu gewinnen, die ich grob in „Imponiergehabe/Kampf um Status" und „Indirekte Machtstrategien" unterteilt habe.

Wir beginnen mit Beispielen für statuserwerbende Strategien, wie sie vor allem von Männern in Organisationen benutzt werden.

Die Beispiele habe ich in den letzten Jahren mit Hilfe von TeilnehmerInnen meiner Seminare gesammelt, ich bitte, sie mit einem zwinkernden Auge zu lesen.

5.4 Der Kampf um Status

Welche Strategien verwenden vor allem Männer in Konferenzen, Besprechungen, Fernsehdiskussionen usw., um Status zu erwerben? (Vielleicht lässt sich ja was lernen?)

Imponiergehabe/Kampf um Status

– Einfaches Auftrumpfen (suggeriert Geld): „Mein Auto, mein Haus, mein Pferd!", ähnlich
– Sich schmücken (Dekor können sein: Anzahl der MitarbeiterInnen, Sekretärinnen, frühere Erfolge, Anzahl von Veröffentlichungen, Statussymbole...)
– Einfache Drohung (suggeriert Sanktionspotenzial): „...dann kriegt er einen auf die Zwölf, dass er Walzer links rum tanzt!" Etwas eleganter: „Eine Fortführung dieser Strategie bei der Gegenseite könnte mich zum Überdenken des Passus 3.2 im Vertrag veranlassen!"
– Drohung, elegant und latent: „Ich hoffe sehr, dass Sie es mir durch Zurverfügungstellen von XY ermöglichen, auch in Zukunft so aktiv und engagiert wie bisher für Sie zu arbeiten!"
– Begrüßungsrituale (suggerieren Einfluss): statushohe Personen besonders freundlich begrüßen oder sie zu einem vertraulichen Gespräche bei Seite zu ziehen.
– Die eigene Wichtigkeit gnadenlos betonen: „...und stehen mir für meine relevante Arbeit als langjähriger Leiter der ,erst kürzlich wieder von der Bundesregierung besonders herausgehobenen XY-Behörde 300 hochspezialisierte Mitarbeiter und Mitarbeiterinnen zur Verfügung...". Oder: „Ich will hier gar nicht darüber sprechen, dass ich dem Kulturetat der Stadt im letzten Jahr schlappe 100 000 Euro zur Verfügung gestellt habe." Oder: „Ich und der Herr Bundespräsident haben beschlossen...".
– Lange reden: „...und möchte ich noch hinzufügen, ich habe es schon einmal gesagt und ich wiederhole mich da gerne..."

– Relativieren (suggeriert „Sichtigkeit"[2]): „Wenn Sie für Ihre Organisation argumentieren, haben Sie natürlich völlig Recht, nur wenn Sie, wie ich, das Problem im gesamteuropäischen Gesamtzusammenhang betrachten müssen, werden selbst Sie einsehen..."

– Hochwertige Botschaften im Nebensatz: „Ich kenne Ihr Problem, wir hatten beim Bau unseres Hauses in Bangkok die gleichen Probleme."

– Im Nebensatz Unfähigkeit unterstellen: „Wenn Sie in die einschlägigen Statistiken geschaut hätten, müsste Ihnen klar sein, dass..."

– Bohrende Nachfragen: „Welche DIN-Norm liegt denn Ihrer Einschätzung der Druckfestigkeit dieses Betons zu Grunde?"

– Belehrungen: „Wenn ich Ihnen die wichtigsten Grundüberlegungen mal eben erläutern darf..."

– Sich selbst als Experten loben: „...und habe ich schon 1987 so treffend bemerkt, als noch niemand an so etwas überhaupt dachte...". „Wie ich in meiner jüngsten umfangreichen empirischen Studie zeigen konnte,..."

– Experte durch Unverständlichkeit: „Natürlich können wir nicht sagen, dass die Interferenztheorie sich ausschließlich mit dosierten Diskrepanzerlebnissen beschäftigt, aber..."

– Sich mit Autoritäten schmücken: „Ich bin hier mit Popper einer Meinung, dass..."

– Frühe Verfahrensvorschläge (suggerieren Sichtigkeit und Lenkungswillen sowie Sorge für die Anwesenden): „Sollten wir das Fenster öffnen?" „Wäre es nicht zweckmäßig, TOP 3.4 vorzuziehen?"

– Andere unterbrechen (direktes Machtkampfangebot)

– Normbruch/Rücksichtslosigkeit, z.B. in einer Sitzung unvermittelt rauchen oder das Jackett ausziehen, ohne zu fragen.

– Direkter Angriff (Demontage der/des GesprächspartnerIn): „Ich kann beim besten Willen nicht verstehen, warum Sie in dieser Situation eine solche Entscheidung getroffen haben!" „Dieser Arbeit fehlt nicht nur die nötige Prägnanz, sie entbehrt auch jeder ..." „Dein Intelligenzquotient liegt unter Körpertemperatur!"

– Dazu gehören auch die plötzliche Veränderung der Mimik (Abb. 1 aus POTH, 1987), heftige Beweglichkeit der Hände, Finger oder Füße (Abb. 2 aus POTH, 1987), das einfache körperliche „Aufplustern"/Territoriumsverhalten: Breit stehen, Ellenbogen weg vom Körper, auf den Zehenspitzen wippen (Abb. 3 aus POTH, 1987)

– viele Akten vor und neben sich legen, große Teile des gemeinsamen Tisches besetzen. Weiterhin: am Kopfende des Tisches sitzen, nahe beim „Präsidenten", also bei den Mächtigen, sitzen.

– Schutzgesten (Arm um die Schulter legen), ggf. mit pseudounterstützender Bemerkung: „Kommen Sie, Kleine, das kriegen wir schon hin!"

– Abwertende Mimik und Gesten (POTH, 1987)

---

2   Wahlweise: Weitsicht, Übersicht, Rücksicht, Vorsicht, Nachsicht...

– Die Stimme in die Tiefe rutschen lassen (suggeriert Bedeutung), vor allem in Kombination mit: „Ich möchte zu diesem Thema einmal grundsätzlich etwas sagen!"[3]

Zu den statuserwerbenden Strategien gehört auch das Herstellen von positiven Bezügen zu VorrednerInnen und anderen TeilnehmerInnen („Wie Hart-
mut gestern richtig anmerkte...“), durchaus unterstützt durch körpersprachliche Gesten wie Schulterklopfen. Dies dient dem Herstellen und Festigen von
Bündnissen und der Aufwertung der damit verbundenen inhaltlichen Positionen. Diese Strategie wird von Frauen so gut wie überhaupt nicht genutzt, wie
DERICHS-KUNSTMANN et al. (1999, S. 58) gezeigt haben. Die Bündnispartner
müssen dabei nicht auf einer Statusebene sein, auch bei unterschiedlichen
Positionen können beide Parteien von der gegenseitigen Unterstützung profitieren. Typisch ist z.B. ein Bündnis zwischen Leitung und Vizeleitung im
Sinne einer Doppelspitze.

5.5 Indirekte Machtstrategien

Strategien von Frauen sind häufig eher indirekt und korrespondieren mit dem
oben beschriebenen Sprachstil. Bitte lesen Sie die folgenden Beispiele auch
eher mit einem zwinkernden Auge:

– Bemuttern: „Mein Gott siehst du schlecht aus, setz dich erst mal hin, ich
koch dir einen Tee, du willst doch in dem Zustand nicht etwa aus dem
Haus?"
– Sorgen im Interesse eines/r Dritten („prosoziale Dominanz“): „Kinder
streitet euch nicht schon wieder, Vater kriegt noch einen Herzinfarkt!"
– Helfen: „Komm, lass mich das machen, du mit deinen unegalen Fingern
kriegst das nicht so gut hin!" „Zur Machtstrategie wird dieses Helfen
dann, wenn es darauf abzielt, durch die Hilfe Abhängigkeiten zu schaffen
und sich über den Hilfesuchenden zu stellen" (KÖNIG, 1996, S. 144).
Transaktionsanalytisch gesehen entsprechen diese ersten drei Strategien
der Retterrolle (mehr darüber in Abschnitt 14.3).
– Komplimente machen

---

3   PINKER, 1994, S. 614 bemerkt hierzu in der treffsicheren Sprache der Evolutionsbiologen, dass eine tiefe Stimme ein Indikator für die Größe des Resonanzraums im Körpers des Tieres und somit für körperliche Kraft sei. Bei Hirschen ist die Qualität des
Röhrens ein sicherer Indikator für seine potenziellen Gegner für seine Kampfkraft,
denn beides hängt von einer starken Brustmuskulatur ab. Konkurrierende Hirsche
schreiten voreinander auf und ab, röhren und mustern sich gegenseitig. So schätzen
sie ihre Kampfkraft ab. Zu einem Kampf kommt es nur, wenn sich der jüngere Hirsch,
der Territorium und Weibchen erobern will, nach dieser Prozedur eine faire Chance
ausrechnet. Wenn nicht, trollt er sich kampflos von dannen (DAWKINS, 1993).

> „Der Comic-Streifen „Momma" gibt eine gute Einsicht in diese erlaubte
> Form weiblich-weiblicher Kämpfe; in einem Ausschnitt überschütten sich
> Momma und ihre Schwiegertochter förmlich mit Komplimenten:
> „Tina, du bist die wundervollste Schwiegertochter, die eine Mutter sich
> wünschen könnte!"
> „Und du bist die beste Schwiegermutter."
> „Du bist einfach die einzig Richtige für meinen Thomas!"
> „Ich werde nie an seine Mutter heranreichen!"
> „Ich bin so stolz darauf, wie du dich um ihn kümmerst!"
> „Ich habe ja dich als Vorbild, Mutter Hobbs!"
> Im letzten Bildausschnitt wendet sich Momma an den Leser: „Ob Sie es
> glauben oder nicht, aber das war ein Machtkampf!" (Beispiel aus HENLEY,
> 1988, S. 210)

– Leiden, Weinen: „Jetzt hab ich schon wieder diese Migräne". Leiden wird
   zur Machtstrategie dann, wenn „es die anderen in eine schuldhafte Bindung zu bringen versucht", „wenn die darin angelegte Energie nicht auf eine Veränderung hin genutzt wird" (KÖNIG, 1996, S. 142). Dadurch werden
   zwei Vorteile erkauft („sekundärer Krankheitsgewinn"): ein Freiraum für
   die eigene Person und die Begründung der Unmöglichkeit, sich ändern zu
   können. Dazu muss das Leiden öffentlich sichtbar werden (z.B. körpersprachlich). Die GesprächspartnerInnen lassen sich eventuell durch ihre
   Ehrfurcht vor dem Leid und ihre Schuldgefühle depressiv binden, d.h. dass
   es niemandem in der Gruppe gut gehen darf oder dass die anderen ihre Bedürfnisse zurück stellen müssen. Transaktionsanalytisch betrachtet ist dies
   die Opferrolle (mehr darüber finden Sie in Abschnitt 14.3)
– Leiden mit Doppelbotschaft für Fortgeschrittene: „Geh du ruhig ins Kino, lass mich ruhig allein, das macht mir gar nichts aus!"
– Moralisierendes Verpflichten: „Bis jetzt haben alle in der Abteilung fünf
   Euro für Karls Geschenk gegeben, es geht ihm ja aber auch gar nicht gut!"(
   – Sie werden doch nicht etwa nur drei geben!). Der Moralvertreter/die -
   vertreterin macht sein/ihr Eigeninteresse bzw. seinen/ihren Führungsan-
   spruch nicht deutlich, sondern handelt vermeintlich im Gruppeninteresse,
   indem er/sie besondere Verhaltensweisen/Beachtung von Regeln einklagt.
   Häufig wird der aggressive Anteil der Moral auch im Tonfall deutlich.
– Liebesentzug, jemanden ignorieren
– Hinterdemrückenreden und Verbündete sammeln: „Wissen Sie, was
   Fräulein Blümchen gestern zu mir gesagt hat? Da sagt die doch tatsächlich..., und das, wo sie selber..."
– Andeuten: „Ich will ja nicht sagen, dass Sie prüde sind..." „Würde mir
   jemand bei der Hausarbeit helfen, dann könnte ich mich entspannen und
   ein Bier trinken!" Hier: in Kombination mit dem
– Versuch, bei der anderen Person ein schlechtes Gewissen, bzw. Schuldge-
   fühle auszulösen (Mischung aus Opfer und Verfolger) (s. MACHA, 2000).

Wie mache ich meinen Sohn verrückt?
Kaufen Sie ihrem Sohn zwei Hemden. Wenn er das erste Mal eines von bei-
den trägt, fragen Sie ihn ganz traurig: „Gefällt dir das andere nicht?"
(GREENBURG, 1983)

– Schweigen, Ignorieren
– Fragen: Wer fragt, führt. (Für eine detaillierte und kluge Darstellung sie-
  he BODENHEIMER, 1985). Fragen kann den Charakter eines Verhörs annehmen. Gegenfragen unter Gleichen sind ein Mittel der Gegenwehr.
  Fragen an den Leiter/an die Leiterin, die von ihm/ihr geschmeichelt be-
  antwortet werden, stellen die Klugheit des/der Fragenden heraus.
– Erotische Untertöne/Schmeicheln: (verhaucht) „Ach Herr Müller, was
  haben Sie so starke Arme! (Tragen Sie mir das Klavier in den vierten
  Stock?)"
– „Don-Corleone-Prinzip": Strategisch-vorausschauend Hilfeleistungen er-
  bringen und sich den/die GesprächspartnerIn verpflichten (vgl. auch
  JÜNGLING, 1993 in KRELL & OSTERLOH, 1993)

Die in den letzten zwei Absätzen aufgezeigten Strategien sind den beiden
Geschlechtern nicht eindeutig zuordenbar. Auch Frauen können drohen oder
hochwertige Botschaften im Nebensatz unterbringen. Auch Männer arbeiten
gelegentlich Frauen gegenüber mit ihrer erotischen Ausstrahlung. Vielleicht
haben Sie Lust, in der Folge einmal genauer hinzuhören, wer in Ihrem Umfeld welche Strategien benutzt.

5.6 Zusammenfassung

Das Sprechverhalten von Frauen unterscheidet sich von dem von Männern:
Frauen sprechen kürzer, indirekter, höflicher, gebrauchen häufiger Verniedli-
chungen, stellen mehr Fragen und lächeln mehr als Männer.
   Dieses Verhalten ist für manche GesprächspartnerInnen (andere Frauen,
schüchterne oder traurige Personen) eine gute Strategie, führt aber in der Zusammenarbeit mit Männer immer wieder zur relativen Nachrangigkeit von
Frauen.
   Es ergänzt das weibliche Geschlechtsrollenstereotyp um eine weitere in
sich stimmige Dimension. Äußeres Erscheinungsbild, Körpersprache und
Sprechverhalten von Frauen sind von optischer und kommunikativer Verkleinerung bestimmt und bedingen ein Machtgefälle zwischen den Geschlechtern zum Nachteil von Frauen.
   Im übernächsten Abschnitt werden wir untersuchen, wie sich diese Mechanismen auf die Zusammenarbeit von Männern und Frauen im Team auswirken. Dazu machen wir im nächsten Abschnitt aber zunächst Ferien auf
dem Boot und einen Crash-Kurs in Gruppendynamik.

6. Ein Crash-Kurs in Gruppendynamik

6.1 Was ist eine Gruppe?

Bitte stellen Sie sich neun Menschen vor, vier Frauen und fünf Männer im Alter zwischen 35 und 50 Jahren. Sie treffen sich seit etwa fünf Jahren relativ regelmäßig in der „Kaschemme", um gemeinsam zu kegeln und gemütlich beisammen zu sein.

Diese Ansammlung von Menschen kann man als Gruppe bezeichnen. Es handelt sich um

- mindestens drei Personen,
- die einen gewissen Zusammenhalt empfinden („Kohäsion"). Er drückt sich z.b. darin aus, dass sich die Gruppe einen Namen gibt und sich an einem bestimmten Ort trifft.
- Die Mitglieder haben gemeinsame Bedürfnisse, Beschäftigungen, Aufgaben oder Ziele („Lokomotion") (KRUMPHOLZ, 1998).

Ein (Arbeits-)Team ist eine Gruppe, bei welcher der Schwerpunkt des Zusammenseins auf der Erfüllung einer gemeinsamen Aufgabe liegt (während es zum Beispiel bei einer Kaffeerunde eher um Sympathie, Kontakt und Austausch von Neuigkeiten geht).

Ein wichtiger Aspekt bei der Zusammensetzung einer Gruppe ist, wie unterschiedlich (heterogen) oder ähnlich (homogen) die Mitglieder der Gruppe mit Blick auf z.b. Alter, Geschlecht, beruflichen Hintergrund, politische und religiöse Überzeugungen und kulturellen Hintergrund sind.

Je heterogener eine Gruppe ist, um so schwieriger ist es für die Mitglieder, sich zusammenzufinden, z.b. gemeinsam interessierende Gesprächsthemen zu entdecken und die unterschiedlichen Weltsichten zu tolerieren. Das Konfliktpotenzial ist umso größer, je unterschiedlicher die Menschen in der Gruppe sind. Heterogene Gruppen sind für Führungskräfte dementsprechend schwerer zu leiten.

Die soziale Steuerung eines Teams (die Arbeit an der Kohäsion, sozusagen die Sozialarbeit) und die Arbeit an der Zielausrichtung (Lokomotion) sind originäre, nicht delegierbare Führungsaufgaben. Dies ist vielen Führungskräften, vor allem solchen, die in der Organisation aufgestiegen sind, nicht klar. Originalzitat: „Seitdem ich diesen Führungsjob habe, muss ich so

viel mit meinen Leuten reden, dass ich gar nicht mehr zu meiner Arbeit
(Sachbearbeitungstätigkeit) komme." Es muss deutlich werden, dass Führungsarbeit ganz wesentlich aus Sozialarbeit und Kommunikation besteht,
und zwar je höher in der Hierarchie, um so mehr.

Empfehlung: Bitte stellen Sie sich das Arbeitsteam vor, dem Sie angehören oder das Sie leiten. Nehmen Sie sich ein paar Minuten Zeit und einen
Bleistift zur Hand.

Wie viele Personen gehören zu Ihrem Team/Ihrer Arbeitsgruppe? ....

Wer gehört dazu? Schreiben Sie alle Namen auf!

1 .... 2...

3 .... 4...

5 .... 6...

7 .... 8...

9 ....10...

11 ....12...

Ist es eine gemischtgeschlechtliche Gruppe? Wie viele Männer?...............
Frauen?............

Ist es eine heterogene Gruppe? ....

Wenn ja in welcher Hinsicht unterscheiden sich die Teammitglieder?
....

Was haben Sie gemeinsam? Gibt es gemeinsame Interessen/Bedürfnisse?
....

Um welche Fragen gibt es Konflikte? ....
....

6.2 Urlaub auf dem Boot

Die Kegelgruppe hat wieder einmal einen schönen Kegelabend verbracht und alle sind gut gelaunt. Auf einen Vorschlag von Marie beschließen sie spontan und enthusiastisch, ihren diesjährigen Urlaub gemeinsam bei einem sechswöchigen Segeltörn auf der Ostsee zu verbringen. In den nächsten Wochen wird ein Boot gechartert, Paul hat ein Kapitänspatent und am dritten Juli soll die Reise los gehen.

Vermutlich werden Sie jetzt stöhnen oder seufzen. Sie befürchten das Schlimmste und Sie haben Recht.

Mindestens die Zeit zwischen dem dritten und dem siebten Juli wird spannend. Am Anfang geht es ja noch relativ zivil zu. Alle kommen mit ihrem Seesack über die Planke und sind wohlgemut, freuen sich auf die gemeinsame Zeit, *Freude*, Sonne und Spaß. Bei dem einen oder der anderen mag das Gefühl ein bisschen mit *Sorge* und Unsicherheit vermischt sein: Bedenken, ob denn auch alles klappen wird, das Wetter mitspielt, man die richtige Kleidung eingepackt hat, ob Udo sich auch mit Gertrud verstehen wird. Man begrüßt und küsst sich und flachst ein bisschen herum. Aber dann geht es sofort los:

Man bezieht die Kajüten, die Betten werden verteilt, wer schläft oben, wer unten und vor allem mit wem? Udo will nicht mit Karl in eine Kajüte, der raucht, das stinkt, die ersten Unsicherheiten/Misshelligkeiten kommen auf (die *Territoriumsfrage* muss geklärt werden). Da es an Bord eng ist, ist dies eine konfliktträchtige Frage.

Territoriumsfragen spielen in Organisationen und Teams eine große Rolle, denn sie sind vor allem mit Status verknüpft. Lage, Größe, Helligkeit und Ausstattung der Räume spielen eine wichtige Rolle. Die Chefs sitzen in der obersten Etage, haben die größten und bestausgestatteten Büros, niemand nimmt gerne das kleine Zimmerchen am Ende des Ganges in der Nähe des Kopierers und neben der Toilette. Wer hat einen festen Parkplatz und wieweit vom Eingang entfernt?

Die Frauenbeauftragte einer großen Berliner Behörde war gerade acht Wochen im Amt. Auf die Frage, was sie für die Mitarbeiterinnen denn bis jetzt erreicht habe, antwortete sie: „Gar nichts. Ich habe vier Wochen für eine halbe Sekretärin und weitere vier Wochen für ein großes gut gelegenes Büro gekämpft". Diese Frau hat die Zeit gut investiert und wird in der Zukunft sicher mehr erreichen können, als wenn sie sich am Anfang mit einer Besenkammer hätte abspeisen lassen.

Empfehlung: Status drückt sich in einer Organisation auch in Raum aus, der einer Person zur Verfügung gestellt wird. Unterschätzen Sie das nicht. Entscheiden Sie bewusst, ob Sie (gerade am Anfang) um Territorium kämpfen müssen.

Was noch? *Aufgabenverteilung*, wer spült, wer kocht, wer schrubbt das
Deck? Karl sagt: „Ihr Frauen kocht, wir übernehmen die Nachtwachen!"
Gertrud erwidert: „Das kommt überhaupt nicht in Frage, dass wir Frauen
wieder kochen und spülen!" Schon gibt es die nächste Auseinandersetzung
und Konflikte um die Frage, wer übernimmt welche Aufgaben.

Wahrscheinlich hat die Gruppe an Land einen *Ziel-Wege-Plan* ausgear-
beitet, möglicherweise gibt es aber noch Unstimmigkeiten: die einen wollen
nach Gotland, die anderen nach Helsinki oder Tallinn, es müssen Zeitpläne
aufgestellt, Prioritäten gesetzt und Entscheidungen getroffen werden. Unterschiedliche Meinungen müssen zu einem Kompromiss gebracht werden: die
Gruppe diskutiert und streitet sich.

Alle nehmen unhinterfragt an, dass Paul, der das Kapitänspatent hat, der
Chef an Bord sein wird. Was aber, wenn sich herausstellt, dass es Paul an
Autorität mangelt, dass er zwar die formalen Voraussetzungen für die Rolle
des Kapitäns erfüllt, aber ein Weichei ist und sich nicht durchsetzen kann?
Die *Führerfrage* muss geklärt werden, es kann zu Macht- und Statuskämpfen
kommen[1]. Manchmal bildet sich dann ein Führer heraus, der zwar die fachlichen oder formalen Voraussetzungen nicht in dem Maße hat, aber Autorität
besitzt und Konflikte in der Gruppe schlichten kann.

Exkurs: In Organisationen erscheint dieses Problem häufig in Form eines/R al-
koholkranken oder psychisch labilen Vorgesetzten, der/die seiner/ihrer Füh-
rungsaufgabe zunehmend nicht mehr gewachsen ist. Das Problem wird manchmal lange von den MitarbeiterInnen gedeckt und von der Organisationsspitze
ignoriert, die Person bleibt zwar im Amt, die Organisation bietet ihr aber auch
keine Unterstützung an. Dann entsteht ein Führungsvakuum im Team, die Gruppe fühlt sich unsicher, einzelne besetzen aber auch Nischen (der Macht und der
Entspannung). Häufig übernehmen dann starke Teammitglieder informal die
Führung, der formale Vorgesetzte wird geschont, aber auch umgangen und kalt
gestellt.

Eine interessante Frage ist in diesem Zusammenhang, was passiert, wenn diese/R
Vorgesetzte endlich doch seinen/ihren Arbeitsplatz verlässt und eine neue Führung
eingesetzt wird. Diese Person hat es sehr schwer (vielleicht ohne es zu wissen),
denn sie wird mit widersprüchlichen Erwartungen konfrontiert: einerseits haben
die MitarbeiterInnen unter den unklaren Führungsstrukturen und der Mehrarbeit
gelitten, d.h., sie haben Heilserwartungen an die neue Führungskraft: „jetzt wird
alles besser". Andererseits befürchten sie (oft unbewusst), dass sie ihre Nischen an
Einfluss und Gestaltungsmöglichkeiten, ihre Freiheiten verlieren werden, d.h., sie
pflegen Unsicherheiten und implizite Ablehnung (vor allem trifft dies leider auf
die starken Teammitglieder zu, die ja viel an Einfluss zu verlieren haben). Dieses
ist eine extrem schwierige Situation für beide Seiten, sowohl für das Team als auch
für die neue Führungskraft.

---

1   Das Tragische am menschlichen Dasein ist es ja, dass sich die Führerfrage in der Re-
     gel im Sturm stellt: Dann, wenn die Gruppe Führung am meisten bräuchte, stellt sich
     heraus, dass der ernannte Führer überfordert ist.

> **Empfehlung***:* Wenn Sie, vor allem als junger Mensch, die Leitung eines Teams oder einer Arbeitseinheit übernehmen werden, versuchen Sie im Vorfeld, so viel wie möglich an Informationen über IhreN VorgängerIn zusammen zu tragen. Sein/ihr Verhalten hat die Erwartungen Ihrer zukünftigen MitarbeiterInnen vermutlich geprägt. Sie werden mit den entsprechenden impliziten Vorstellungen konfrontiert werden. Analysieren Sie die Situation und überlegen Sie einerseits, was Sie selbst von Ihren MitarbeiterInnen erwarten, aber auch in welcher Situation die MitarbeiterInnen ihrerseits sind und welche (möglicherweise widersprüchlichen) Erwartungen auf Sie zukommen werden. Vielleicht ist es sinnvoll, sich möglichst zu Beginn der neuen Zusammenarbeit Zeit zu nehmen für ein Teamgespräch und die veränderte Situation und die gegenseitigen Erwartungen klar anzusprechen und zu klären (vgl. SCHREYÖGG, 2002).

Während all dieser Auseinandersetzungen bildet sich unmerklich noch eine neue *Rollenverteilung*, die durchaus nicht der bisherigen an Land entsprechen muss.

Definition: Was sind Rollen in einer Gruppe? Rollen sind (häufig unausgesprochene) Verhaltenserwartungen an Mitglieder, die sich im Laufe des Zusammenseins heraus bilden. Das Verhalten hat eine spezifische Funktion für die Gruppe, die Rolle ist mit Status[2] verbunden und korrespondiert nur teilweise mit der inhaltlichen Aufgabe. Rollen bieten denjenigen, die sie ausfüllen, Verhaltenssicherheit und helfen, Konflikte in der Gruppe zu vermeiden, solange den Verhaltenserwartungen entsprochen wird.

Beispiele:
Die „*Mutter der Kompanie*" (kann auch ein Mann sein) ist ein in der Regel lebens- und berufserfahrenes Mitglied der Gruppe. Sie übernimmt Teile der „Sozialarbeit": sie tröstet, hat immer ein offenes Ohr für Probleme und eine Tasse Kaffee, sie gleicht aus und schlichtet Konflikte zwischen den anderen Mitgliedern. Sie ist ein statushohes und angesehenes Mitglied, da sie sehr wichtig für die Kohäsion, das soziale Gefüge der Gruppe ist.

Der „*Hofnarr*" (kann auch eine Frau sein) verfügt ebenfalls über Lebenserfahrung und einen gesunden Mutterwitz. Der Hofnarr war in den alten Tagen oft der einzige, der dem König (in verklausulierter Form) die Wahrheit sagen durfte, den Spiegel vor halten durfte: Seine Funktion ist es, Sprachrohr des „Fußvolkes" zu sein und der Leitung gelegentlich etwas zu „stecken". Er dient sozusagen als Bindeglied zwischen Leitung und Team. Dies ist eine wichtige Funktion, der Hofnarr ist statusmäßig ganz oben in der Gruppe angesiedelt. Diese Rolle ist leicht mit einer ähnlich erscheinen-

---

2   PINKER, 1998, S. 619 liefert eine schöne Definition: „Status ist das Wissen der anderen, dass man über Besitztümer verfügt, mit denen man anderen helfen könnte, wenn man wollte." Wobei „Besitztümer" offensichtlich auch Fähigkeiten/Eigenschaften/ Kenntnisse mit meint.

den Rolle zu verwechseln, deren Funktion und Status aber ganz anders sind:

Der *„Clown"*/die Clownin ist in erster Linie witzig. Seine/ihre Funktion ist es, die Gruppe zu unterhalten und bei Laune zu halten, sowie Konflikte und Spannungen durch Humor zu entschärfen. Ganz entgegen dem Augenschein ist der Clown/die Clownin nicht unbedingt ein statushohes Mitglied der Gruppe, oft verdient er/sie seine/ihre Anerkennung nur durch das Witze machen („Lache, Bajazzo...").

Ganz oben in der Hierarchie der Gruppe steht natürlich die Leitung, das *„Alphatierchen"*. Es ist das statushöchste Mitglied der Gruppe. Die Funktion der Leitung ist die soziale Steuerung der Gruppe (Kohäsion) sowie die Zielausrichtung der Gruppe (Lokomotion). Manchmal teilen sich das Alphatierchen und die Mutter der Kompanie die Sozialarbeit im Sinne einer familiär anmutenden Rollenverteilung.

Wo es ein Alphatierchen gibt, gibt es oft auch ein *„Betatierchen"*. Es ist sozusagen der/die formale oder inoffizielle Vize, welches das Alphatierchen unterstützen soll und entsprechend ranghoch angesiedelt ist. Häufig ist das Betatierchen aber in den Startlöchern, Alpha zu werden und zeigt ein mehr oder weniger offen konkurrierendes Verhalten.

Ranghoch sind auch *„SpezialistInnen"*. Ihr Status bestimmt sich danach, wie wichtig das, was sie können, für die Gruppe ist und wie exklusiv ihr Spezialwissen ist. Leute, die z.B. das Geheimnis des Computers kennen, sind in der Regel sehr angesehene Spezialisten. „Spezielle" Spezialisten sind *„OrganisatorInnen"* und der oder die *„SprecherIn"*.

Natürlich gibt es das *„Fußvolk"*, den Gruppenbauch, die IndianerInnen, die MitläuferInnen. Sie folgen in ihrem Verhalten der oben beschriebenen Führungsclique und machen (im günstigen Fall) die Tagesarbeit.

Ganz unten vom Status her angesiedelt sind die *„Omegatierchen"*. Hier gibt es zwei Rollen: Der *„Sündenbock"* (die Sündenziege?) hat die Funktion, den anderen Gruppenmitgliedern zu Selbstbewusstsein durch Herabsehen zu verhelfen („Niemand ist so schlecht, dass er nicht noch als abschreckendes Beispiel her halten kann"). Darüber hinaus dient er/sie als Blitzableiter, indem er/sie die Aggressionen der Gruppe auf sich zieht. Sündenböcke bilden sich in Gruppen vor allem unter zwei Bedingungen: 1. Die Gruppe hat Stress durch Zeitdruck, zu viel Arbeit, schwierige Aufgaben, Materialmangel, schlechte Leitung usw., und 2. es gibt keinen Außenfeind. Der Sündenbock ist quasi der Binnenfeind der Gruppe und immer entlastet, wenn die Gruppe einen gepflegten Kampf gegen ein anderes Team oder eine einzelne Person anzettelt.

Das zweite Omegatierchen ist der *„Sozialfall"*: ein bedauernswertes Mitglied der Gruppe, um das man sich kümmern muss, mit psychischen Problemen und/oder einem körperlichen Handicap, oft auch AlkoholikerInnen zu Beginn des Suchtverlaufs, wenn die Gruppe das Verhalten noch deckt („Coalkoholismus"). Die Funktion des Sozialfalls ist es ebenfalls, das Selbstbewusstsein der anderen Mitglieder zu heben, darüber hinaus dient der Sozialfall der moralischen Erbauung („Schaut, welch edle Menschen wir sind, dass wir uns kümmern"). Seine wichtigste Funktion besteht aber in seinem Wert für die Kohäsion, den Zusammenhalt der Gruppe: Er bietet immer Gesprächsstoff, ist ein verbindendes Element, alle haben im Sorgen eine gemeinsame Aufgabe.

Natürlich haben nicht alle Gruppen alle genannten Rollen. Und manchmal haben auch einzelne Mitglieder mehrere Rollen in Personalunion. Wenn das der Fall ist, muss es sich aber um einigermaßen statusidentische Rollen handeln, der Hofnarr kann z.b. auch Spezialist für etwas sein. Es ist aber unwahrscheinlich, dass er auch gleichzeitig der Sündenbock der Gruppe ist. Der schlimmste denkbare (jedoch in Organisationen nicht unwahrscheinliche) Fall ist, wenn der formale Alpha (der/die Vorgesetzte) gleichzeitig der Sozialfall der Gruppe ist (siehe oben).

Mit der Rollenverteilung und dem damit verbundenen Status bildet sich also auch eine interne *Hierarchie in der Gruppe* heraus, die sich folgendermaßen darstellen lässt:

	FührerIn (Alpha-Tierchen)	
Mutter der Kompanie	HofnärrIn	Coführung (Beta-Tierchen)
SprecherIn (nach außen)	SpezialistIn	OrganisatorIn
	Fußvolk/IndianerInnen	ClownIn
Sündenbock	Sozialfall	

Die Hierarchie schafft Ordnung und macht das Verhalten der Mitglieder vorhersagbar, d.h. sie stiftet auch Sicherheit im Umgang miteinander. Hierarchiebildung bedeutet Macht- und Statuskämpfe im Vorfeld, ein weiterer Anlass für Konflikte für unsere Gruppe.

> Die Hierarchie in Organisationen ist einerseits formal vorhanden (s. Abschnitt 8.1) und dokumentiert sich im Organigramm. Darüber hinaus gibt es innerhalb der einzelnen Arbeitseinheiten natürlich auch informale Hierarchien, die sich aus der o.g. Rollenverteilung ergeben. Dies ist ein sehr subtiles Gefüge, und es gehört zum unabdingbaren Rüstzeug jeder Führungskraft, Wissen über die Struktur ihrer Gruppe zu haben.
>
> *Empfehlung:* Holen Sie noch einmal Ihr Arbeitsteam vor Ihr geistiges Auge und versuchen Sie, die Rollen in Ihrem Team zuzuordnen.
>
> Wer ist der/die formale FührerIn?
>
> ....

Gibt es starke Personen, sog. informale FührerInnen? ....
....

Wie stehen die informalen FührerInnen zur formalen Führung?
Gibt es Konflikte? ....
....

Gibt es eine Mutter der Kompanie? ....

Wer sind die (z.T. hochgeachteten) Spezialisten? Und was können sie? .....
....

Wer sind die statusniedrigsten Mitglieder?
Hat die Gruppe einen Sozialfall? ....
....

Gibt es Mitglieder, die mehrere Rollen besetzen? Welche? ....
....

Wir behalten in Erinnerung, dass es sich um eine gemischtgeschlechtliche
Gruppe handelt und ahnen das Schlimmste: Paul verliebt sich in Karin, die
aber wiederum mit Karl verbandelt ist. Am dritten Tag der Reise beobachtet
Karl, wie Karin und Paul sich küssen, es kommt zu einer phantastischen Ei-
fersuchtsszene, die ganze Gruppe schläft in der Nacht nicht (*Paarbildung und
Eifersucht*), allerdings liefert die Situation in der Folge eine Menge Gesprächsstoff.

Ich überlasse es Ihrer Phantasie, sich vorzustellen, wie die Geschichte
mit Karl, Karin und Paul weitergeht, ob vielleicht Karl beleidigt das Boot in
Gotland verlässt oder Karin und Paul, oder ob sich alle entschuldigen und
wieder vertragen. Was wir auf alle Fälle lernen können, ist, dass die erste Zeit
an Bord eine konfliktträchtige Zeit ist, anstrengend und immer mit der Gefahr
behaftet, dass die Gruppe sich in Teilen oder sogar ganz zerstreitet und auseinander bricht, bzw. die gemeinsame Fahrt abbricht. Diese Gefahr ist natürlich besonders groß, wenn noch Stress durch äußeren Einfluss hinzukommt
(Zeitdruck, Sturm, Mängel im Boot, der/die Bierbeauftragte hat das Bier vergessen...).

Nehmen wir an, unsere Gruppe hätte diese schwierige Phase überstan-
den, sie hätte alle anstehenden Konflikte einigermaßen geklärt, die Reise
fortgesetzt und schon aufgeatmet.

Aber (Sie ahnen es schon!) da passiert Folgendes: Die Gruppe möchte einen Landgang machen, nur Marianne sitzt noch an Bord in der Sonne und liest
in ihrem neuen Krimi. Folgender Dialog entspinnt sich: „Marianne, kommst du
mit, wir gehen an Land." „Ach nein, geht ohne mich, ich bin gerade an einer so
spannenden Stelle!" „Komm doch, wir sind doch immer alle zusammen gegan-

gen." „Neenee, geht Ihr mal, vielleicht komm ich nach." „Marianne, kommst du jetzt endlich?!", wobei der Ton schärfer wird. Was hier passiert ist, wird als *Normbildung* bezeichnet. Offenbar sind bisher Landgänge immer in der ganzen Gruppe erfolgt, d.h., es hat sich die Erwartung heraus gebildet, dass auch in Zukunft bei einem Landgang immer alle mitgehen.

Definition: Was sind Normen in der Gruppe? Normen sind unausgesprochene Verhaltenserwartungen, die sich im Zusammenleben durch das Verhalten der Mitglieder bilden, wenn dem Verhalten nicht widersprochen wird. Normen bilden sich oft in den ersten Momenten des Lebens einer Gruppe und steuern eine Vielzahl von Verhaltensweisen der Mitglieder: Pünktlichkeit, Kleiderordnung, Begrüßungszeremonien, Raucherlaubnis, Territoriumsfragen (dauerhafte Sitzordnungen z.B.)... Ein Mensch, der sich in einer Sitzung eine Zigarette anzündet und dem niemand das verbietet, hat die Norm etabliert: In dieser Sitzung darf geraucht werden. Da Normen sich im Verhalten bilden und über sie nicht gesprochen wird, sind sie in der Regel den Gruppenmitgliedern nicht bewusst. Sie werden in der Regel erst dann bewusst, wenn ihnen im Verhalten plötzlich nicht mehr entsprochen wird und Mitglieder unzufrieden sind. Dann wird *Konformität* (das zweite wichtige Gruppenstrukturprinzip neben der Hierarchie) eingeklagt, d.h. auf die Einhaltung der Norm gepocht (oder ihre Nichteinhaltung gekränkt zur Kenntnis genommen und „beleidigte Leberwurst" gespielt: „Marianne hat schon immer eine Extrawurst gebraucht"). Handelt es sich um differenzierte Menschen, reflektieren sie die Sinnhaftigkeit der Norm und ersetzen sie unter Umständen durch eine Vereinbarung, eine sog. *Regel* („im Prinzip gehen bei Landgängen alle mit, aber jedeR hat die Freiheit, im Verlauf der ganzen Reise zwei Mal an Bord zu bleiben, wenn er/sie will"). Das Umwandeln von Normen in Regeln erfolgt also ebenfalls in einem konflikt- oder krisenhaften Prozess. Sowohl Normen als auch Regeln geben den Mitgliedern Verhaltenssicherheit und sollen letztlich der Konfliktvermeidung dienen.

Natürlich sind in Organisationen oft Normen wirksam, die aus Sicht der Führungskraft nicht sinnvoll sind und dem Erreichen der Organisationsziele schaden: Ich habe schon Generationen von Abteilungsleitern sich an der Länge der Kaffeepausen erfolglos abarbeiten sehen.

Empfehlung: Analysieren Sie, welche Normen Ihr Team entwickelt hat:

- Wie halten Sie es mit der Pünktlichkeit?
- Mit der Länge der Pausen?
- Wie werden Konflikte gelöst?
- Duzen – Siezen?
- Umgang mit Rauchern?
- Selbstbild von der Leistungsfähigkeit des Teams?
- Umgang mit schwachen Mitgliedern?

Seien Sie sich bewusst (vor allem wenn Sie der/die formale Vorgesetzte sind), dass das Ändern von nicht funktionalen Normen in Gruppen ein Vorhaben ist, das missionarischen Eifer und Durchhaltefähigkeit erfordert und im Falle des (wahrscheinlichen) Scheiterns vielleicht einen Autoritätsverlust für Sie bedeutet. Entscheiden Sie sich also nur im Notfall dafür. Wenn Sie eine Norm in der Gruppe ändern wollen, dann ist es zweckdienlich, mit den ranghohen informalen Mitgliedern der Gruppe zu sprechen und sie für eine neue „Regel" zu gewinnen. Es nützt dann gar nichts, wenn Sie die kleinen Lichter der Gruppe anpfeifen. Falls es Ihnen gelungen sein sollte, eine neue Regel einzuführen, achten Sie vor allem am Anfang auf ihre Einhaltung.

Jede Befolgung einer Regel stärkt sie, jede Nichtbefolgung schwächt sie.

Die Gruppe muss in dieser ersten Zeit die „psychodynamischen Ordnungsleistungen" erbringen, d.h. sie muss sich sozial strukturieren in einem oft konflikthaften Verlauf, um anschließend funktions- und arbeitsfähig zu sein. Sie muss die o.g. wichtigen Fragen klären, ein oft unbewusster und auch deshalb mühsamer Prozess. Noch einmal im Überblick:

– Ziel-Wege-Plan erstellen
– Führerfrage klären
– Aufgaben verteilen
– Territorium verteilen
– Rollenverteilung herausbilden
– Hierarchie bilden
– mit Paarbildungen umgehen
– Normen herausbilden, Regeln aufstellen (Konformität).

Hierarchiebildung und Konformität sind die beiden wichtigsten Strukturprinzipien in Gruppen.

Am Ende, falls die Gruppe noch zusammen ist, passieren zwei putzige Dinge: die Gruppe kommt vom Landgang, und alle haben ein weißes Mützchen mit einer roten Bommel auf dem Kopf. *Gemeinsame Abzeichen, Uniformität* zeigen den Zusammenhalt der Mitglieder und schließen Nichtmitglieder aus.

Das Zweite: Die Gruppe sitzt in einer Kneipe, trinkt eine Tasse Tee, eineR sagt „Karl und die Zitrone", die ganze Gruppe lacht und der Mensch am Nebentisch versteht kein Wort. Die Gruppe bildet eine *gemeinsame Sprache*, in der die gemeinsamen Erfahrungen geronnen sind. Diese Sprache dient der Abkürzung von Kommunikationsprozessen, spart Zeit und Energie, sie spiegelt den Zusammenhalt wider und vor allem grenzt auch sie Nichtmitglieder aus, ein Spiel, das von vielen Gruppen mit großem Genuss betrieben wird. Haben Sie jemals versucht, Mitglied einer Gruppe zu werden, die einen starken gemeinsamen Code gesprochen hat? Es kann Monate dauern, bis man diesen Initiationsritus hinter sich hat und die wichtigsten Geschichten und Bedeutungen kennt.

> In Organisationen ist es eine wichtige Aufgabe von Führungskräften, neuen MitarbeiterInnen den Einstieg in das neue berufliche Umfeld zu erleichtern, dies meint nicht nur die inhaltliche Arbeit, sondern auch das soziale Gefüge. Einen Neuling mit den wichtigsten Insider-Geschichten vertraut zu machen, kann dazu gehören.

Wenn die Gruppe eine gemeinsame Sprache entwickelt hat und auf gemeinsame Abzeichen stolz ist, ist in der Regel die erste konflikthafte Phase vorbei, der Gruppenzusammenhalt hergestellt und die Gruppe arbeitsfähig.

Handelt es sich um eine zeitlich begrenzte Gruppe, folgt am Ende eine Zeit mit *Abschiedsschmerz*, aber auch Gedanken an „zu Hause". Der Gruppe auf dem Boot hat es trotz aller Schwierigkeiten am Anfang gut gefallen, und die Mitglieder werden in dieser Zeit den Abschied spüren und vermutlich verabreden, „bald wieder" eine solche Tour zu machen. Übrigens ist der Abschiedsschmerz, also der Zusammenhalt der Gruppe, um so heftiger, je tiefer das erfolgreich durchschrittene Konflikttal war, das heißt, je krisengeschüttelter der Prozess war.

Wenn man versucht, die Prozesse auf der Zeitachse darzustellen, sieht die Grafik folgendermaßen aus:

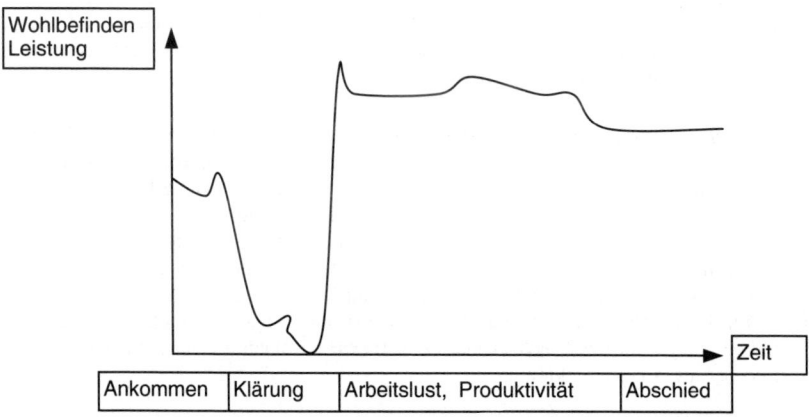

Am Anfang steht eine (kurze) Phase des Ankommens, die häufig begleitet ist von einer Gefühlsmischung aus Vorfreude bis Euphorie und Ängsten und Unsicherheiten. Dann folgt ein relatives langes Konflikttal, in dem, wie wir oben gesehen haben, die wichtigsten psychodynamischen Ordnungsleistungen erbracht werden müssen (Territoriums- und Statusfragen, Rollenverteilung und Hierarchiebildung, Normbildung und -reflexion etc.). Schafft es die Gruppe, das Konflikttal erfolgreich zu durchschreiten, kommt sie in die Phase der Arbeitslust und Produktivität. Und bei zeitlich begrenzten Gruppen folgt noch eine Phase von Abschied. Dies entspricht in etwa dem Phasenmodell nach TUCKMANN (1965) [3].

Die gruppendynamische Literatur geht davon aus, dass jede Gruppe, die sich neu bildet, durch diese Phasen hindurch muss. Inwieweit das Konflikttal deutlich erkennbar ist im ersten Drittel der gemeinsamen Zeit, hängt von vielen Faktoren ab:

1. Heterogene Gruppen haben es schwerer, sich „zusammen zu raufen" (dies gilt auch für geschlechtsgemischte Gruppen, siehe unten).
2. Es wird schwierig, wenn der Außendruck sehr groß ist (Stress, schwierige Aufgaben, Zeitdruck, mangelhafte Ressourcen, wenig Unterstützung von außen, d.h. wenn die Gruppe im Sturm los segelt),
3. wenn die Mitglieder unfreiwillig in ein Team kommen.
4. wenn es hohen Konkurrenzdruck zwischen den Mitgliedern gibt und
5. wenn die Gruppe eine Führungskraft hat, die sozialen Prozessen und Konflikten in der Gruppe keine steuernde Aufmerksamkeit schenkt.

Exkurs: In vielen Organisationen gibt es institutionalisierte Rotationsverfahren, häufige Umstrukturierungen oder aus anderen Gründen eine hohe Fluktuation der MitarbeiterInnen. Dies ist insofern ein Problem, da mit jedem Austausch eines oder mehrerer Gruppenmitglieder die Gruppe in die Phase der Gärung und Klärung zurückfällt, somit nur begrenzt inhaltlich arbeitsfähig ist. Die Gruppe muss ja einen Teil der o.g. Fragen mit den neuen Mitgliedern wieder klären, sich also neu ordnen. Dies gilt vor allem für den Austausch statushoher und wichtiger Mitglieder: Es kann einer Katastrophe für die Gruppe gleich kommen, wenn sie ihren Hoffnarren oder die Mutter der Kompanie verliert.

Geschieht dieser Prozess in zu schneller Taktung, dann kann es sein, dass das Team seine Arbeitsfähigkeit und Motivation verliert, da es spürt, dass es zu viel Energie in gruppendynamische Prozesse stecken muss. Dies kann z.B. der Fall sein bei Wechseldiensten, wenn die Gruppenzusammensetzungen in monatlichen Abständen wechseln. Führungskräfte sind in solchen Situationen der Neustrukturierung in ihrer Steuerungsarbeit besonders gefragt. Sie sollten sich darüber im Klaren sein, dass die Gruppe eine Zeit lang weniger Energie in die inhaltliche Arbeit stecken kann und ein hohes Bedürfnis nach Austausch hat. Vielleicht gibt es Möglichkeiten, zu häufige Wechsel oder Umstrukturierungen zu vermeiden oder zumindest langsamer zu takten.

---

3   Es gibt in der Literatur einige Phasenmodelle, welche die Prozesse unterschiedlich akzentuieren und eine unterschiedliche Anzahl von Phasen annehmen. Die Unterschiede zeigen sich aber nur im Detail und sind für unsere Betrachtungen hier irrelevant (für weitere Informationen siehe WITTE, 1989, Crott, 1979, LANGMAACK & BRAUNE-KRICKAU, 1989).

Für GruppenleiterInnen, SozialarbeiterInnen und SozialpädagogInnen gilt: Das Leiten von offenen Gruppen (mit einer von vorneherein angelegten permanenten Fluktuation der Mitglieder, z.b. bei Knastgruppen) gehört mit zu den schwierigsten Aufgaben bei der Gruppenleitung. Sie sollten sich das als BerufsanfängerIn nach Möglichkeit nicht (ohne eine erfahrene Begleitung) zumuten (lassen).

Exkurs: Projektgruppen

Das Leiten von Projektgruppen kann außerordentlich schwierig sein. „Zur Leitung von Projektgruppen gehört es, Aufgabenanforderungen zu strukturieren, die Aktivitäten der Gruppenmitglieder zu steuern und Problemdiskussionen zu moderieren. Daneben müssen Projektgruppenleiter Beziehungsarbeit leisten. Sie haben dafür zu sorgen, dass die Verständigung zwischen einander unbekannten Fachexperten in Gang kommt, dass Spannungen abgebaut und Konflikte konstruktiv geregelt werden und die Verpflichtung auf die gemeinsame Aufgabe erhalten bleibt. Führung in Projektgruppen zielt weniger auf fachliche Anleitung ab, weil die Gruppenmitglieder in der Regel selbst über genügend Wissenskompetenz verfügen. Sie hat eher die Funktion, den Informationsaustausch in der Gruppe in Gang zu bringen, kommunikationsförderlich zu intervenieren und Hilfestellungen zu geben, wenn es der Gruppe schwer fällt, ihre Wissenspotenziale auszuschöpfen" (MÜLLER & BIERHOFF, 1998, S. 171).

Die folgende Tabelle zeigt einen Überblick der Besonderheiten in Anlehnung an das o.g. Phasenmodell (für Männer- oder gemischtgeschlechtliche Gruppen).

Tab. 5: Gruppendynamische Besonderheiten von Projektgruppen

Typische Schwierigkeiten in Projektgruppen		Gruppendynamische Konsequenzen
Aufgaben und Ziele: neue, anspruchsvolle und komplexe Aufgaben ungenaue Ziele und Vorgaben, diffuse Erwartungen	Unsicherheit, Orientierungs- und Klärungsbedarf	lange Orientierungsphase
Gruppenzusammensetzung: Unterschiede bez. beruflicher Hintergründen, Erfahrungen, verschiedene Hierarchiestufen, unterschiedliche Bereiche/Organisationen unterschiedliche Sprachen „Spezialisten"	heterogene Gruppe, Missverständnisse, Statuskämpfe, Untergruppenbildung	intensives Konflikttal, Kohäsionsprobleme
Gruppenstabilität: häufig Abzug von TeilnehmerInnen im Prozess Austausch von TeilnehmerInnen	Blockierung von Energien, Demotivation, Autoritätsverlust für Projektleitung	Wiederholter Rückfall ins Konflikttal, Kohäsionsprobleme

Leitungsfrage: konkurrierende Teammitglieder PL oft ohne Weisungsbefugnis TN nicht von PL ausgewählt	Leitungsfrage im Kon- flikttal und ggf. auch spä- ter besonders deutlich	Konflikte
TeilnehmerInnen: kommen oft nicht freiwillig kalkulieren mit dem absehbaren Ende des Projekts sind eher bei ihren Linienaufgaben Entsendung auf Grund von Entbehrlichkeit in der Linie	Motivationsmängel, ge- ringe Fachkompetenz, ge- ringes Engagement	Lokomotion/Leistung leidet
Rahmenbedingungen: verstreute Arbeitsplätze häufig kein Projektbüro	mangelnde Nähe, lange Kommunikationskanäle, wenig Identifikation, kaum informaler Aus- tausch	Kohäsionsprobleme
Zeitdruck: möglichst schnell zu konkreten Ergebnissen kommen müssen	Stress, ausgeprägtes Kon- flikttal, Zeit für „Soziales" wird reduziert	Phase der „Arbeitslust" wird nie erreicht, da die Gruppe ihre Sozialstruktur nicht herausbilden kann.

Daraus resultieren die folgenden *Empfehlungen:*

Wenn Ihnen, vor allem als junge Führungskraft, die Leitung einer Projektgruppe angetragen wird, fühlen Sie sich sicher geschmeichelt. Bevor Sie das Projekt übernehmen, sollten Sie aber mindestens folgende Fragen stellen:

– Ist das Projekt hinreichend mit Ressourcen ausgestattet (Unterstützung, Geld, Arbeitsmittel, Räume etc.)? Es gehört zum kleinen Einmaleins der Intrige, einer jungen Kraft ein Projekt anzudienen, das unterausgestattet ist und scheitern muss. Man kann dann hinterher sagen: „Bitte ich habe ja nichts gegen ... (z.B. Frauen). Ich habe ihm/ihr sogar dieses wichtige Projekt anvertraut. Aber Sie sehen ja, er/sie bringt es nicht."

– Sind die TeilnehmerInnen freiwillig im Projekt? Haben sie Spaß an der Sache? Wenn die TeilnehmerInnen gezwungenermaßen kommen, haben Sie als Projektleitung einen schweren Stand.

– Besteht das Projektteam aus einem festen Team? (Oder ist damit zu rechnen, dass die Mitglieder häufiger wechseln? Denken Sie daran: Das Leiten von offenen Gruppen gehört zu den schwierigsten Leitungsaufgaben, s.o.).

– Können Sie am Anfang eine „Kick-off"-Veranstaltung organisieren, wo sich alle in Ruhe „beschnüffeln" können, z.B. in Form einer Klausurtagung? Ist genug Zeit, um sich kennen zu lernen und Ziele, Erwartungen, Umgangsregeln und Verfahrensfragen zu klären?

– Ist genug Zeit, um in der Orientierungs- und Konfliktphase Konflikte zu klären und die sozialen Prozesse voran zu bringen? Haben Sie genug Erfahrung, um einen möglicherweise schwierigen sozialen Prozess zu steuern? Können Sie sich eine Fortbildung in Gruppendynamik/Teamleitung (*vorher*) irgendwo gönnen?

Sollten Sie die meisten der o.g. Fragen mit „Nein" beantworten müssen, denken Sie noch einmal darüber nach, ob Sie das Projekt wirklich übernehmen wollen. Falls Sie sich positiv entscheiden sollten, noch ein paar *Empfehlungen:*

-   Fördern Sie die informalen Kontakte zwischen den Mitgliedern, wo immer Sie können, arbeiten Sie intensiv an der Kohäsion der Gruppe, vielleicht in Form von Kaffeerunden, Chatrooms im Intranet, gemeinsamen Veranstaltungen etc. Dies ist besonders wichtig bei extrem heterogenen Gruppen (Unterschiede im Alter, im beruflichen Hintergrund, in der Fachterminologie und „Denke", zwei Geschlechter usw.).
-   Versuchen Sie, auftretende Konflikte im Team möglichst schnell zu klären. Je länger Sie die Beule im Teppich haben, um so mehr kommt es zu Missverständnissen, um so intensiver werden die Gefühle der Beteiligten und um so weniger Energie steht für die inhaltliche Arbeit zur Verfügung. Schützen Sie schwache Mitglieder in der Gruppe durch neutrale Moderation. Vorherige Informationen über die Teammitglieder (und möglicherweise bereits existierende „Grabenkämpfe" zwischen einzelnen) können sich als sehr nützlich erweisen.
-   Achten Sie sorgfältig darauf, welche Normen ihr Team (gerade am Anfang) entwickelt und steuern Sie ggf. frühzeitig gegen. Machen Sie vorher in Ihrer Phantasie eine „Katastrophen-Reise": Was könnte alles Schlimmes passieren? Können Sie vielleicht am Anfang bereits Regeln aufstellen, die manche dieser Pannen verhindern könnten? Vereinbaren Sie diese Regeln mit dem Team in der Kick-off-Veranstaltung.
-   Im übrigen: Ab sieben TeilnehmerInnen ist Projektleitung ein Fulltimejob, falls Sie „nebenher" noch Arbeit in der Linie machen müssen, richten Sie sich auf eine stressige Zeit ein.
-   Grundsätzlich: Achten Sie darauf, dass das Projekt mit hinreichenden Ressourcen ausgestattet ist. Setzen Sie sich durch oder übernehmen Sie das Projekt nicht.

(Für weitere Informationen und gute Tipps siehe: KELLNER, 1996; SCHLICK, 1997)

6.3 Zusammenfassung

In diesem Abschnitt wurde ein vierphasiges Modell der Entwicklung von Gruppen vorgestellt: In einer ersten Phase kommen die Mitglieder an und schwanken zwischen Freude und Unsicherheit. Die zweite Phase ist konfliktträchtig, weil die psychodynamischen Ordnungsleistungen erbracht werden müssen:

-   Ziel-Wege-Plan erstellen
-   Führerfrage klären

- Aufgaben verteilen
- Territorium verteilen
- Rollenverteilung herausbilden
- Hierarchie bilden
- Mit Paarbildungen umgehen
- Normen herausbilden, Regeln aufstellen (Konformität).

Wenn die Gruppe sich sozial strukturiert hat, ist sie arbeitsfähig und die Mitglieder fühlen sich wohl. Bei zeitlich begrenzten Gruppen folgt am Ende eine Phase von Abschied und Ausstieg.

Hierarchiebildung und Konformität sind die beiden wichtigsten Strukturprinzipien in Gruppen.

Projektgruppen weisen einige gruppendynamische Besonderheiten auf und sind besonders schwer zu leiten.

In der Vergangenheit wurde in der gruppendynamischen Literatur davon ausgegangen, dass diese Vorstellung eines vierphasigen Modells der Gruppenentwicklung universell gültig ist: Es soll gelten für Männergruppen, für gemischte Gruppen und auch für reine Frauengruppen.

Der nächste Abschnitt wird zeigen, dass Frauengruppen nach anderen Prinzipien zu „ticken" scheinen und wie sich das auf die Zusammenarbeit zwischen Männern und Frauen auswirkt.

7. Arbeiten im Team

7.1 Einführung

Wir haben in den Abschnitten 4 und 5 gesehen, dass sich die Körpersprache und das Sprechverhalten von Frauen und Männern entsprechend den Geschlechtsrollenstereotypen unterscheiden. Im letzten Abschnitt haben wir zusammengetragen, wie sich geschlechtsgemischte (und Männer-)Gruppen entwickeln. Es ist anzunehmen, dass sich das unterschiedliche Kommunikationsverhalten auch auf die Zusammenarbeit in der Gruppe auswirkt. Damit liegt die Frage nahe, ob sich Frauengruppen anders in ihrer Dynamik darstellen als Männer- und geschlechtsgemischte Gruppen, und wenn das so ist, wie sich das auf die Zusammenarbeit von Männern und Frauen auswirken kann.

Nun gibt es aber darüber, wie Frauen in Gruppen miteinander umgehen, so gut wie keine systematische Forschung[1]. Das meiste, was man darüber weiß, stammt aus Erfahrungsberichten von Praktikerinnen, die z.B. als Gruppenleiterinnen arbeiten und die in ihren Veröffentlichungen die Meinung vertreten, dass Frauengruppen sich anders entwickeln als in dem oben erwähnten Phasenmodell beschrieben (für eine Synopse siehe KRUMPHOLZ (1999) vgl. auch DION (1985)). Im folgenden Abschnitt werden die Erkenntnisse aus den einschlägigen Veröffentlichungen zu diesem Thema zusammengetragen.

7.2 Die Dynamik von Frauengruppen

Die Darstellungen zur Dynamik von Frauengruppen sind natürlich vielfältig, konzentrieren sich aber im wesentlichen um die folgenden Aspekte:

1. Das Konflikttal am Anfang ist kaum erkennbar. Wenn es überhaupt sichtbar ist, erscheint es viel später auf der Zeitachse. Es scheint so, als ob Frauen untereinander frühe Auseinandersetzungen vermeiden, vor al-

---

[1] Zum Verhalten von Frauen in Frauengroßgruppen gibt es in Deutschland bislang nach meinem Wissen nur eine einzige Veröffentlichung (KRUMPHOLZ, 2002).

lem, wenn es um direkte Macht- und Statuskämpfe geht. Dies korrespondiert deutlich mit den Aussagen über das Sprechverhalten von Frauen (siehe Abschnitt 5).
Männer spielen das Spiel um Status: „Mein Auto – mein Haus – mein Pferd". Das wäre in einer reinen Frauengruppe völlig undenkbar. Eine Frau, die dort sagen würde: „Ach übrigens, Sie sollten mal meinen Schweinebraten kosten, und außerdem bin ich in Buchhaltung fit wie ein Turnschuh", würde von den anderen Frauen relativ schnell kalt gestellt. Frauen fühlen sich am wohlsten (wenigstens am Anfang einer Gruppe), wenn alle gleich sind.
In Frauengruppen werden (frühe) Statuskämpfe eher vermieden.

2. Das korrespondiert mit der Aussage, dass die Hierarchie in Frauengruppen flacher, vielleicht sogar gar nicht vorhanden ist (dies scheint im wesentlichen für erwachsene Frauen zu gelten). Frauen scheinen eine Gleichrangigkeit aller Mitglieder anzustreben, ein fließendes Gleichgewicht, in der Leitungsaufgaben nach Bedarf verteilt werden. Führung scheint zu wechseln, Profilierungsversuche einzelner Frauen sind eher tabuisiert. Dieses Phänomen wird in der Literatur als „Krabbenkorb – crab basket"[2] bezeichnet. KREISSL (2000, S. 174) nennt den weiblichen Stil „machterodierend".
Frauengruppen bemühen sich um Gleichrangigkeit der Mitglieder.

3. Eine Frau sagt: „Ach was für ein hübsches Kleid!" Die andere Frau sagt nicht etwa (was Männerstil wäre): „Da sollten Sie erst mal sehen, was ich sonst noch im Schrank habe!", sondern sie sagt: „Mein Gott, dass Sie das sagen, das ist mein ältester Fummel!" Sie stapelt tief und macht sich klein. Viele Frauen handeln nach dem Motto: „Eigenlob stinkt!" und können Lob und Komplimente überhaupt nicht annehmen, schon gar nicht, wenn sie von anderen Frauen kommen, geschweige denn ihre eigenen Stärken aktiv darstellen. Frauen treffen sich nicht über ihren Stärken, sondern sie reden eher über ihre Erfahrungen, Probleme, Schwächen und Ängste. Sie kommen in Seminare und sagen: „Ich kann überhaupt nicht vor einer Gruppe sprechen, da zittere ich schon Tage vorher." DERICHS-KUNSTMANN (1999, S. 49) berichtet z.B.: „Bei der Analyse der Selbstbeschreibung von Frauen und Männern in der Vorstellungsrunde war ein Unterschied besonders beachtlich: Überwogen bei den weiblichen Teilnehmenden die negativen Aussagen, tendierten Männer demgegenüber zu positiven Aussagen über die eigene Person. Die negativen Darstellungen der Frauen bezogen sich auf unterschiedliche Aspekte. So wurden z.B. Vergesslichkeit, Unsicherheit, Unkenntnis und fehlende Er-

---

2   Ein Krabbenkorb ist ein Korb mit einem relativ niedrigen Rand, aus dem die einzelnen Krabbe leicht heraus käme. Sind jedoch mehrere Krabben in dem Korb und eine Krabbe versucht zu entfliehen, ziehen die anderen Krabben sie am Beinchen wieder zurück. Sie halten sich also alle gegenseitig auf einer Ebene.

fahrungen mehrfach von Frauen als „Unzulänglichkeiten" umschrieben." Männer stellen in der Vorstellungsrunde eher ihre Erfahrungen und Fähigkeiten sowie ihre Ämter in den Vordergrund. *In Frauengruppen sind Stärken tabuisiert, in Männergruppen Schwächen und Ängste.*

4. Wenn sich Frauengruppen aber nicht wesentlich über Hierarchiebildung strukturieren, was ist dann das Ordnungsprinzip? Viele Frauen sind außerordentlich sensibel im Erspüren, was andere (Frauen) von ihnen erwarten, welche Normen in der Gruppe herrschen. Manchmal ärgern sie sich lieber lange (heimlich), ehe sie sagen, dass ihnen etwas nicht gefällt. Sie sind in ihrem Verhalten auch sehr zurückhaltend, bis sie sich einigermaßen sicher sind. Es ist die Orientierung an Normen, an den (vermuteten) Erwartungen und Bedürfnissen der anderen Mitglieder, also die Konformität.

Führung ist die Macht eines/R Einzelnen über viele, Konformität die Macht vieler über einzelne. In Frauengruppen ist Konformität das leitende Gruppenstrukturprinzip.

5. Wie gehen Frauen mit Macht und Führung um (was es ja unwidersprochen in Frauengruppen auch gibt)? Es sind fundamental andere Steuerungsprinzipien:

– Wenn Frauen formale Vorgesetzte sind, nehmen sie ihre formale Macht oft gar nicht wahr (vor allem im sozialen Bereich). Macht ist ihnen nachgerade fast peinlich. Frauen versuchen dann zu signalisieren: „Ich bin eine von euch, nichts Besseres." Sie haben Angst, wenn sie „durchgreifen", nicht mehr geliebt zu werden (KIEPER-WELLLMER, 1991). BIERACH (2002, S. 31) zitiert Bettina Querfurth, Programmleiterin beim Wiley Verlag: „Als ich zum ersten Mal nicht mehr Teil eines Teams, sondern Chefin war, hatte ich ständig Angst, dass die anderen nur aus hierarchischen Gründen tun, was ich sage und nicht, weil sie meiner Kompetenz vertrauen oder mich nett finden."

– Frauen vermeiden direkte Machtkämpfe, stattdessen benutzen sie indirekte Machtstrategien (vgl. Abschnitt 5, was nicht bedeutet, dass Männer nicht auch indirekte Strategien im Repertoire hätten). Besonders spannend und bedeutsam ist der Mechanismus, wie die Frau „bestimmt" wird, die zumindest zeitweise die Führungsarbeit machen soll.

In Männergruppen kann um Führung gekämpft werden: wer am längsten redet oder am lautesten z.B., der hat gute Chancen (vgl. Abschnitt 5)[3]. In

---

3 Eine Empfehlung, wie Sie Ihre Chance, die Leitung einer Männer- oder gemischten Gruppe übernehmen zu können, dramatisch erhöhen können, lautet: 1. Seien Sie männlich, 2. Setzen Sie sich an das Kopfende des Tisches, 3. Machen Sie als Erster den Mund auf, fragen Sie z.B. direkt zu Beginn der Sitzung, ob es nicht zweckdienlich sei, die Heizung etwas höher zu drehen (oder wahlweise: das Fenster zu öffnen) (SADER, 1998, S. 223).

Frauengruppen wird Führung „gewährt" von den anderen Frauen[4]. Einer Frau, die sich im Vorfeld als besonders fleißig/geeignet bewährt hat, wird eine bestimmte Aufgabe zugeschoben mit der Bemerkung: „Das kannst du doch so gut", sie ziert sich noch ein bisschen und nimmt dann halb geschmeichelt, halb unsicher, ob sie es schaffen wird, an. Das bedeutet, dass die Person Autorität haben muss, und der Vorgang ist im Prinzip ein „basisdemokratischer"[5]. Die Führung wechselt häufiger in Abhängigkeit von der Aufgabe, insofern ist die Situation, von außen betrachtet, in Frauengruppen instabiler und schwerer zu durchschauen (dadurch möglicherweise aus Sicht des/der formalen Vorgesetzten schwerer zu steuern).

Wahrscheinlich ist dies der Grund, dass Frauen sich am ehesten als Führerin legitimiert fühlen, wenn sie von der Gruppe „gewählt" werden, während Männer sich auch als rechtmäßige Führer ansehen, wenn sie ernannt werden, wie KLINGEN (2001) zeigen konnte. Dies bedeutet für das Selbstbewusstsein und die Selbstwirksamkeitserwartung von Frauen, die in Organisationen Führungsarbeit (in der Regel ja auf Grund von Ernennung) machen, dass sie sich weniger „berechtigt" fühlen, diesen Posten auch auszufüllen.

Männer organisieren sich in einer (stabilen) Machthierarchie, Frauen in einem (fließenden) Autoritätsnetzwerk.

–   In Männergruppen ist die Situation so wie beschrieben und einfach: Chef im Ring ist, wer am stärksten ist, am lautesten schreien kann oder am schönsten reden (völlig unabhängig vom Inhalt).[6] Selbsternennungen, (Wieder-) Ernennungen und (Wieder-)Wahlen scheinen Männer subjektiv gleichermaßen als Führer zu legitimieren (und zwar unabhängig von der vorhergehenden Leistung der Gruppe, KLINGEN, 2001: Männer scheinen mangelhafte Leistung der Gruppe nicht mit ihrer (ev. fehlenden) Führungskompetenz in Verbindung zu bringen!). Was aber muss die Frau an Eigenschaften, bzw. Verhaltensweisen mitbringen, um von den anderen Frauen (mindestens zeitweise) Autorität zugeschrieben zu be-

---

4   Das Deutsche hat übrigens für den Zusammenhang zwischen Status und dem Ausmaß an Blickkontakt, den eine Person von den anderen bekommt, den wunderbaren Begriff „Ansehen". Daraus wird umgekehrt ein Tipp: Wenn Sie sich in einer Ihnen fremden Gruppe schnell orientieren wollen, achten Sie darauf, wer von den Mitgliedern besonders viel Blickkontakt und Aufmerksamkeit bekommt: Das sind entweder die Ranghöchsten oder die Sozialfälle.

5   Autorität „... kann sowohl eine Eigenschaft einzelner Personen sein ... als auch einem Amt zugehören ... Ihr Kennzeichen ist die fraglose Anerkennung derer, denen Gehorsam abverlangt wird; sie bedarf weder des Zwanges noch der Überredung. ... Autorität bedarf zu ihrer Erhaltung und Sicherung des Respekts entweder vor der Person oder dem Amt (ARENDT, 1996, S. 46).

6   Mir ist bewusst, dass ich an dieser Stelle die fünfzigjährige Geschichte der Eigenschaftstheorie/-forschung der Führungspersönlichkeit unzulässig verkürze (vgl. Abschnitt 11.3).

kommen? Dies sind vor allem zwei Eigenschaften: Inhaltliche Kompetenz/Fleiß mit Blick auf die anstehende Aufgabe und vor allem auch ein hohes Einfühlungsvermögen in die Bedürfnisse und Gefühle der anderen Frauen, sowie die Fähigkeit, diesen Bedürfnissen Rechnung zu tragen oder sie doch zumindest offensichtlich zu würdigen (entsprechend dem, was wir über die Bedürfnisorientierung in der indirekten Frauensprache zusammen getragen haben).

Entsprechend zeigt KLINGEN (2001), dass für männliche Führer der Leistungsaspekt im Vordergrund steht, während für Führerinnen außerdem die „Stimmung in der Gruppe" eine Rolle für ihre Zufriedenheit spielt. *Das Alpha-Tierchen in einer Männergruppe muss über Stärke verfügen, das (weibliche) Alpha-Tierchen in einer Frauengruppe über Kompetenz und Einfühlungsvermögen.*

Exkurs: Die parentale Investition

Die Evolutionsbiologie hat einen Ansatz entwickelt, die Neigung von Männern zu Hierarchien zu erklären. Nach diesem Ansatz (ursprünglich von TRIVERS, 1972 entwickelt, in HENSS, 1992) ist diese Neigung genetisch verankert, also angeboren und hat sich im Laufe der menschlichen Evolution heraus gebildet. Ausgangspunkt ist die sog. „parentale Investition". Damit ist das Ausmaß an Anstrengung, Zeit und körperlichen Ressourcen gemeint, das ein Lebewesen in die erfolgreiche Weitergabe seines Genoms, also in die Produktion und Aufzucht von Nachkommen investieren muss. Bei höheren Säugetieren und vor allem bei Menschen unterscheidet sich das Ausmaß an parentaler Investition für die beiden Geschlechter erheblich: Eine Frau braucht neun bis zwölf Monate mindestens, bis sie zur „Produktion" eines neuen Nachkommens in der Lage ist, und die Anzahl ihrer potenziellen Nachkommen ist dementsprechend begrenzt. Ein Mann braucht dafür, na sagen wir, ca. eine Stunde, vorausgesetzt, er wechselt die Partnerin. Die Anzahl der potenziellen Nachkommen ist dementsprechend sehr groß, viele mögliche Partnerinnen vorausgesetzt.

Daraus ergeben sich für die beiden Geschlechter völlig unterschiedliche Paarungsstrategien: Männer müssen „streuen", Frauen müssen sehr sorgfältig prüfen, wen sie zum Vater ihres Kindes machen, d h. sie müssen Kriterien haben, mit deren Hilfe sie entscheiden können, welchen Mann sie zur Fortpflanzung kommen lassen. Für die Frauen sollten wichtige Überlegungen dabei einmal die Qualität des Erbguts mit Blick auf das Überleben der Nachkommen (Kraft, Gesundheit, körperliche Fitness, v.a. aber Parasiten- und Infektresistenz), andererseits die Fähigkeit und Bereitschaft des Mannes zur langfristigen (Mit-) Versorgung des Nachwuchses (Ressourcen wie Territorium, Reichtum, Vieh, aber auch Körperkraft) sein. Dieser Prozess wird „sexuelle Selektion" genannt.

Wer kann den Frauen diese Kriterien für eine Entscheidung an die Hand geben? Das können nur die Männer tun. Das heißt, dass die Männer sich sozusagen „verkaufen" müssen. Sie müssen sich als besonders attraktiv auf dem „Paarungsmarkt" darstellen, um die Frauen werben und miteinander konkurrieren. Entsprechend der evolutionsbiologischen Erklärung dient die Macht- und Ranghierarchie von Männern zur Vereinfachung der Entscheidung der Frauen (Bischoff-KÖHLER, 1993, PINKER, 1998), denn sie zeigt klar, wer die Stärksten und Besten sind. Männer stellen also in ihrem Äußeren (s. Kapitel 4) und mit ihrem Imponierverhalten soziale Dominanz dar, um auf Frauen attraktiv zu wirken (und zur Fortpflanzung zu kommen). Diese Überlegung legt den verblüffenden (und vielleicht deprimierenden) Schluss nahe, dass Frauen in jahrtausendelanger Auswahl den Männern das Imponier- und Statusgehabe angezüchtet haben, unter dem sie selbst häufig leiden.

Natürlich trifft dieser Ansatz auf eine Menge Kritik. Die wichtigsten Punkte sind: Die Schwierigkeit, diese Theorie wissenschaftlich zu überprüfen, der naive Rückgriff auf simple Analogien zwischen Tieren und Menschen und das augenscheinliche Bemühen um eine Rechtfertigung der Diskriminierung von Frauen und der „Untreue" von Männern. Neuere Studien (KÜMMERLING & HASSEBRAUCK, 2001; LUSZYK, 2001) zeigen darüber hinaus, dass jüngere Frauen unserer Zeit (die über gute Ausbildungschancen, eigene ökonomische Ressourcen und Zugang zu Verhütungsmitteln verfügen) eher bereit sind als ältere Frauen, einen Partner zu akzeptieren, der weniger als sie verdient und eine niedrigere Bildung als sie selbst besitzt. Dieses Ergebnis ist mit den Prämissen der Evolutionsbiologie-/-psychologie nicht vereinbar, da es zeigt, dass Partnerwahlpräferenzen (mindestens von Frauen) auch von egalitären Lebenschancen und sozialisationsabhängigen Faktoren abhängig sind.

Auch sollten Frauen nach diesem Ansatz kein Verlangen nach Untreue haben. Tatsächlich zeigt aber eine Analyse der männlichen Hodengröße, dass Frauen in der Menschheitsgeschichte nicht durchgängig monogam gelebt haben[7]. Das macht auch Sinn, denn einen Mann zu suchen, der „starke" Gene hat *„und"* versorgungswillig/-fähig ist, ist eine Strategie mit einem entscheidenden Nachteil: Eine „eierlegende Wollmilchsau" ist schwer zu finden. Eine möglicherweise praktischere, weil realisierbare Strategie ist, die beiden Anforderungen auf zwei Männer zu verteilen und dem versorgungswilligen Mann das Kind eines genetisch wertvollen Mannes unterzuschieben.

Nebenbei: Wie wir gesehen haben, kann ein Mann einer ganzen Gruppe von Frauen fast zeitgleich zu Nachwuchs verhelfen, umgekehrt ist dies nicht der Fall. Eine kleine Anzahl von Männern reicht, um das Überleben des Stammes zu sichern. Wenn aber nur wenige Frauen vorhanden sind, stirbt der Stamm aus.

---

7   Männchen können mit anderen Männchen konkurrieren, indem sie sie als Rivalen ausschalten und die Weibchen zur Monogamie „zwingen", möglicherweise indem sie sich einen Harem halten. Dann benötigen sie relativ wenig Sperma, die Hoden sind im Vergleich zur Körpergröße (wie z.B. beim Gorilla) relativ klein. Die andere Strategie verlegt die Konkurrenz in den Körper des Weibchens: bei Arten, in denen Männchen und Weibchen in Horden zusammenleben und relativ promiskuitiv sind, produzieren die Männchen eine Unmenge von Spermien, um im Körper des Weibchen dem eigenen Spermium gegen die Konkurrenz der Spermien anderer Männchen zu einer größeren Erfolgswahrscheinlichkeit zu verhelfen. Zwergschimpansen, die in gemischtgeschlechtlichen sozialen Verbänden leben, haben sehr große Hoden. Umgekehrt kann man also aus der relativen Hodengröße der Männchen auf Promiskuität, bzw. Monogamie der Weibchen schließen. Die relative durchschnittliche Hodengröße menschlicher Männer liegt zwischen denen von Gorillas und Schimpansen (PINKER, 1998).

Die Tatsache, dass die Kinderzahl und damit die Fortpflanzungsrate und Überlebenswahrscheinlichkeit eines Stammes oder Volkes im wesentlichen von der Anzahl der Frauen im gebärfähigen Alter abhängig ist, macht den Verlust einzelner Männer für einen Stamm verschmerzbar (Evolutionsbiologen denken in ökonomischen, nicht in moralischen Kategorien). Fast logisch, dass alle Tätigkeiten, die körperlich gefährlich sind, von Männern übernommen werden, z.b. die Verteidigung gegen Feinde und andere Gefahren. Soldaten sind in den meisten Kulturen ausschließlich Männer, das Militär ist der Prototyp einer männlichen Organisation (s. Abschnitt 8.1). Entsprechend macht es Sinn, wenn die Männer genetisch mit mehr Aggressionspotenzial ausgestattet sind.

Dies korrespondiert mit weltweiten Befunden (z.b. DALY & WILSON (1994) in PINKER (1998)), dass das Potenzial für aggressives Verhalten bei Männern größer ist als bei Frauen, wobei die Geschlechterunterschiede zwischen dem 15. und dem 30. Lebensjahr (also zur Zeit der Paarung) am größten sind. Dies ist einer der ganz wenigen gesicherten kulturunabhängigen Geschlechterunterschiede zwischen Männern und Frauen (zur Problematik der Untersuchung von Geschlechterunterschieden mit Blick auf Eigenschaften s. Abschnitt 11.3).

Wir halten also fest, dass nach den bislang vorliegenden Berichten Frauen sich in Gruppen von anderen Gruppenstrukturprinzipien leiten lassen, die mit dem beschriebenen Sprechverhalten korrespondieren: Sie orientieren sich an den Erwartungen der anderen (Konformität), bemühen sich um Gleichrangigkeit aller Mitglieder, vermeiden es, ihre Stärken darzustellen und Status zu gewinnen. Die Auswahl der „Führerin" orientiert sich an inhaltlicher Kompetenz, Fleiß und Einfühlungsvermögen und geschieht auf Anfrage der Gruppe.

7.3 Wenn Männer und Frauen zusammen arbeiten

Was passiert jetzt, wenn Männer und Frauen zusammen arbeiten, also die beiden unterschiedliche Strukturierungsprinzipien aufeinander treffen?

1. Wir haben es bei den Bootsurlaubern bereits gesehen: *Das männliche Gruppenstrukturprinzip setzt sich durch*, die Gruppe organisiert sich hierarchisch und durchschreitet im ersten Drittel ihres Zusammenseins ein Konflikttal, bei dem es um Klärung wichtiger Status-, Rollen- und Territoriumsfragen geht. Dies geschieht zu einem frühen Zeitpunkt, zu dem die Frauen noch nicht auf konflikthafte Auseinandersetzungen eingestimmt sind (s.o.). Dabei werden die *Schlüsselpositionen von Männern besetzt*, die z.B. die Führungsrolle und die Präsentation der Gruppe nach außen übernehmen, während Frauen die statusniedrigen Funktionen, wie z.B. die Protokollführung, wie selbstverständlich unter sich aushandeln (vgl. KLINGEN, 2001).
   Entsprechend kommt KOTTHOFF (1993, S. 84) in einer Analyse von ExpertInnendiskussionen in Fernsehsendungen zu folgendem Ergebnis: „In

allen Gesprächen, in denen für die Frauen marginale[8] Rollen ausgehandelt werden, kommen diese in der ersten halben Stunde fast gar nicht zu Wort. Es scheint so zu sein, dass in den ersten Minuten die Weichen für die soziale Mikroordnung schon gestellt werden."

Es gibt weiterhin in der Literatur Hinweise darauf, dass die Frauen in Gruppen aktiv zur Herstellung der eigenen Zweitrangigkeit beitragen, indem sie nämlich Männer (aber nie andere Frauen oder sich selbst) für die Diskussionsleitung vorschlagen (während es bei Männern durchaus zu „Selbsternennungen" kommt), selbst wenn nur ein einziger Mann in der Gruppe ist. In der Folge unterstützen und entwickeln die Frauen dann die männlichen Führungspersonen (DERICHS-KUNSTMANN ET AL., 1999), ein klassisches Beispiel für „doing gender" (vgl. Abschnitt 4.1).

Dies ist ein Automatismus, der in der Regel weder den weiblichen noch den männlichen Mitgliedern bewusst ist, aber gravierende, wenn nicht dramatische Konsequenzen hat, wie wir noch sehen werden.

Im Grenzfall genügt ein Mann in einer Frauengruppe, um das weibliche Gruppenstrukturprinzip außer Wirkung zu setzen. Dementsprechend wird einzelnen männlichen Mitgliedern („tokens") in Frauengruppen von den Gruppenmitgliedern wesentlich mehr Einfluss zugesprochen als einzelnen weiblichen tokens in Männergruppen. Die Selbsteinschätzung des Einflusses auf den Gruppenprozess war dementsprechend bei den weiblichen tokens nur halb so hoch wie bei den männlichen (ALLMENDINGER & PODSIADLOWSKI, 2001).

Exkurs: Die Geschlechterzusammensetzung einer Gruppe

Die Frage, welche Auswirkungen die relative Geschlechterzusammensetzung auf Variablen wie Zufriedenheit der Gruppenmitglieder, Arbeitsergebnisse, Karrierechancen etc. hat, ist in einer Fülle von Studien untersucht worden. Die Ergebnisse sind durchaus widersprüchlich. Für eine Synopse s. ALLMENDINGER & PODSIADLOWSKI (2001), die auch zeigen, dass sich die erhobenen negativen, weil diskriminierenden Faktoren erst ab einem Frauenanteil von 36-48% zum Positiven wenden. „Frauen erfahren bei... (geringerer, sinngemäße Ergänzung der Verfasserin) Repräsentanz zunächst wesentlich mehr und stärkere Diskriminierung, da eine zahlenmäßig größere, aber in ihrem Status und ihrer Geschichte weiterhin als Minderheit verstandene Gruppe von der Mehrheit als wirtschaftliche und politische Bedrohung betrachtet wird" (S. 296). Vergleichende Untersuchungen zur Gruppendynamik im Feld sind natürlich schwierig, da es (gerade in den Führungsebenen) an weiblich dominierten Gruppen mangelt.

---

2. *Funktionen und Rollen verteilen sich entlang des Geschlechts*: Frauen werden für das Klima zuständig, Männer für die Sachinhalte und strategische Planungen. Interessant ist, dass sich in der Fachliteratur viele Hinweise darauf finden, dass Männer Klima und Umgangston in ge-

---

8   randständig, nebensächlich

mischtgeschlechtlichen Gruppen angenehmer finden (NEUBAUER, 1990; EDDING, 1992; WIMBAUER, 1999; DERICHS-KUNSTMANN ET AL., 1999), während die Ergebnisse für Frauen widersprüchlich sind: In manchen Untersuchungen bevorzugen Frauen Frauengruppen (ARIES, 1976), in anderen Untersuchungen gemischtgeschlechtliche Gruppen (ALLMEN-DINGER & PODSIADLOWSKI, 2001).

3. Wie in Abschnitt 5 dargestellt, nehmen sich Frauen deutlich weniger Redezeit, unterbrechen weniger und stellen mehr Fragen, und es werden weniger Beiträge direkt an sie gerichtet. Beiträge, die der Gruppennorm nicht entsprechend, werden deutlicher sanktioniert, wenn sie von Frauen stammen (TRÖMEL-PLÖTZ, 1984; DION, 1985; JÜNGLING, 1993). In Seminaren der Erwachsenenbildung sind ihre Selbstdarstellungen in den Vorstellungsrunden kürzer als die der Männer und enthalten häufiger (teilweise humorvoll karikierte) Darstellungen eigener Schwächen (DERICHS-KUNSTMANN ET AL., 1999). Weiterhin spielen Frauen ihren ExpertInnenstatus deutlich herunter („wie sagt man denn?"), während Männer den ihren ausbauen („vom wissenschaftlichen Standpunkt aus gesehen", Belehrungen) (KOTTHOFF, 1993, S. 86).

In der Folge sind die *inhaltlichen Beiträge von Frauen im Endergebnis deutlich weniger vertreten*, d.h. die Männer kontrollieren das Ergebnis (FRIEDEL-HOWE, 1990).

7.4 Mit Tennisregeln im Kopf Fußball spielen[9]

Das männliche Gruppenstrukturprinzip setzt sich unbewusst durch und die Gruppe strukturiert sich hierarchisch, wobei die Frauen die statusniedrigeren und weniger mächtigen Funktionen einnehmen. Ihre inhaltlichen Beiträge sind im Endergebnis nicht entsprechend vertreten.

Was sind die *Konsequenzen für die Zusammenarbeit* von Männern und Frauen in Teams?

Zunächst kann man davon ausgehen, dass Männer annehmen, dass Frauen genauso reagieren wie sie selbst, und dass Frauen an die Zusammenarbeit mit Männern häufig Erwartungen richten, die in Frauengruppen eingelöst werden. Dieses fundamentale Missverständnis wird beiden Geschlechtern nicht bewusst und daraus resultieren Missverständnisse, Verletzungen, Ungeduld und Unverständnis und geringere Karrierechancen von Frauen. Einige Auswirkungen/Irrtümer in der Zusammenarbeit:

1. Frauen, welche die formale Leitung einer Gruppe übernehmen (z.B. eine Projektleitung), gehen oft mit der (unbewussten) Erwartung an die Arbeit, das Team werde sich so verhalten wie eine Frauengruppe: um He-

---

9 Diese hübsche Metapher stammt von Angelika C. Wagner (WETTERER, 1992, S. 16).

terarchie (Gleichrangigkeit) und ein faires Gleichgewicht sowie Aushandeln von Normen bemüht. Sie wollen einen partizipativen Führungsstil realisieren und an Inhalten arbeiten. Sie wollen zeigen, dass sie sich nicht für „etwas Besseres" halten und befürchten, wenn sie sich durchsetzen, vom Team nicht „geliebt"[10] zu werden. Sie leiden oft darunter, dass ihnen gerade zu Beginn ihrer Arbeit Machtkämpfe und Konflikte von den MitarbeiterInnen aufgedrängt werden. Sie attribuieren dieses Verhalten auf ihr Frausein, nehmen es übel und fühlen sich persönlich angegriffen und diskriminiert. Tatsächlich fordern die Männer (natürlich) die Herstellung der Dominanzhierarchie auch von der neuen Leiterin ein, genauso wie sie es mit einem männlichen Leiter machen würden. Dieses Phänomen heißt „Rooster Effect", Untersuchungen hierzu in DION (1985). Ein Beispiel für eine solche Fehlattribution einer weiblichen Leitung ist die Seminarschilderung von EDDING, 1991, S. 85ff.

Die *Empfehlung* an Frauen, die Leitungsarbeit in geschlechtergemischten Gruppen machen wollen oder nur Männer zu führen haben, lautet: Nehmen Sie Machtkämpfe am Anfang auf keinen Fall persönlich, sondern sportlich: Halten Sie den Ball flach und gehen Sie im entscheidenden Moment ans Netz, um zu punkten! Es geht nicht um Sie als Person, es geht oft auch gar nicht um die (vorgeschobenen) Inhalte: Die Gruppe testet, ob Sie genug Standing haben, dass die Gruppe sich Ihnen zu Recht unterordnet. *Untertauchen sie Machtkämpfe nicht* (Sie verschieben und vergrößern das Problem nur!), sondern nehmen Sie sie an und gewinnen Sie sie. Zeigen sie, dass Sie entschlossen sind, die Führungsrolle tatsächlich zu übernehmen. Versuchen Sie, die ranghohen Mitglieder Ihres Teams zu gewinnen. Warnung: „*Frau muss nicht über jedes Stöckchen springen, das einer hingehalten wird!*" Fragen Sie sich auch, ob gerade dieser Kampf die Mühe wert ist (Thema: Haushalten mit den eigenen Energien).

2. Weiterhin ergibt sich aus dem bisher Gesagten, dass Frauen, die Führungsarbeit in Teams machen wollen, Flexibilität entwickeln müssen: Männer- und gemischtgeschlechtliche Gruppen wollen von Frauen anders geführt werden als reine Frauengruppen, es ergeben sich unterschiedliche Anforderungen.

3. Frauen beklagen sich in Seminaren häufig, dass sie zu Beginn einer (geschlechtergemischten) Diskussion einen Vorschlag machen/einen Beitrag bringen, der ignoriert werde. Eine Stunde später käme der gleiche Vorschlag von einem Mann und dieser werde nun von der Gruppe akzeptiert. Frauen fühlen sich durch dieses Verhalten abgewertet und diskriminiert[11].

---

10 Der Wunsch nach „Liebe" ist grundsätzlich in der Führungsarbeit deplatziert, das passende Gefühl ist „Respekt", s. Abschnitt 8.2.

11 Diese subjektive Empfindung von Frauen mag eine Erklärung für den Befund von DERICHS – KUNSTMANN ET AL. (1999) bieten, dass die Beteiligung von Frauen im

Das oben beschriebene Gruppenmodell bietet eine alternative Erklärung zur Diskriminierung mit der Ungleichzeitigkeit der Gruppenprozesse: Frauen sind gewohnt, sofort in die Inhalte einzusteigen und Statuskämpfe (mindestens zu Beginn) zu vermeiden und haben diese Erwartung auch an Männer. Männer müssen jedoch oft zu Beginn einer neuen Gruppe/einer Besprechung die Hierarchie und den persönlichen Status aushandeln und sind inhaltlichen Überlegungen noch nicht wirklich zugänglich. Diesem Prozess dienen z.b. Fragen zur Verfahrensordnung, ausufernde Selbstdarstellungen und Imponiergehabe, Unterbrechen der GesprächsparnerInnen und Angriffe auf die Kompetenz der Leitung (vgl. Abschnitt 5.4), ein Verhalten, dem Frauen oft verständnislos und etwas ungeduldig bis arrogant zusehen und an dem sie sich nicht (gerne) beteiligen. Sie verkennen, dass es in dieser Phase ausschließlich darum geht, Status zu erwerben und dass sie gut beraten wären, kräftig mitzumischen. Später in der Diskussion fehlt ihnen andernfalls nämlich der Respekt der Gruppe, der notwendig ist, um mit Ideen anerkannt zu werden (da helfen dann auch Fleiß und „Qualität" der Beiträge wenig).

Entsprechend kommt KOTTHOFF (1993, S. 92) nach der Analyse von Gesprächsprotokollen zu dem Ergebnis: „... unterliegen Frauen mit einem partnerzentrierten, wenig auftrumpfenden, themenorientierten Stil häufig. Ein Stil, der auf eine ähnliche Beziehungsorientierung beim Gegenüber angewiesen ist, um seine Effizienz zu entfalten, unterliegt dort, wo er auf einen Stil der Selbstdarstellung und Statusdemonstration trifft."

Empfehlung: Beobachten Sie in gemischtgeschlechtlichen Gruppen/ Teams/Besprechungen zu Beginn besonders sorgfältig die Profilierungsversuche der Mitglieder und versuchen Sie, die sich herausbildenden statushohen Mitglieder (die es später für eigene Vorschläge besonders zu gewinnen gilt) und entstehende Allianzen zu identifizieren. Schaffen Sie Loyalitäten und scheuen Sie sich nicht, sie zu demonstrieren. Organisieren Sie sich eine Hausmacht. Mischen Sie ggf. am Anfang bei der Profilierung mit, gewinnen Sie selbst Status und ggf. statushohe Verbündete. Melden Sie sich zu Wort, lassen sie sich nicht unterbrechen. Lassen sich auf keinen Fall in eine inferiore Rolle drängen („Wer kocht den Kaffee? ...spült die Tassen? ...macht das Protokoll? Etc.).

Gewinnen Sie Einfluss durch Führung von unten: Mischen Sie sich ein, signalisieren Sie deutlich Zustimmung, bzw. Ablehnung, stellen Sie Ihren „KoalitionspartnerInnen" geschickte Fragen, um sie ins Spiel zu bringen.

Äußern Sie inhaltliche Vorschläge erst dann, wenn Sie den Eindruck haben, der Gruppenbildungsprozess ist abgeschlossen, und die Gruppe ist jetzt bereit, an Inhalten zu arbeiten. Den richtigen Zeitpunkt in einer Sitzung für einen Vorschlag zu erkennen, ist eine hohe Kunst.

Verlauf einer Veranstaltung, z.B. eines Seminars in der Erwachsenenbildung, nachlässt.

4. Frauen erzählen oft, dass sie sich mit dem einzelnen männlichen Kollegen wunderbar verstehen und fachlich ausgezeichnet diskutieren können, nur wenn ein zweiter Kollege dazukäme, seien sie in kürzester Zeit aus dem Gespräch gekickt. Ihnen bleibe nur die Rolle, zuzuschauen, wie die beiden Männer nun hochtrabend miteinander fachsimpelten. Frauen fühlen sich dann oft nicht ernst genommen. Die Wahrheit ist allerdings oft das Gegenteil: kaum stehen zwei Männer und eine Frau zusammen, beginnen die beiden Männer mit Imponier- und Konkurrenzverhalten und versuchen, sich vor der Frau zu profilieren, um sie zu balzen.

Die *Empfehlung* lautet: Genießen Sie das, statt darunter zu leiden. Die wirklich Mächtige im Sinne der Entscheidungsgewalt sind in einer solchen Situation oft Sie!

Wir werden diese Überlegungen und Empfehlungen im nächsten Kapitel erweitern, wenn wir Material über das Funktionieren von Organisationen zusammengetragen haben.

7.5 Zusammenfassung

Die Verhaltensweisen, die sich aus den Vorgaben der Geschlechtsrollenstereotype ergeben, wirken sich in der Zusammenarbeit in Gruppen aus. Reine Frauengruppen entwickeln auf der Basis des vorsichtigen Sprachstils andere Funktionsmechanismen als Männer- und gemischtgeschlechtliche Gruppen: Frauen orientieren sich in der Zusammenarbeit an den Erwartungen der anderen (Konformität), bemühen sich um Gleichrangigkeit aller Mitglieder, vermeiden es, ihre Stärken darzustellen und Status zu gewinnen. Die Auswahl der „Führerin" orientiert sich an inhaltlicher Kompetenz, Fleiß und Einfühlungsvermögen und geschieht auf Anfrage der Gruppe.

In gemischtgeschlechtlichen Gruppen führen Frauen diese Verhaltensweisen fort, was in Kollision mit dem männlichen Gruppenstrukturprinzip (bei dem es um Stärken und Status geht) auf einer neuen Ebene zu ihrer relativen Unterlegenheit beiträgt: Die Macht- und Statusverteilung in der Gruppe erfolgt entlang des Geschlechts, Männer besetzen die Führungs- und Schlüsselpositionen und bringen im Ergebnis der Gruppe mehr ihrer eigenen Beiträge unter. Diese Mechanismen scheinen bei beiden Geschlechtern weitgehend unbewusst abzulaufen, und Frauen tragen aktiv dazu bei.

Im nächsten Abschnitt werden wir auf der Basis dieser Erkenntnisse untersuchen, welche Strukturprinzipien Organisationen zu Grunde liegen und was das für den Aufstieg von Frauen in Organisationen bedeutet.

8. Das grundlegende Dilemma für Frauen

8.1 Strukturprinzipien von Organisationen

Definitionen:

„*Macht* bedeutet jede Chance, innerhalb einer sozialen Beziehung den eigenen Willen auch gegen Widerstreben durchzusetzen, gleichviel, worauf diese Chance beruht" (WEBER, 1980, in JÜNGLING, 1995, S. 48). *Sexualität* ist „die Gesamtheit der geschlechtlichen Lebensäußerungen; in einem engeren Sinne die auf dem Geschlechtstrieb, einem auf geschlechtliche Beziehung und Befriedigung gezielten Trieb, beruhenden Lebensäußerungen" (Brockhaus Enzyklopädie, 1993, in RASTETTER, 1994, S. 16). *Organisationen* sind größere soziale Einheiten, i.d.R. mit Untereinheiten und spezifischen Zielen, die arbeitsteilig und hierarchisch organisiert sind, die zum Umfeld abgegrenzt und künstlich geschaffen sind (in Anlehnung an WILL, 1992).

In Kapitel 6 haben wir die Gruppenstrukturprinzipien, nach denen sich Männer- (und in der Folge auch gemischtgeschlechtliche) Gruppen im Unterschied zu Frauengruppen (Abschnitt 7.2) organisieren, skizziert. Zusammengefasst sind es die folgenden:

- eine stabile hierarchische Struktur
- eine stabile Rollen- und Aufgabenverteilung
- eine klare Führungsperson, um die Führung wird offen gekämpft
- dementsprechend: Betonung von Stärken und Fähigkeiten, Tabuisierung von Schwächen (und Fehlern)
- dementsprechend: Signale von und Kampf um Status, z.B. Territoriumsverhalten
- Neigung zu gemeinsamen Emblemen, Uniformität.

Organisationen sollen der Koordination einer großen Anzahl von Individuen dienen. Sie vertreten ... „den modernen Modus von Herrschaft, mit dem Menschen ihre historisch spezifischen Formen von Kooperation regeln." (RASTETTER, 1995, S. 95).

Organisationen waren weltweit bis zum Beginn des 20. Jahrhunderts Gebilde, die zumeist von Männern gegründet und mit Männern besetzt waren. Prototypisch[1] sind Militär, Verwaltung und Klerus (vgl. Abs. 8.5). Es ist folgerichtig und offensichtlich, dass dementsprechend Organisationen männlichen Gruppenstrukturprinzipien folgen:

– Die stabile hierarchische Struktur sowie die Aufgabenverteilung wird formalisiert, dies drückt sich in Organigrammen und Geschäftsverteilungsplänen aus. Netzwerkstrukturen, wie sie in Frauengruppen praktiziert werden, kommen so gut wie nicht vor.[2] Die folgende Abbildung zeigt ein (fiktives) Beispielorganigramm, bei dem nur der linke Zweig ausgeführt worden ist.

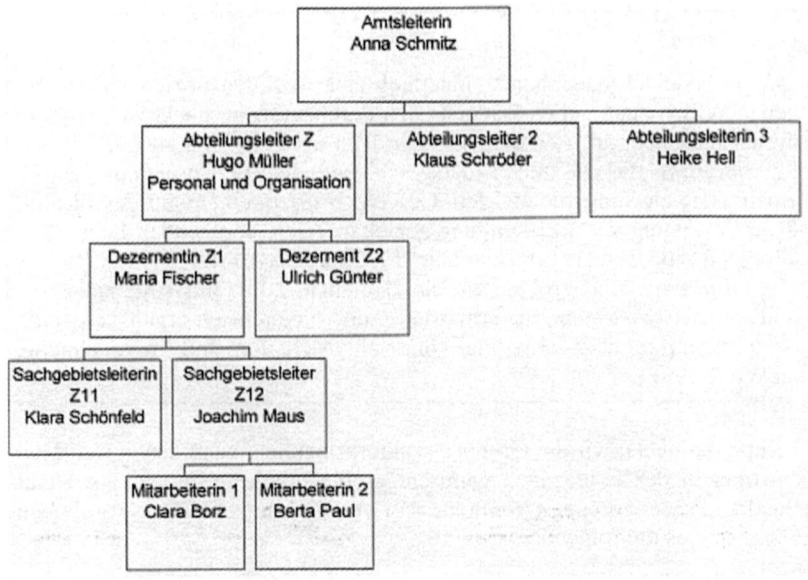

Abb. 10: Beispielorganigramm

– Die klare stabile Aufgabenverteilung führt zur Ein- und Abgrenzung von Kompetenzen und Verantwortlichkeiten, sowie zu Spezialisierung (vgl. TOMASKOVIC-DEVEY & SKAGGS, 2001)[3].

---

1   Prototyp bedeutet: Urbild, Vorbild, Muster
2   Auf die sich verändernde Situation in modernen Organisationen wird später noch eingegangen (Abschnitt 8.7).
3   Dies hat zur Folge, dass die Einbettung und die Konsequenzen des eigenen Handelns unsichtbar und somit moralisch nicht mehr beurteilbar werden („kleines Rädchen", „Transparenz schaffen"). Entsprechend werden Quantität und Qualität der spezifischen Aufgabenerfüllung zu Gütekriterien des individuellen Handelns, die Zielset-

- Klare Führungsstrukturen, Ausstattung der Hierarchen mit (partieller) Macht und Sanktionsmöglichkeiten. Wechselnde Führung in Abhängigkeit von Kompetenz, wie sie in Frauengruppen vorkommen kann, ist eher selten. Dementsprechend zeigt KLINGEN (2001, S. 152), „dass die Ernennung eines Führers durch die klare Hierarchiestruktur dem männlichen Gruppenprinzip entgegenkommt und dadurch die Zufriedenheit der männlichen Führer steigt" (während die Zufriedenheit von Frauen in der Führungssituation durch eine Wahl durch die Gruppenmitglieder gefördert wurde).

- Es gibt formalisierte Verfahren für den Erwerb von ranghohen Positionen und Status und

- ein differenziertes System von Statussymbolen, z.b. Titel, Achselstücke, Positionierung der Räume, Herrschaftsarchitektur, Dienstwagen, Handy, Incentives... Status und Statussymbole sind entsprechend außerordentlich wichtig.

- Daneben wird Ähnlichkeit im Äußeren bis hin zur Uniform angestrebt, auf dieser egalitären Folie hebt sich die Auszeichnung durch organisationsrelevante Statussymbole (z.b. durch die Anzahl der Sternchen auf den Schulterstücken der Uniform) dann besonders deutlich ab.

8.2 Rationalität, Geschlechtsneutralität und Asexualität

Organisationen folgen männlichen Gruppenstrukturprinzipien. Aus der klaren Aufgabenverteilung und der Notwendigkeit der Koordination folgt dann im nächsten Schritt das *Primat der Rationalität*[4]:

- Betonung der Sachinhalte, der Aufgaben und der organisationalen Ziele
- Auschluss persönlicher Anliegen, Tabuisierung von Emotionen
- Formalisierung von Entscheidungsabläufen[5].

---

zung der übergeordneten Organisationseinheit, bzw. der Organisation insgesamt entzieht sich ethisch-moralischer Bewertung (für eine umfassende Darstellung siehe BAUMANS (1992) überaus lesenswerte Studie über die organisationalen Voraussetzungen zur Entstehung des Holocausts).
Eine weitere Folge ist die spezielle Ablauforganisation, beschrieben mit dem Begriff aus der Verwaltung „Vorgang". Der Vorgang wird in der Regel von verschiedenen Sachbearbeitern nacheinander bearbeitet, ein gelegentlich sehr träges Verfahren.

4   Die „rationale Maschine": Der deutsche Soziologe WEBER (1947) verglich Organisationen mit Maschinen, denn bei beiden werden die gleichen Prinzipien betont: Effizienz, Rationalität, Zuverlässigkeit, Präzision und Vorhersagbarkeit.

5   Transaktionsanalytisch gesehen handelt es sich hier um eine Disziplinierung all der chaotischen spontanen emotionalen Kindheits-Ichs in einer Organisation durch Formalisierung, also durch ein Prinzip aus dem Kritischen Eltern-Ich (vgl. Abs. 13.3).

> Vom Organisationsmitglied wird also gefordert, dass es sachlich sei und unemotional entscheide und handele, solange es sich in der Organisation befindet.

Natürlich geht es in Organisationen tatsächlich nicht immer rational zu. Diese Seite könnte man als „Bühne" der Organisation bezeichnen, also das, was gezeigt und gefordert wird. Diese Ansprüche sind nicht erfüllbar; im Gegenteil: jemand, der/die versuchen würde, „sich an die Regeln zu halten", würde (spätestens beim Aufstieg) in einer Organisation scheitern. Menschen haben natürlich Gefühle, sie vertreten ihre Interessen und verfolgen ihre eigenen Ziele. Entscheidungen, die auf Grund „inoffizieller" Gründe getroffen werden, also auf der „Hinterbühne", müssen in den „offiziellen" Code überführt werden, damit sie als rational erscheinen und auf der „Bühne" gezeigt werden können. NEUBERGER (1995, S. 30) spricht sogar von „organisierten Anarchien". Gleichzeitig ist das Reden über die „Hinterbühne" und ihre Diskrepanz zur „Bühne" tabuisiert. Mit der „Hinterbühne" werden wir uns in Abschnitt 12.2 beschäftigen.

Dem Rationalitätsprimat entspricht die (implizite, nicht thematisierte und unbewusste) Annahme, dass das Geschlecht der Arbeitenden keine Rolle spielt *(Geschlechtsneutralität)*. Mit der männlichen Definitionsmacht ist aber das prototypische Organisationsmitglied von vorne herein männlich, die typische Erwerbsbiographie wird männlich gedacht. Dies schlägt sich nieder in vielen Regeln, die auf Männer zugeschnitten sind, z.b. das Anciennitätsprinzip[6], das weiblichen diskontinuierlichen Lebensläufen nicht gerecht wird, Arbeitsbewertungssysteme, die Fähigkeiten, die vor allem bei Frauen verortet werden (z.B. der Umgang mit alten oder kranken Menschen oder Kindern) niedriger bewerten und Arbeitszeitregelungen, die umfassende Verfügbarkeit erfordern.

Die *Tabuisierung von Emotionen* gilt besonders für den Bereich der Sexualität. *Das Organisationsmitglied sei ein asexuelles Wesen*, so die (unausgesprochene) Norm.

Beispiel: Von einem Professor wird erwartet, dass seine Notengebung ohne Ansehen der Person und jenseits persönlicher Sympathie erfolgt, rein auf Grund sachlicher Erwägungen (Leistung) und dass er sich mit seinen sexuellen Bedürfnissen Kolleginnen und vor allem Studentinnen gegenüber zurück hält. Dass das in der Realität nicht immer gegeben ist, ist eine andere Frage.

Exkurs: Blinde Flecken
Die Organisationssoziologie ging bis in die 90-er Jahre, bis zu den Arbeiten von ACKER (1990, 1992) und später BURRELL, 1993; RASTETTER, 1995 von der Geschlechtsneutralität der Organisation aus (Für eine Synopse siehe RIEGRAF, 2000).

---

6   Beförderung nach Dienstalter.

WIMBAUER, 1999, S. 34 bemerkt dazu ironisch im Hinblick auf die organisations-soziologische Literatur: „Geschlechterforschung und Organisationssoziologie ignorierten sich mit Erfolg lange gegenseitig."

HIRSCHAUER (2001, S. 210-212) weist dementsprechend darauf hin, dass soziologische Theorien dazu tendieren, modernen Gesellschaften „eine weitgehende Geschlechtsneutralität ihrer Rollen und Institutionen zu attestieren. Die meisten tun dies implizit, durch einfache Vernachlässigung des Themas..." „In der feministischen Kritik erscheint Geschlechtsneutralität daher vor allem eine ideologische Konstruktion, die durch eine androzentrische[7] Selbstbeschreibung von Gesellschaften geschaffen wird: Eine Seite der Geschlechterunterscheidung setzt sich selbst als geschlechtstranszendierend und markiert die andere Seite als ‚das Geschlecht'. Geschlechtsneutralität ist etwas, das von Männern besetzt wurde. Sie brachten ihr Geschlecht durch eine Expansionsbewegung als ‚Normalität' und ‚allgemeines Menschsein' zum Verschwinden."

Auch HORNUNG (2000b) weist darauf hin, dass die Asexualisierung der Menschen in der Hierarchie zur Aufrechterhaltung der Geschlechterhierarchie beiträgt. Insofern fordern feministische Soziologinnen zu Recht (MÜLLER, 2000, S. 143): „Aus verschleierten Geschlechterdifferenzen müssen artikulierte Kontroversen werden. „Geschlecht" muss in Entscheidungsprozesse und routinisierte Abläufe hineingebracht werden, in denen bisher geschlechtsblinde Akteure die Hauptrolle gespielt haben."

Genauso finden wir einen blinden Fleck in der organisationspsychologischen Literatur, in der das Thema Geschlecht und „Sexualität am Arbeitsplatz" fast vollständig ausgeblendet wurde, obwohl der Arbeitsplatz de facto das bedeutendste Forum bei der Anbahnung von Ehen ist (21% aller Ehepaare haben sich am Arbeitsplatz kennen gelernt, über Chancen und Probleme von Beziehungen am Arbeitsplatz siehe MÜLLER, 2001). 62% der Frauen sowie 71% der Männer gaben an, schon einmal eine Affäre am Arbeitsplatz gehabt zu haben (HITE, 2000)[8] und 10% aller Befragten in einer repräsentativen Umfrage gaben an, Sex am Arbeitsplatz (gehabt) zu haben.

Dementsprechend ist das Thema „Liebe und Sex am Arbeitsplatz" häufig in der Boulevard- und Regenbogenpresse vertreten und vielleicht gerade wegen des inhärenten Tabus bzw. des inhärenten Widerspruchs so lustvoll besetzt.

Sexualität in Organisationen wurde erst mit dem Begriff „Sexuelle Belästigung" während der 80-er Jahre (PLOGSTEDT & DEGEN, 1992) auf Druck von Frauen(-beauftragten) zum Thema in der organisationspsychologischen Literatur. 38% der Frauen und 14% der Männer berichten von Erfahrungen mit ernsthafter „sexueller Belästigung" am Arbeitsplatz (HITE, 2001), bei den Männern handelt es sich zu einem hohen Prozentsatz um homosexuelle Anmache (ASSIG & BECK, 1996).

---

7   auf männlicher Sichtweise basierend
8   Dabei sagten 61% der Männer, aber nur 27% der Frauen, dass dies eine positive Erfahrung gewesen sei.

Die Sexualität der (ursprünglich ausschließlich männlichen) Organisationsmitglieder wird ausgeblendet und tabuisiert, der Mensch in der Organisationen habe keine sexuellen Bedürfnisse und setze auch keine sexuellen Signale,
so die Forderung *(Asexualität)*.

BURRELL, 1993, entfaltet am Beispiel der Entwicklung der Klöster und
der Orden, dass neben der Zentralisierung die Kontrolle der Sexualität eine
der ersten Aufgaben überhaupt war, die sich die Bürokratie gestellt hat, und
dass Militarisierung und ein elaboriertes Sanktionssystem damit Hand in
Hand gingen (z.b. Ritterorden oder die militärische Struktur des jesuitischen
Ordens).

An dieser Stelle wird übrigens deutlich, dass männliche Homosexualität
eine immense Bedrohung für die (ursprünglich nur mit Männern besetzte)
Organisation gewesen ist. Dementsprechend unterliegt männliche Homosexualität in unserer Kultur einer viel stärkeren Tabuisierung und Diffamierung
als die weibliche. Auch dies ist ein gesellschaftlich-historisches Produkt.

Die Mechanismen, mit denen Organisationen für das Nichtvorkommen
von Sexualität sorgen (wollen), sind vielfältig:

– Besonders auffällig ist, wie unattraktiv Männer in der Organisationskluft
  in der Regel aussehen. Der normale Anzug versteckt/tarnt den männlichen Körper[9]. Die Form von Beinen und Po ist nicht ersichtlich, der
  Oberkörper wird von einem Jackett versteckt, das oft Sackcharakter hat.
  Die Merkmale des Mann-Schemas (vgl. Abschnitt 3.4) werden unsichtbar gemacht[10]. Die Farben beschränken sich auf mausgrau, steingrau,
  graphitgrau, asphaltgrau, schwarz und dunkelblau, also gedeckte dunkle
  Farben. Der Hintergrund ist, dass wir Farben mit Emotionalität („rot ist
  die Liebe") und auch mit Sexualität verknüpfen.
  Besonders deutlich wird das, wenn wir uns den Hofmann der Renais-
  sance, wie er auf Gemälden überliefert ist, anschauen: eine buntgestreifte
  enganliegende Strumpfhose mit einem gepolsterten Hosenlatz, der das
  primäre Geschlechtsmerkmal betont, das Samtjäckchen lässt den (kna-
  ckigen) Po frei und hat breit wattierte Schultern, die dunklen Haare sind
  schulterlang und auf dem Samtbarett schwankt eine hohe Feder. Ähnlich
  verhält es sich mit den Paradeuniformen früherer Militärs, die für die
  Außendarstellung bestimmt waren (im Gegensatz zur sackartigen brau-
  nen Alltagskluft, die Tarnung in jeder Hinsicht sicherstellt).
– Organisationen in früheren Zeiten nahmen nur Männer auf. Wenn auch
  Frauen in die Organisationen kamen/kommen, wurden/werden Männern

---

9   „Ein Anzug, der, wie John Berger es einmal formuliert hat, Ausdruck ruhender Macht-
     ausübung ist, verleiht demjenigen, der ihn trägt, Autorität und Respekt" (SCHÖLER-
     MACHER, 1992, S. 272).
10   Mit Ausnahme der breiten Schultern, die durch Schulterpolstern, Achselstücke, Epau-
     letten als Dominanzsignale noch betont werden. Dies ist ein kompensatorischer Me-
     chanismus für die physische Deformation des männlichen Körpers durch sitzende Tä-
     tigkeit („Domestikationsmerkmale").

und Frauen unterschiedliche Räume bzw. Arbeitsplätze und Positionen zugewiesen[11]. Dabei nehmen auch hier Männer (wie in Gruppen) die Führungs- und Schlüsselpositionen ein (vertikale Segregation, s. Abschnitt 2), Frauen erhalten die zuarbeitenden Funktionen. Horizontale Segregation verweist Männer und Frauen auf bestimmte Berufe und Bereiche in der Organisation.

Segregation (Geschlechtertrennung) führt zu Polarisierung und Extremisierung der Geschlechtsrollenstereotypen, die wiederum als Argumente für Geschlechtertrennung herhalten müssen: Frauen im Bergbau brächten Unglück, für Frauen stünden keine Toiletten zur Verfügung, Frauen hätten eine kleinere Blase als Männer (männliche Busfahrer), Frauen begännen Affären mit Männern am Arbeitsplatz, männliche Vorgesetzte würden Mitarbeiterinnen bevorzugen etc[12].

– durch (zu verinnerlichende)Verbote und Sanktionen,
– durch Kontrolle und (immer schneller getaktete) Fragmentierung der Zeit (z.B. Stundenpläne, Terminkalender, Pausenzeiten, Stechuhren), womit sich das subjektive Zeitempfinden der Individuen ändert. Auch in diesem Bereich waren die Klöster die ersten (BORST, 1991). Mit diesen Facetten haben sich besonders HERBERT MARCUSE und MICHEL FOUCAULT auseinandergesetzt (für eine Synopse siehe RASTETTER, 1995, sowie MÜLLER, 1993).

AutorInnen schließen folgerichtig, dass „Männer als Individuen von dem System, das die Macht der Männer im allgemeinen aufrechterhält, wirtschaftlich unterdrückt, sozial ausgelaugt und psychisch verkrüppelt werden" (COOTE, CAMPBELL, 1982, nach BURRELL, 1993, S. 128).

Wir machen einen Zwischenhalt:

Organisationen formieren sich entlang männlicher Gruppenstrukurprinzipien in Macht- und Ranghierarchien. Entsprechend den Bedürfnissen der Organisation wird das (geforderte) Organisationsmitglied geschlechtsneutral (meint männlich), rational und in der Organisation als ohne sexuelle Bedürfnisse angesehen.

---

11 Immerhin sagen immer noch 21% der Männer, dass sie an ihrem Arbeitsplatz nichts mit Frauen zu tun haben (HITE, 2001). HINZ & SCHÜBEL (2001) kommen in einer umfangreichen Analyse zu dem Ergebnis, dass in etwa einem Drittel aller deutschen Betriebe Frauen und Männer in den ausgeübten Berufen vollständig voneinander getrennt sind und weniger als 1% der Betriebe Männer und Frauen zu gleichen Anteilen auf die im Betrieb ausgeübten Berufe verteilen (zur Segregation s. Abs. 2).

12 Wie willkürlich diese Setzungen sind, zeigt sich unter anderem daran, dass diese Argumentation in der ehemaligen DDR nicht bekannt war. Hier wurde der Arbeitskräftemangel nicht, wie in der BRD, mit ausländischen Arbeitnehmern abgedeckt, sondern durch die Rekrutierung der Frauen.

8.3 Instrumentalisierung der sexuellen Ausstrahlung von Frauen

Nun zeigt sich aber, dass eine vollständige Eliminierung, bzw. Kontrolle von Sexualität gar nicht möglich ist, sondern oft auch ihren Gegensatz mitproduziert: Durch Geschlechtertrennung wird der Kontakt besonders erotisiert, durch Verhüllung Körperteile erotisch besetzt („ich hab dein Knie gesehn!"), Verbotenes wird besonders reizvoll, Tabuisiertes macht neugierig.

Der rigiden Kontrolle und Tabuisierung von Sexualität innerhalb der Organisation steht jedoch zunehmend die *Instrumentalisierung der (weiblichen) sexuellen Ausstrahlung* ‚an den Schnittstellen' der Organisation nach außen gegenüber:

1. die sexuelle Besetzung des erzeugten Produktes/der Dienstleistung über Werbung, Verpackung, Produktimage,
2. die sexuelle Besetzung des Verkaufsprozesses/des Services, sowie der im Verkauf/Service tätigen Personen (Verkäuferinnen, Stewardessen, Modells, Sekretärinnen, Empfangsdamen, Kellnerinnen...).

Schönheit, Attraktivität und Jugend sind wichtige Facetten sexualisierter Arbeit von Frauen und verweisen wieder direkt auf das weibliche Geschlechtsrollenstereotyp und die daran geknüpfte asymmetrische Verteilung von Macht, diesmal in der Beziehung zum (männlichen) Kunden. „Im Zuge der Kommerzialisierung gewinnt der weibliche Körper potentiellen Warencharakter und die weibliche Sexualität[13] potentiellen Dienstleistungscharakter" (RASTETTER, 1995, S. 146).

Entsprechend zeigt sich, dass Frauen sexualisierten Übergriffen (genannt „sexuelle Belästigung")[14] in Organisationen besonders in folgenden Situationen ausgesetzt sind:

–   Frauen an den o.g. Schnittstellen der Organisation nach außen, vor allem dann wenn der Täter ein Klient, bzw. Kunde ist. Beschwerden beim Vorgesetzten und Sichwehren gegen die Übergriffe gelten als unerwünscht und Fehlverhalten (ASSIG, BECK, 1996, S. 202).

---

13   Mir scheint aber, dass hier nicht weibliche „Sexualität" im Sinne o.g. Definition gemeint ist, sondern „sexuelle Attraktivität" für Männer. Diese beiden Begriffe als Synonyma zu verwenden, wäre eine erneute Reduzierung und Ausrichtung der weiblichen Sexualität auf die männliche Bedürfnisbefriedigung.

14   Der Begriff „Sexuelle Belästigung" hat sich eingebürgert, ist aber sicher nicht unproblematisch. „Belästigung" kann als verharmlosend empfunden werden und macht die implizite Grenzüberschreitung nicht hinreichend deutlich, „Sexuell" suggeriert, dass es sich tatsächlich um ein sexuelles Anliegen des Mannes handelt, was aber nicht notwendig der Fall sein muss. Viel häufiger scheint es sich um eine Demonstration von Macht in der sozialen Beziehung zu handeln, wozu sexuell besetzte (symbolische) Handlungen benutzt werden. Deshalb wird in diesem Text der Begriff „sexualisierte Übergriffe" bevorzugt.

- Frauen, die abhängig sind (Zeitverträge, Auszubildende, Aushilfen, Frauen mit geringer beruflicher Qualifikation und Frauen in der Probezeit).
- Frauen, die in Konkurrenz zu Männern stehen.
- Frauen in Männerberufen (HEINTZ et al., 1997).

Auf der Seite der Männer handelt es sich nach einer Studie des BMFJ von 1993 (zit. nach ASSIG, BECK, 1996) in 50% der Fälle um Kollegen und in 29% der Fälle um den Vorgesetzten. Für Empfehlungen zum Umgang mit sexualisierten Übergriffen s. THOMAS, 1993.

8.4 Das weibliche Geschlechtsrollenstereotyp und die Organisation

Lassen Sie uns einen kurzen Zwischenhalt machen und bilanzieren. Wir haben festgestellt, dass in einem historischen Prozess (vgl. Abschnitte 3.6 und 8.5) das weibliche Geschlechtsrollenstereotyp mit der Sexualisierung des weiblichen Körpers und der Zuschreibung von Kindlichkeit und Emotionalität aufgeladen wurde.

Wir haben weiterhin festgestellt, dass Organisationen männlichen Gruppenstrukturprinzipien entsprechen, wobei Verortung/Aufstieg in der Hierarchie zentrale Momente sind. Dafür ist der Erwerb von Status nötig. Das Organisationsmitglied wird als rational (unemotional) und asexuell gedacht.

Damit kommen wir zu einer zentralen Schlussfolgerung:

> Das männliche Geschlechtsrollenstereotyp orientiert sich an den Anforderungen durch die Organisation, das weibliche Geschlechtsrollenstereotyp wird als Gegensatz dazu konstruiert.
> Damit sind Frauen a priori als „unpassend" für Organisationen definiert.

Im Detail sieht das folgendermaßen aus:

Zuschreibungen an die Organisation/den Mann	Zuschreibungen an die Frau
Stark/groß	Schwach/klein
Erwachsen	Kindlich
Im Erwachsenen-Ich oder kritischen Eltern-Ich (vgl. Kapitel 13)	Im Kind-Ich
Rational	Emotional
Asexuell	Sexuell attraktiv, sexualisiertes Erscheinungsbild
Sachorientiert	Beziehungsorientiert
Ohne Ansehen der Person handelnd	Person-/beziehungsorientiert
Formal handelnd	Spontan handelnd
Nicht am Äußeren interessiert	Eitel
Graue Maus, Einheitsfarben und -formen	Bunt, Vielfalt in der Kleidung

Bei genauerer Betrachtung ergibt sich der Schluss, dass die Vorstellung von einer Organisation und das weibliche Geschlechtsrollenstereotyp, historisch betrachtet, geradezu als Antagonismen[15] *konstruiert wurden.* Diesen Gedanken werden wir im nächsten Abschnitt vertiefen.

Dies scheint Frauen für Organisationen (und vor allem für den *Aufstieg* in Rang- und Machthierarchien, also formalen Organisationen) von vorne herein unbrauchbar zu machen. MÜLLER (2000, S. 130) schreibt dazu: „Zum einen betont die Sexualisierung von Frauen ihre Dysfunktionalität für Organisationen und wird zum Mittel der Dominanzsicherung von Männern; zum anderen kann die Marginalisierung[16] von Frauen mit organisationellen Mitteln betrieben werden..." (s.o.). Dadurch wird auch gleichzeitig der strukturelle Ursprung der Marginalisierung verschleiert und auf das „Frausein", die Frau als Person zurück geführt.

„Die körperliche Differenz ist nicht Ursache sozialer Differenzierung, sondern dient primär ihrer Rechtfertigung" (HEINTZ et al., 1997). Die Inszenierung der biologischen Differenz gerät zu einem sozialen Spektakel.

Oder, um es in Abwandlung eines Loriot-Spruches zu sagen:

Organisationen und Frauen(bild) passen einfach nicht zusammen.

Neben der formalen Organisationsstruktur spielt natürlich auch die informale Struktur eine Rolle. Für eine Diskussion der theoretischen Ansätze über die Verflechtung siehe RIEGRAF, 2000.

8.5 Historische Entwicklung

Wie kam es zu dieser Konstruktion der Geschlechtsrollenstereotype?

Ende des 19. Jahrhunderts/mit Beginn des 20. Jahrhunderts endete das Zeitalter der Manufakturen, die Industrialisierung führte zur Entstehung von immer mehr und immer größeren Organisationen. Gleichzeitig entstand ein relativ wohlhabendes Bürgertum in Mitteleuropa. Organisationsmitglieder waren (noch) ausschließlich Männer. Arbeit und Privatleben trennte sich jetzt für viele Menschen in zwei Lebensbereiche.

In diesem historisch engen Zeitfenster veränderten sich die Geschlechtsrollenstereotypen entsprechend den Bedürfnissen der entstehenden Großorganisationen: Es entstand eine trennscharfe Polarisation entlang der Geschlechterdemarkationslinie. Die Emotionalität und Sexualität, die am Arbeitsplatz nicht ausgelebt werden konnte/durfte, wurde ins (jetzt erst entstehende) „Privatleben" delegiert. Der Mann galt von nun an als sachlich und

---

15   unvereinbare Gegensätze
16   Ausgrenzung, an den Rand drängen

rational, d.h. die (unrealistische) Anforderung an das (männliche) Organisationsmitglied wurde auf den Mann als solchen im Sinne einer Eigenschaftszuschreibung projiziert.

Gleichzeit wurde komplementär dazu das weibliche Geschlechtsrollenstereotyp mit Emotionalität besetzt und sexualisierende (neben verniedlichenden) Elementen im weiblichen Erscheinungsbild überbetont (z.B. die Schnürtaille, s. Abs. 3.4). Die Frau galt jetzt als emotional und sexuell gefährlich, weil attraktiv. Der Zuschreibung von „Eitelkeit/Putzsucht" an die Frau stand ein Desinteresse des Mannes an seinem Äußeren gegenüber.

Diese so entstandenen Geschlechtsrollenstereotypen bedienen also gesellschaftliche Bedürfnisse, die aus dem durch die Industrialisierung bedingten Strukturwandel entstanden sind. Diese Entwicklung verschränkte sich und verstärkte sich dadurch, dass die Professionalisierung[17] vieler Berufe (z.B. der Chemie, vgl. ROLOFF, 1992) zu einem Zeitpunkt stattfand, zu dem Frauen der Zugang zu Hochschule und Studium verwehrt wurde, so dass die Berufe selbst als „männlich" apostrophiert werden konnten.

Die historische Bedingtheit dieser Entwicklung wurde/wird jedoch negiert, die postulierten „Geschlechterunterschiede" wurden/werden als naturgegeben, gottgewollt oder genetisch bedingt und damit (fälschlicherweise) als nicht veränderbar hingestellt. Sie erhielten so im nächsten Schritt dann Legitimationsfunktion für die Aufrechterhaltung der bestehenden Ordnung (JÜNGLING, 1993). Die Profilierung dieser Geschlechterdifferenzen erfolgt (in einer Allianz von Patriarchat und Kapital) nirgends so extrem wie in der Industriegesellschaft und hat die Funktion, Frauen vom Aufstieg in Organisationen auszuschließen.

Wir modernen Menschen sind so damit vertraut, Männern Rationalität und Frauen Emotionalität zuzuschreiben, dass wir uns oft gar nicht bewusst sind, dass diese Zuschreibungen gesellschaftliche Produkte sind. Die alten Griechen z.B. hätten für diese Idee vermutlich nur ein Schmunzeln übrig gehabt. Man lese nur in der Ilias nach, wie Achilleus, der größte, herrlichste und männlichste Held aller Griechen, über Seiten hinweg heult, schluchzt und greint aus unterschiedlichsten Emotionen heraus: Trauer, Wut, Trotz, Scham, Verzweiflung. Offenbar war das für die Griechen durchaus mit „Männlichkeit" vereinbar. Ebenso konnte Penthisilea, die Amazonenkönigin, prachtvoll und mutig kämpfen. Leider hat Achilleus sie erschlagen, ihr im Augenblick des Todes den Helm abgezogen und sich stantepede, als das blonde Haar hervorquoll, in die Sterbende (natürlich!) verliebt, ein weiterer

---

17 „Professionalisierung meint dann den Prozeß der Entwicklung einzelner, qualifizierter Berufe, in dessen Verlauf diese den Status von Professionen zu erlangen suchen. Berufe können dabei als „Soziale Konstrukte"...verstanden werden" (SCHMITT, 1992, S. 147).

prachtvoller Anlass, seitenweise zu schluchzen, diesmal aus Liebeskummer, Gram und Reue.[18]

8.6 Konsequenzen für den Beruf

Es ist gezeigt worden, dass Frauen Geltungsnetze und Konformität als Gruppenstrukturprinzipien bevorzugen, während Männergruppen sich als Dominanzhierarchien strukturieren. Gemischte Gruppen und Organisationen werden von männlichen Gruppenstrukturprinzipien bestimmt. Organisationsmitglieder werden als asexuelle Wesen gedacht. Organisationen sichern Herrschaft durch Kategorienbildung und die Zuweisung einzelner Mitglieder an soziale Orte.

Dies hat für Frauen gravierende Konsequenzen, wenn sie in Organisationen erfolgreich arbeiten und aufsteigen wollen:

Es ist für sie notwendig, sich in den zunächst fremden Macht- und Ranghierarchien zu orientieren, zu verorten und an Rang- und Statuskämpfen teilzunehmen. Sie müssen lernen, mit männlichen Gruppenstrukturprinzipien zurecht zu kommen und in zwei Welten zu Hause zu sein.

Außerdem ist es notwendig für Frauen, die als Gesprächspartnerinnen (und potenzielle Konkurrentinnen) ernst genommen werden wollen, emotionale Elemente im Verhalten und vor allem sexualisierende Elemente im äußeren Erscheinungsbild zu vermeiden, um als Frau und als sexuell attraktives Wesen nicht wahrgenommen zu werden. Die Mechanismen sind in der Literatur oft beschrieben (vgl. KRUMPHOLZ, 1996). Dies hat Konsequenzen für die Selbstwahrnehmung und Identität von Frauen (vgl. Abschnitt 9.3), aber auch Konsequenzen für die Wahrnehmung von Frauen durch Kollegen und Vorgesetzte (vgl. Abschnitt 9.2), z.B. bei der Personalauswahl und –beurteilung. Diese Überlegungen werden im folgenden Abschnitt vertieft.

Für die Organisationen resultiert als Konsequenz, dass die Vorteile weiblicher Geltungsnetze (gute Kooperation in kleinen Gruppen, keine Zeit- und Kreativitätsverluste durch Rangplatzkämpfe und Profilierungsversuche, Fehlertoleranz, größere Zufriedenheit durch Konsensentscheidungen etc.), da sie nicht wahrgenommen werden, auch nicht genutzt werden können. Außerdem wird auf diese Weise verhindert, dass das Ressourcenpotenzial der Mitarbeiterinnen voll ausgeschöpft wird.

Dies verunmöglicht auch eine Profilierung von Frauen auf der Basis ihrer eigenen Gruppenstrukturprinzipien.

---

18 Die Tatsache, dass die alten Griechen Männern Emotionalität zusprachen, war durchaus nicht mit dem Zugeständnis von Bürgerrechten an Frauen verknüpft. Die griechische Gesellschaft war eine streng hierarchische.

8.7 Ansätze zur Veränderung

Nun finden derzeit teilweise dramatische Veränderungsprozesse in Organisationen statt (KRUMPHOLZ, 1998). Auf dem Hintergrund veränderter Rahmenbedingungen für Organisationen und zunehmendem Außendruck (Verknappung von Ressourcen, Verschärfung von Wettbewerb, zunehmende Komplexität, Wertewandel, im Öffentlichen Dienst auch Legitimationsdruck etc.) scheinen Organisationen mit der oben beschriebenen klassischen Linienorganisation auf Grund ihrer Inflexibilität, Unterdrückung von Kreativität und Eigenverantwortlichkeit sowie dem hohen Zeitaufwand auf Grund serieller Bearbeitung nicht länger wettbewerbsfähig zu sein.

Die Entwürfe moderner Organisationsentwicklungsansätze forcieren zwei Prinzipien:

1. Etablierung von kooperativen Strukturen, Verflachung[19] und/oder Flexibilisierung bzw. Abschaffung der Hierarchien, ein verändertes Führungsverständnis (Führung auf Grund von persönlicher Autorität und Ansehen und nicht auf Grund von formalem Status), Teilhabe der MitarbeiterInnen an Entscheidungsprozessen, kurz die allmähliche Umwandlung von Linien- in Netzwerkorganisationen.

2. Andererseits findet eine „Aufwertung" von Wertorientierung statt: Leitbilder, Zielvereinbarungen, Kunden- und Qualitätsorientierung, Umweltbewusstsein, Förderung von Chancengleichheit, soziales und kulturelles Engagement etc. Darüber hinaus wird betont, dass der Mensch als (Kunde/Kundin und) MitarbeiterIn im Mittelpunkt der Bemühungen stehe, dass die sozialen und persönlichen Belange ernstgenommen werden müssen (KRUMPHOLZ, 1998).

Die Forderungen nach Netzwerkstrukturen, Wertorientierung sowie sozialer Orientierung weisen Parallelen auf zu den oben beschriebenen Prinzipien der Netzstrukturen von Frauengruppen. Diese Entwicklung könnte also für Frauen mit einer Reihe von Chancen verbunden sein. Es besteht

– die Chance, dass Frauen sich in für Frauen adäquaten Organisationsstrukturen mit ihren Fähigkeiten besser und entspannter einbringen könnten (zum Nutzen der Frauen und der Organisationen),

– die Chance, dass Frauen sich nicht im Laufe einer langen Organisations- und Führungssozialisation deformieren (lassen) müssen, sondern mit den Gruppenstrukturprinzipien, für die sie Spezialistinnen sind, anerkannt und erfolgreich arbeiten können,

---

19 Flachere Hierarchien bedeuten eine Verbreiterung der Führungsspanne (mehr MitarbeiterInnen) der Führungskräfte und insgesamt weniger Führungskräfte im mittleren und gehobenen Management, also eine Reduzierung der Positionen, die Frauen eben im Begriff sind zu erobern. Die Frage, inwieweit dadurch eine erneute Verdrängung von Frauen in Führungspositionen in Gang gesetzt wird, wird in der Literatur durchaus kontrovers diskutiert (vgl. QUACK, 1999).

- die Chance, dass mit einem sich verändernden Verständnis von Führung der Spagat zwischen Führungs- und Geschlechtsrolle für Frauen weniger dramatisch wird,
- die Chance, dass, wenn Organisationsstrukturen weiblichen Sozialstrukturen ähnlicher werden, Führungsarbeit für Frauen attraktiver wird und sich mehr qualifizierte Frauen als Führungskräfte zu Verfügung stellen,
- die Hoffnung, dass, wenn Desexualisierung nicht mehr leitendes Prinzip in Organisationen wäre, in der Umkehrung eine Reduzierung der Sexualisierung im weiblichen Geschlechtsrollenstereotyp möglich wäre, was für Frauen (vor allem in Führungspositionen) eine große Entlastung darstellen würde.

All dies wäre sicher aus Frauensicht zu begrüßen und die Forschungsergebnisse, die in Abschnitt 10.4 referiert werden, zeigen, dass Frauen in Netzwerkorganisationen die besseren Karrieremöglichkeiten haben.

Zu problematisieren ist allerdings, dass all diese modernen kooperativen Organisationsentwicklungsansätze final gedacht sind: Sie werden nicht um ihrer selbst willen etabliert, sondern um konkurrenzfähiger zu sein:

- Interne Kooperation soll externe Konkurrenzfähigkeit fördern,[20]
- Gleichrangigkeit im Innern soll Überlegenheit gegen Mitbewerber am Markt ermöglichen,
- interne Netzwerkorganisation soll eine gute Position in einer Metahierarchie sichern,
- Wertorientierung soll zur Gewinnmaximierung verhelfen,

kurz: Netzwerkorganisationen und Wertorientierung werden als Mittel eingesetzt, um auf der Metaebene (also auf der Ebene der Konkurrenz zwischen den Organisationen) hierarchische Strukturen zum Vorteil der Organisation zu etablieren, die Macht- und Ranghierarchie verlagert sich auf eine andere Ebene.

Eine der Gefahren dieser Entwicklung ist, dass die daraus resultierenden ambivalenten Anforderungen MitarbeiterInnen und vor allem Führungskräfte in eine double-bind-Situation bringen: Sie sollen kooperativ *und* konkurrenzbewusst sein: die Quadratur des Kreises.

Es ist unschwer zu prognostizieren, dass auch Netzwerkorganisationen antagonistische Anforderungen an ihre Mitglieder lösen werden, wie es Kleingruppen und Teams tun: durch Rollenverteilung. Die Gefahr ist, dass dies wieder entlang der Geschlechterdemarkationslinie geschieht, indem Frauen nun die Rolle der fleißigen internen Netzwerkarbeiterinnen zugeteilt wird und indem machtbewusste männliche Dominanzhierarchen an den Schnitt-

---

20 Aus Sicht der gruppendynamischen Forschung ist allerdings Skepsis angebracht. DERICHS-KUNSTMANN et al. 1999, konnten zeigen, dass Konkurrenz zwischen Arbeitseinheiten zu Hierarchieeffekten innerhalb der Arbeitseinheiten führte, was sich zum Nachteil der Frauen auswirkt (s. Abschnitt 5).

stellen nach außen die Organisation gegen die Mitbewerber am Markt vertreten.

Kurz: ich befürchte die Reproduktion patriarchaler Familienstrukturen auf organisationaler Ebene (vgl. auch KRUMPHOLZ, 1999).

8.8 Zusammenfassung

Die Gruppenstrukturprinzipien, die in den vorherigen Abschnitten beschrieben werden, bestimmen die Bildung von Organisationen. Hierarchische Organisationen entsprechen männlichen Gruppenstrukturprinzipien. Rationalität, Sachlichkeit und Asexualität in der Organisation werden entsprechend den Bedürfnissen der Organisation vom Organisationsmitglied erwartet. Das moderne männliche Geschlechtsrollenstereotyp wird als Entsprechung dieser Bedürfnisse konstruiert, das weibliche Geschlechtsrollenstereotyp als dessen Gegenteil: Emotionalität, Sexualisierung und Verkindlichung.

Damit wird der Mann als das „typische" Organisationsmitglied konstruiert, Frauen als von vorne herein als „nicht passend" für und zu Organisationen, v.a. im Bereich der oberen Hierarchieebenen. Verortet werden Frauen dort, wo in den Dienstleistungen mit der sexuellen Ausstrahlung ein Vorteil erzielt werden kann (Dienstleistung, Werbung, Kontakt zum (männlichen) Kunden) oder in den zuarbeitenden Funktionen und Bereichen (also auf den unteren Hierarchieebenen) oder dort, wo „Emotionalität" einen Vorteil verspricht (z.B. Pflegeberufe).

Veränderte Organisationsformen, wie sie sich abzuzeichnen beginnen, können eine Chance für Frauen darstellen, bergen aber auch Risiken.

Im folgenden Abschnitt werden wir untersuchen, was die Konsequenzen des geschilderten, historisch konstruierten Gegensatzes zwischen Organisation(-sanforderungen) und den Zuschreibungen an Frauen, resultierend aus dem Geschlechtsrollenstereotyp, sind.

9. Auswirkungen des Dilemmas

9.1 Einführung

Wie wir oben gesehen haben, sind Verkindlichung/Verkleinerung und Sexualisierung von Frauen sowie die Zuschreibung von Emotionalität wichtige Prinzipien des weiblichen Geschlechstrollenstereotyps unserer Kultur. Dadurch, dass Frauen kindgleich erscheinen (wollen und sollen), dadurch dass ihre Körpersprache den Körper optisch verkleinert und der Demutshaltung der Gläubigen vieler Religionen annähert, dadurch, dass das Sprachverhalten wenig konkurrierend und bedrohlich ist und indirekte Strategien zur Vermeidung direkter Machtkämpfe eingesetzt werden, reproduzieren und konstruieren Frauen (und Männer) in jedem Sozialkontakt eine implizite Hierarchie („doing gender", vgl. Abschnitt 4.2). Oben und unten, Erwachsener und Kind, Macht und Ohnmacht werden ständig neu ausgehandelt, die Kommunikation ist asymmetrisch (wie HABERMAS sagen würde). Dies wirkt sich in der Zusammenarbeit in Gruppen und Teams aus und gerinnt in den Organigrammen von Organisationen zu einer formalen hierarchischen Struktur.

Gleichzeitig postulieren Organisationen (vor allem für die ranghohen Positionen) das typische Organisationsmitglied als asexuell, unemotional und erwachsen/rational (und durchsetzungsfähig).

Oder anders ausgedrückt: die Erwartungen an Frauen, die aus dem weiblichen Geschlechtsrollenstereotyp resultieren, verweisen Frauen auf die inferiore Rolle. Im sozialen Kontakt zwischen Männern und Frauen spiegelt sich gesellschaftliche und organisationale Machtverteilung zwischen den Geschlechtern. Das weibliche Geschlechtsrollenstereotyp verweist Frauen auf die unteren Plätze, nicht nur auf der Ebene des persönlichen Umgangs mit Männern.

Das inferiore Verhalten von Frauen ist Produkt und (*eine*) Ursache ungleicher Machtverteilung in unserer Kultur zugleich.

Frauen befinden sich, wenn sie in Organisationen eintreten, in einer double-bind Situation: Sie sind widersprüchlichen Anforderungen aus dem weiblichen Geschlechtsrollenstereotyp und dem „Organisationsmitgliedstereotyp" ausgesetzt. Dies gilt um so mehr, je höher sie in der Hierarchie kommen und je höher der jeweilige Männeranteil ist.

Exkurs: double-bind

Eine double-bind-Situation ist eine Situation, in der es der Akteur/die Akteurin nicht „richtig" machen kann, weil es widersprüchliche Anforderungen gibt, aus welchen Gründen auch immer.

Beispiel 1: Eine Frau sagt zu ihrem Mann: „Ich wünsche mir, dass du mir mal spontan Blumen mitbringst!". Unmöglich für ihn, sich „richtig" zu verhalten: Verhält er sich wie immer, bekommt sie keine Blumen. Schenkt er ihr aber in der Folge Blumen, folgt er also ihrer Anweisung, geschieht dies nicht spontan.

Beispiel 2: Eine Mutter fordert ihr Kind auf, zu ihr zu kommen und zu schmusen, macht dabei aber eine abwehrende Geste. Worauf soll das Kind jetzt reagieren: auf die Aufforderung oder auf die Geste?

Beispiel 3: Wie mache ich meinen Sohn verrückt? Vgl. Abschnitt 5.5.

Beispiel 4: Ein Richter fragt einen Angeklagten: „Haben Sie aufgehört, Ihre Frau zu schlagen? Antworten Sie mit Ja oder Nein!"

In diesem Abschnitt werden wir aufzeigen, welche vielfältigen und miteinander verwobenen Konsequenzen das double-bind-Dilemma für Frauen in Organisationen hat.

9.2 Auswirkungen auf die Wahrnehmung von Frauen

Inzwischen ist der vielfältige Einfluss des Geschlechtsrollenstereotyps auf die *Wahrnehmung und Beurteilung von Frauen durch die Umwelt* (v.a. durch die direkten Vorgesetzten und MitarbeiterInnen) gut belegt.

Das Geschlecht ist eine basale Kategorie bei der Wahrnehmung einer Person. Alltägliche Kommunikation mit einer Person, deren Alter oder ethnische Zugehörigkeit wir nicht kennen, fällt uns bereits sehr schwer. Mit einer Person zu sprechen, deren Geschlecht wir nicht kennen, ist praktisch nicht möglich (RIDGEWAY, 2001). Eine „Geschlechtsagnosie" (HIRSCHAUER, 2001), also eine Nichtwahrnehmung des Geschlechts der/des Kommunikationspartners/-partnerin, gelingt uns nicht. Gleichzeitig mit der Einordnung in die Kategorie weiblich/männlich aktivieren wir (meist unbewusste) Einstellungen zu der anderen Person, die mit dem Geschlecht verknüpft sind und z.B. dem aktuellen Geschlechtsrollenstereotyp entsprechen. „Die geschlechtliche Kategorisierung wird damit zu einem routinemäßigen und automatischen Teil unserer Personwahrnehmung" (RIDGEWAY, 2001, S. 254). Darüber hinaus enthält jede Unterscheidung implizit eine Bewertung, z.B. mit Blick auf Status- und Wertunterschiede (LUHMANN, 1988), auch das ein automatischer Vorgang. Der Sinn dieses Prozesses liegt wahrscheinlich im Herstellen von Berechenbarkeit und Stabilität unserer sozialen Beziehungen.

Die Auswirkungen der Geschlechtsrollenstereotypen und damit verbundener impliziter Persönlichkeitstheorien auf *Wahrnehmung und Beurteilung von Mädchen und Frauen* sind seit langem in unterschiedlichen Facetten gut belegt. Einige Beispiele:

–   In den mittlerweile zu den Klassikern gehörenden „Baby-X-Studien" konnten WALLSTON & O'LEARY (1981) zeigen, dass schon bei Neugeborenen das zugeschriebene Geschlecht (durch Veränderung des vermeintlichen Vornamens) unterschiedliche Reaktionen bei den Betrachtern und die Zuschreibung unterschiedlicher Eigenschaften (entsprechend des Geschlechtsrollenstereotyps) auslöste. Z.B. wurde das Weinen eines als „Junge" deklarierten Babys auf Ärger zurückgeführt, wenn das gleiche Baby als „Mädchen" bezeichnet wurde, wurde von den BeobachterInnen (unabhängig vom Geschlecht) eher Angst als Ursache angenommen.

–   Eine Reihe von Untersuchungen ergab, dass dieselben Erfolge, von Frau oder Mann erbracht, unterschiedlich bewertet und attribuiert[1] werden. Einem klassischen sozialpsychologischen Paradigma folgend, wird der gleiche Aufsatz von (weiblichen und männlichen) Beurteilern als intelligenter und überzeugender eingeschätzt, wenn er vorgeblich von einem männlichen Autor stammt (GOLDBERG, 1968). Dieser Bias[2] wirkt sich vor allem bei geschlechtsinkongruenten Themen aus, d.h. bei Themen, bei denen Frauen weniger Kompetenz zugeschrieben wird, z.B. Technik.

–   Weiterhin konnte gezeigt werden, dass Erfolg bei Männern eher internal (auf ihre Fähigkeiten), bei Frauen eher external (auf Glück, günstige Bedingungen) attribuiert wird. Bei Misserfolg kehrt sich das Attributionsmuster um (vgl. z.B. FRIEZE et al. 1978). Es gibt darüber hinaus viele Hinweise darauf, dass Frauen diese ungünstigen Attributionsmuster in ihre Selbstbewertung übernehmen, dass sie ihre Leistungen im Gegensatz zu Männern eher unterschätzen und auf Glück oder äußere Umstände zurück führen, während sie Misserfolge eher sich selbst zuschreiben, ein für das Selbstbewusstsein von Frauen auf Dauer ruinöser Mechanismus (RIDGEWAY, 2001, vgl. auch SCHULTE-FLORIAN, 1999).

–   Studien zeigen, dass der „Sex Bias" in einer Fülle von sozialen Situationen (i.d.R. im Sinne einer Abwertung der Frauen sowohl durch Männer als auch durch Frauen) wirksam wird: bei der Einschätzung der psychischen Gesundheit eines Individuums, bei der Bewertung des künstlerischen Wertes (und der angesetzten Preise) von Gemälden und der Qualifikation von Studenten für ein Studienprogramm u.v.m. (einen Überblick bieten HANSEN & LEARY, 1985).

–   Weiterhin konnte nachgewiesen werden, dass das Sozialprestige eines Berufs mit zunehmenden Frauenanteil sinkt (vgl. auch TEUBNER, 1992), während Frauen sich von einer Zunahme an Männern in einem typischen Frauenberuf eine Aufwertung des Berufsbildes versprechen (HEINTZ et al., 1997, am Beispiel der Krankenpflege).

---

1   Aussagen machen über die Ursachen der (beobachteten) Verhaltensweisen
2   Voreinstellung in der Wahrnehmung

Neuere Studien zeigen, dass der Einfluss des Geschlechtsrollenstereotyps auf die Wahrnehmung (im Unterschied zu früheren Jahren) nicht mehr direkt benannt wird, bzw. nicht mehr bemerkt wird. Beispiel: Männer und Frauen sind aus Sicht von befragten UnternehmerInnen gleichermaßen mit Führungserfolg versprechenden Eigenschaften ausgestattet. Werden jedoch Todesanzeigen von Führungskräften und UnternehmerInnen analysiert, zeigt sich, dass die Beschreibung/Würdigung der Verstorbenen in Abhängigkeit vom Geschlecht entlang des Geschlechtsrollenstereotyps geschieht. Frauen wurden z.b. als freundliche, fürsorgliche, hilfsbereite, bescheidene und sensible Personen beschrieben, die verstorbenen Männer eher als arbeitsorientiert, fähig, intelligent und kreativ (KIRCHLER et al., 1996). Entsprechend zeigt SPREEMANN (2000) in ihrer Untersuchung, dass Frauen bei direkter Befragung mit Blick auf die abgefragten Führungsmerkmale sogar positiver beurteilt werden, während sich beim Einsatz indirekter Untersuchungsmethoden eine geschlechtsrollenkonsistente Wahrnehmung von Führung spiegelte.

Unterschiedliche Zuschreibungen für Männer und Frauen scheinen sozial nicht mehr akzeptabel/politisch nicht korrekt zu sein, dennoch aber „im Untergrund" zu wirken („Women-are-wonderful-Effekt").

Weiterhin ist gezeigt worden, dass Stereotype gegen reale Wahrnehmungen häufig immun sind. „Selbst in Situationen, in denen Frauen kein geschlechtsspezifisches kommunikatives Verhalten aufweisen, wird dies aufgrund dominanter Geschlechterstereotype häufig behauptet" (CYBA, 2000, S. 182).

Im Beruf können sich diese Wahrnehmungs- und Attribuierungsverschiebungen vor allem im Bereich der Einstellungspraxis (KAY, 1998) auswirken („Lack of fit"). SPREEMANN (2000) zeigt, dass Frauen bzw. Personen mit einer typisch femininen Erscheinung weniger häufig für Führungspositionen ausgewählt werden. Darüber hinaus können sich die Verschiebungen in unterschiedlichen *Beurteilungen i.S. einer ungünstigeren Bewertung* weiblichen (objektiv möglicherweise identischen) Verhaltens durch die Vorgesetzten niederschlagen. SCHREYÖGG (1998) zeigte in einer der wenigen vorliegenden Feldstudien, dass die Frauen in sechs von neun Vergleichsgruppen im Durchschnitt schlechter beurteilt wurden. Dies galt vor allem für den höheren Verwaltungsdienst, der gleichzeitig den geringsten Frauenanteil aufweist (s. auch RAU, 1995). Sie macht dafür die Beurteilungskategorien entlang des männlichen Geschlechtsrollenstereotyps verantwortlich (z.B. „durchsetzungsfähig", „dynamisch"), denen Frauen mit geringerer Wahrscheinlichkeit entsprechen. Die schlechtere Beurteilung scheint vor allem Teilzeitkräfte zu treffen, obwohl viele Führungskräfte zu Recht der Meinung sind, dass zwei „halbe" Kräfte in der Summe mehr leisten als eine „ganze" Kraft, und das trotz Zeitverluste durch nötige Abstimmungen (für empirische Belege siehe KUARK, 2002). Teilzeitarbeit wird aber zu 96% von Frauen geleistet[3].

---

3   Leider ist hier nicht der Raum, die multiplen Diskriminierungen zu diskutieren, die Teilzeitarbeitskräfte treffen (neben der Benachteiligung bei der Beurteilung trotz ho-

Es gibt Hinweise darauf, dass die Gefahren stereotypbedingter Beurteilungsdiskriminierung sinkt, je strukturierter die Verfahren sind und je mehr aufgabenorientierte Kriterien bei der Beurteilung berücksichtigt werden (SCHULTE-FLORIAN, 1999). Gleichstellungsbeauftragte sollten deshalb auf diese Faktoren besonders achten.

Einstellungen und Beurteilungen erfolgen darüber hinaus nicht nur nach rein formalen Kriterien, es fließen immer auch die subjektiven Erfahrungen, Erwartungen, impliziten Persönlichkeitstheorien und Sichtweisen der EinstellerInnen bzw. BeurteilerInnen mit ein, was zu einer Bevorzugung der Männer führen kann (CASPER, 1990). Eine Untersuchung der EG-Kommission zeigt, dass die Auffassungen über die ideale geschlechtliche Aufgaben- und Rollenverteilung in der Bundesrepublik konservativer ist als im EG-Durchschnitt (SCHULTE-FLORIAN, 1999).

Mögliche für Frauen hinderliche Einstellungen können hier sein:

– Frauen wird eine geringere durchschnittliche Produktivität unterstellt: Ängste vor höherer Fluktuation[4] und größeren Ausfallzeiten bedingt durch Schwangerschaften und Kinder, geringerer Belastbarkeit und zeitlicher Flexibilität, vor Ablehnung weiblicher Führungskräfte durch die MitarbeiterInnen, vor Problemen im Betriebsklima. Die von Unternehmen angegebenen Gründe für die Unterrepräsentanz von Frauen in Führungspositionen waren in einer Studie von GOOS & HANSEN (1999, S. 103) nach Häufigkeit der Nennungen: 1. geringe Anzahl an vorhandenen Führungspositionen, 2. keine Bewerbungen von Frauen für Führungspositionen, 3. geringere Akzeptanz von Frauen in Führungspositionen[5], 4. branchenbedingt wenig qualifizierte Frauen, 5. Gefahr des Ausfalls auf Grund familiärer Belastungen.
– Sympathie in Abhängigkeit von wahrgenommener Ähnlichkeit: Menschen, die sich ähneln, sind sich sympathischer, wie viele sozialpsychologische Untersuchungen zeigen (für eine Synopse s. HERKNER, 1995). Der entscheidende Vorgesetzte argumentiert dann z.B.: „Der passt in unser Team!" Wenn man sich gleichzeitig vergegenwärtigt, dass maskulin aussehenden Frauen zwar mehr Führungskompetenz zugeschrieben wird, sie aber gleichzeitig weniger sympathisch wirken (SPREEMANN, 2000), ergibt sich für Frauen ein doppeltes Problem. Daraus resultierend:

---

hem Arbeitseinsatz auch Karrierehemmnisse, da Führungspositionen oft als nicht teilbar dargestellt werden).

4   Tatsächlich ist die Fluktuation (trotz schlechterer Gehaltsentwicklung) für qualifizierte Frauen kaum höher (LITTMANN-WERNLI & SCHUBERT, 2002) bzw. eher niedriger als für Männer (ALLMENDINGER & HINZ, 2000). Höhere Austrittsraten aus der Organisation für Frauen ergeben sich vor allem durch die Tatsache, dass befristete Verträge eher an Frauen vergeben werden und werden somit durch organisationale Praktiken erst geschaffen.

5   Auch diese Einstellung ist bislang noch in den Bereich des Vorurteils zu verweisen, da empirisch nicht belegt (s. Abschnitt 11.2)

„Sie gefallen mir, Wagner,
Sie bekommen den Job ..."
(aus einer Werbeanzeige für American Express)

– ein an klassischen Rollenvorstellungen orientiertes Gesellschaftsbild,
  dass die Berufstätigkeit von Frauen nicht vorbehaltlos oder gar nicht akzeptiert (RAU, 1995).

Aus diesen Punkten resultiert häufig die systemkonservative Reproduktion
von Organisationen nach wahrgenommener Ähnlichkeit. Dies bedeutet, dass
es in der Regel (männliche ranghohe) Mitglieder der Organisation sind, die in
den Einstellungsverfahren entscheiden. Die Wahrscheinlichkeit ist hoch, dass
sie Bewerber bevorzugen, die ihnen einerseits ähnlich sind (also z.B. männlich, ERNST, 1999), ihren persönlichen Vorlieben entsprechen und als passend und hilfreich für die eigenen Seilschaften empfunden werden, und andererseits solche, die aus ihrer Sicht gut in die Organisation passen (inoffizieller
Code). Diese Kriterien dürfen jedoch in vielen Organisationen auf Grund des
Rationalitätsparadigmas nicht offen benannt werden. Der offizielle Code
heißt: „Wir entscheiden nach Eignung und Leistung und orientiert an der Sache!", deshalb ist es nötig, die Entscheidungen, die auf der Basis des inoffiziellen Codes zustande kommen, in den Begriffen und nach den Kriterien des
offiziellen Codes plausibel zu machen (vgl. Abschnitt 12.2). Dies ist ein Problem, mit dem sich Gleichstellungsbeauftragte oft herum schlagen müssen.

Damit wird ein Teufelskreis im Sinne einer Sich-selbst-erfüllenden Pro-
phezeiung in Gang gesetzt: „Gehen Personalverantwortliche davon aus, dass
Frauen eine höhere Fluktuation und ein stärkeres Familienengagement als
Männer an den Tag legen und weisen sie ihnen deshalb Jobs mit niedrigerer
Bezahlung und schlechteren Aufstiegsmöglichkeiten zu, dann rauben sie tatsächlich vielen Frauen die berufliche Motivation. Frauen antizipieren die
Mechanismen ihrer individuellen Benachteiligung, richten die Wahl ihres Berufes und ihr berufliches Engagement danach aus und erfüllen damit die Er-
wartungen der Arbeitgeber" (OSTERLOH & LITTMANN-WERNLI, 2000).

9.3 Frauen in Führungspositionen

MÜLLER (2000, S. 128) weist darauf hin, dass sich das Spektrum „zulässiger" Weiblichkeit in Karrierepositionen zwar erweitert hat, dass „aber der Maßstab für das „Zulässige" noch nicht von den Frauen selbst bestimmt wird." „Frauen müssen sich mit den Weiblichkeitserwartungen ihres männlich dominierten Umfeldes auseinandersetzen" (S. 129).

Frauen haben also immer noch mit der *Sexualisierung und Verkindlichung* im weiblichen Geschlechtsrollenstereotyp ein Problem. Dieses Dilemma taucht auf, sobald sie die untergeordneten Positionen in der Hierarchie verlassen wollen, wenn sie Macht und Einfluss anstreben, Karriere machen wollen, Führungspositionen „erobern" wollen, nach „oben" wollen.

Dann stehen Frauen plötzlich vor einer zunächst unlösbar erscheinenden Aufgabe, einer (weiteren) „double-bind-situation" (vgl. auch KRUSE et al., 1991), und zwar auf Grund von Rollenambivalenzen:

Die Frauenrolle verlangt von ihnen Unbedrohlichkeit, Kindlichkeit, Passivität (und „Emotionalität", s. Abschnitt 3.2). Die Führerrolle ist verknüpft mit der Erwartung von Stärke, Aktivität und Dominanz (und, in modernen Organisationen, „Sachlichkeit", s. Abschnitt 8.4) (LORD, FOTI & PHILLIPS, 1982; DOMSCH & REGNET, 1990). Wenn Frauen in organisationalen Rang- und Machthierarchien aufsteigen (wollen), klaffen die Anforderungen aus beiden Rollen immer weiter auseinander, je höher die Frauen kommen. Die Frauen wollen (und sollen) einerseits „Frauen" sein, d.h. den Zuschreibungen aus dem weiblichen Geschlechtsrollenstereotyp entsprechen, andererseits wollen sie Führungspositionen ausfüllen („lack-of-fit") (MANCHEN SPÖRRI, 2000).

Viele Frauen fühlen dieses Dilemma, ohne es benennen zu können, einigen Frauen ist es durchaus bewusst, aber damit ist immer noch keine Lösung in Sicht. Die resultierenden Probleme sind vielfältig:

Zunächst resultiert daraus ein *Identitätsproblem und damit ein Verhaltensdilemma* für die Frau: Welche Rollen möchte ich einnehmen? Wie bringe ich die ambivalenten Anforderungen in meiner Person unter? Welche Werte habe ich? Wie „männlich" will ich werden? Wie stelle ich mir mein Leben generell vor? Bin ich bereit, meine sexuelle Attraktivität zurückzufahren? Wenn mir klar wird, dass in Organisationen nach männlichen Spielregeln gespielt wird, bin ich bereit, nach diesen Regeln mit zu spielen? Welches Verhältnis habe ich zur Macht? Reagiere ich mit Trotz, wenn ich jetzt feststelle, dass ich „reden muss wie ein Mann", wenn ich mich durchsetzen will? (vgl. MILWID, 1993).

Die Vorgehensweisen, mit denen Frauen mit diesem Dilemma umgehen, sind natürlich vielfältig:

–   Manche Frauen verzichten (bewusst oder unbewusst) auf Karriere, weil sie sich nicht „männlich" verhalten wollen oder können.
–   Manche Frauen erleben die aus den unterschiedlichen Rollenerwartungen resultierenden Ambivalenzen sehr bewusst und reagieren mit einem

deutlichen Unbehagen, auch mit Verbitterung über erlebte Verletzungen, auch mit Zorn auf den Anpassungsdruck (HORNUNG, 2000b). Möglicherweise leiden sie unter der Desintegration.

– Manchmal richten sich Frauen in den resultierenden Brüchen ihrer Persönlichkeit ein und lernen, oft im Austausch mit anderen Frauen, die widersprüchlichen Elemente als unterschiedliche Facetten ihrer Identität zu akzeptieren.

– Dem Schutz vor Verletzungen und dem Wunsch, vom „herr"schenden Blick Ernst genommen zu werden, dient eine häufige Variante, die gelegentlich als „Thatcherismus" bezeichnet wird: der Versuch, das „weibliche Element" vor sich selbst auszublenden, mindestens aber in der äußeren Erscheinung weitgehend zu eliminieren und sich maskuline Attribute zuzulegen.[6] Frauen tragen dann ebenfalls Jacketts mit breit wattierten Schultern in eher gedeckten Farben und weiße Blusen (mit Schluppe statt Krawatte). Sie gehen sparsam mit Schminke um und vermeiden verniedlichende und sexualisierende Element im Outfit. NEUBERGER (2002, S. 798) nennt diese Variante „androgynes Mimikry". Dies macht Sinn, da Studien zeigen, dass Frauen (aber auch Männer) mit einem besonders femininen Aussehen (Kleidung, Körperbau, Gesichtsmerkmale) von BeurteilerInnen ungünstiger beurteilt wurden mit Blick auf Eignung für Führung und potenziellen Führungserfolg[7] (SPREEMANN, 2000) und dass attraktive Frauen als weniger geeignet eingeschätzt wurden für eine Managementfunktion als unattraktive (ebd., vgl. auch FRIEZE, OLSON, RUSSELL, 1991).
Damit korrespondiert eventuell das Bemühen um Dominanz und Härte im Verhalten. Frauen beanspruchen dann für sich einen höheren Grad an Konfliktbereitschaft und –fähigkeit (MAINDOK, 1987).

– Viele Frauen in hohen Positionen leben den „weiblichen" Anteil ihrer Persönlichkeit im Privatleben aus. Dann zahlen Frauen für den beruflichen Aufstieg mit Reduzierung der persönlichen Entfaltungsmöglichkeiten und im Laufe der Jahre (stärker noch als Männer) mit einer „déformation professionelle"[8].

– Manchmal entwickeln Frauen einen Stil, bei dem sie die Ambivalenz der Situation und die Verunsicherung der (männlichen) Umwelt spielerisch für sich ausnutzen und situationsabhängig in wechselnde Rollen schlüpfen, mit ambivalenten Signalen spielen, um unerwartete Wirkungen zu provozieren oder auch schlicht, um etwas zu erreichen. Hier wird sozusagen aus der Not eine (durchaus lustvolle) Tugend gemacht.

---

6   Vergleichbar mit den ägyptischen Pharaoninnen, die sich als Statuen mit Knebelbart darstellen ließen.

7   SPREEMANN (2000) zeigt, dass Frauen mit maskulinem Erscheinungsbild zwar eher Führungserfolg zugeschrieben wird, dass sie aber auch unsympathischer wirken. Auch hier wird das Dilemma deutlich.

8   Etwa: Verbiegung der Persönlichkeit durch berufliche Erfahrungen

Natürlich steckt in diesem Dilemma aber auch eine Riesenchance: Viele Frauen machen konflikthafte Phasen durch, geprägt von Verletzungen, Wut, Verunsicherung und Leid; Gefühle, die dann später als identitätsstiftend erlebt werden können. Sie reflektieren die Geschlechtsrollenstereotype und ihre eigenen Werte und integrieren einzelne Elemente des männlichen Stereotyps bewusst in die Persönlichkeit, dies ist ein Weg zur Profilierung und Individualisierung. Es bedeutet auch Differenzierung der Persönlichkeit. Das Verhaltensrepertoire wird um „maskuline" Facetten bereichert für Situationen, wo sie als zielführend erachtet werden. Dabei wird die Möglichkeit des Rückgriffs auf ursprünglich „weibliche" Verhaltensmuster offen gehalten, falls nötig oder lustversprechend. Es bedeutet Spaß an Mimikry und die Entwicklung breit gefächerter Kompetenzen. Es ist eine Chance, starre Rollenvorschriften und die Folgen der eigenen reduzierenden Primär- und Sekundärsozialisation zu überwinden (KRUMPHOLZ, 1996; RASTETTER, 1995).

Ein psychologisches Problem ist in diesem Zusammenhang der *Minderheitenstatus* („token"[9] – Frau: ein Begriff von KANTER, 1977) von Frauen in Führungspositionen: Für die Frauen bedeutet es, wenige weibliche Rollenvorbilder und Gesprächspartnerinnen zu haben und als exemplarisch (z.B. mit Blick auf Leistungsfähigkeit und Effektivität) für Frauen allgemein angesehen zu werden und damit unter einem besonderen Leistungsdruck zu stehen. KANTER (1993) zeigt auf, dass ein Frauenanteil von über 30% notwendig ist, um die Konsequenzen des Minderheitenstatus zu minimieren[10].

KANTER (1993) benennt das Dilemma, dass Frauen primär als Geschlechtswesen wahrgenommen werden („tokens") und als Führungsfrauen bzw. als Frauen in Männerberufen antagonistischen[11] Anforderungen ausgesetzt sind, unter dem Stichwort „Assimilation". Zwei andere Probleme von token-Frauen sind nach ihrer Meinung „Sichtbarkeit" und „Polarisierung". Mit „Sichtbarkeit" ist gemeint, dass Frauen in den höheren Hierarchieebenen und in Männerberufen in der Minderheit sind und deshalb besonders im Fokus der Beobachtung stehen, weshalb sie Spitzenleistungen erbringen müssen (nur ja keinen Fehler machen!), gleichzeitig aber ihre Leistungen herunter spielen, um sich nicht kollektiver Konkurrenz und Anfeindungen auszusetzen. Mit „Polarisierung" ist gemeint, dass in einer Gruppe die Mehrheit bzw. dominante Untergruppe dazu neigt, „Unterschiede zu akzentuieren und Differenzen aufzubauen... Die Differenzierung wird in Ungleichheit übersetzt. Eine wichtige Begleiterscheinung der Polarisierung ist der Aufbau geschlechtshomogener Allianzen, zu denen die Minorität keinen Zugang hat" (HEINTZ et al., 1997). Die Probleme der Assimilation, Sichtbarkeit und Polarisierung teilen Frauen nach dem Ansatz von KANTER mit anderen Minderheiten (z.B. ethnischen Minderheiten).

---

9   Wörtlich: „Maskottchen"
10 Nach GUTEKs These vom „sex-role-spillover" wird eine Frau *immer*, ungeachtet ihrer Tätigkeit und Stellung in der Hierarchie, primär als Frau wahrgenommen, d.h. in ihrer Frauenrolle und nicht in ihrer Berufsrolle (1989).
11 widersprüchlichen

Eine Reihe von Untersuchungen zeigt auf, dass eine token-Situation für Männer allerdings durchaus kein Makel, sondern eine Ressource ist: Wenn z.b. Männer in Frauenberufen beschäftigt sind, werden ihnen weiterhin „männliche" Eigenschaften wie Führungsfähigkeit und Sachlichkeit zu geschrieben. Vielleicht eine Erklärung für den überproportional hohen Anteil an männlichen Schuldirektoren und Sozialamtsleitern. Man könnte auch sagen: Frauen werden aus Männerberufen hinaus befördert, Männer in Frauenberufen „hinauf befördert".

Die Frage nach mangelnder *Akzeptanz weiblicher Führungskräfte* als Aufstiegshinderungsgrund ist momentan noch nicht empirisch gesichert zu beantworten (vgl. FRIEDEL-HOWE, 1990; RAU, 1995). Männer sind anscheinend eher geneigt, eine potenzielle weibliche Führungskraft abzulehnen als Frauen (22% vs. 2% nach LIEBRECHT, 1985, zit. nach RAU, 1995). Mitarbeiterzufriedenheit und wahrgenommene Führungseffizienz einer realen weiblichen Vorgesetzten durch die MitarbeiterInnen unterscheiden sich in den vorliegenden Studien jedenfalls nicht (vgl. Abschnitt 11.2).

Allerdings benennen Frauen in Führungspositionen selbst fehlende Akzeptanz und Rollenkonflikte als häufigsten Hinderungsgrund in ihrer beruflichen Entwicklung (vor allem weniger Förderung und Gehalt, Schwierigkeiten bei der Vereinbarkeit von Beruf und Familie und der Notwendigkeit von Mehrleistung). Diese Behinderungen versuchen sie vor allem durch gute Leistung und Qualifikation sowie durch „positive Nutzung des Frauseins" und Sachlichkeit auszugleichen (GOOS & HANSEN, 1999, n = 28, gleichsinnig BISCHOFF, 1999).

9.4 Lebensplanung

Für Frauen stellt sich auf Grund der Zuschreibungen von Erziehung und Haushalt auf der Basis des Geschlechtsrollenstereotyps, stärker noch als für Männer, die Frage nach Partnerschaft und Kindern, wenn sie Karriere machen wollen.

Entsprechend ist es dieser Aspekt des Geschlechtsrollenstereotyps, der z.b. in betrieblichen Frauenförderplänen am meisten zum Tragen kommt. [12]

Die Zuschreibungen des Geschlechtsrollenstereotyps führen direkt zu einem zweiten Dilemma: Nicht nur, dass Frauen offenbar als Organisationsmitglieder (vor allem in ranghohen Posititonen) „unpassend" sind, die Vereinbarkeit von Familie und Beruf ist ein weiteres double-bind-Dilemma.

---

12 MÜLLER (1999) weist auf die Problematik hin, dass eine familienfreundliche Politik von Organisationen oft nicht als Anspruch, sondern als „Vergünstigung" konstruiert wird. Dies führt einerseits dazu, dass kein wirklicher Reflexionswandel in der Organisation stattfindet und andererseits dazu, dass es für Frauen schwieriger wird, „Unterstützung für Vereinbarkeit *zugleich* mit gleichen Karrierchancen zu fordern bzw. in Anspruch zu nehmen.

DÖRING (1999, S. 353) illustriert dieses Dilemma folgendermaßen:

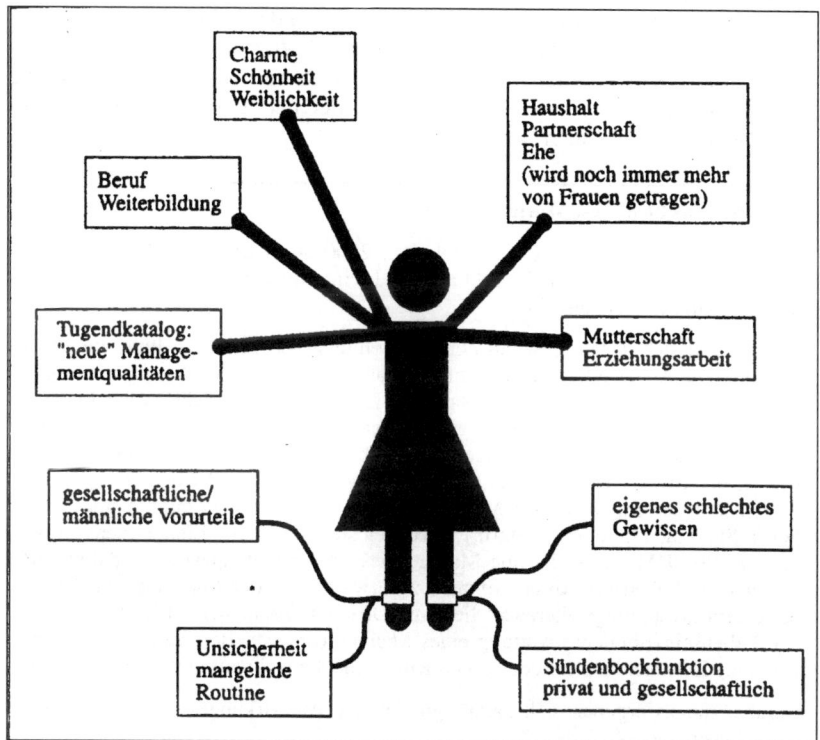

Charme
Schönheit
Weiblichkeit

Beruf
Weiterbildung

Haushalt
Partnerschaft
Ehe
(wird noch immer mehr
von Frauen getragen)

Tugendkatalog:
"neue" Manage-
mentqualitäten

Mutterschaft
Erziehungsarbeit

gesellschaftliche/
männliche Vorurteile

eigenes schlechtes
Gewissen

Unsicherheit
mangelnde
Routine

Sündenbockfunktion
privat und gesellschaftlich

Abb. 11: Dilemma der Vereinbarkeit von Familie und Beruf
(DÖRING, 1999, S. 353)

Frauen/Familien leben im wesentlichen vier Modelle in unserer Gesellschaft, ausschließlich oder teilweise nacheinander:

1. *Verzicht auf Familie:* Frauen, die berufliche Karriere machen wollen, verzichten ganz auf Familie. Ein gesicherter Befund ist, dass Frauen in Führungspositionen weniger oder keine Kinder haben als der Durchschnitt, bzw. auf eine Familie verzichten. In vielen umfangreichen Studien (z.b. GOOS & HANSEN, 1999) wurde gezeigt, dass deutlich mehr Managerinnen als Manager ohne Partner und Kinder leben[13]: In einer festen Bindung leben bei Führungskräften 75% der Frauen und 92% der Männer, 50% der Frauen und 13% der Männer haben keine Kinder (BISCHOFF, 1999). Wenn die Frauen in Führungspositionen Kinder haben, beschrän-

---

13 Vielleicht auch, weil gilt: „Männer haben die Familie im Rücken, Frauen haben die Familie im Nacken!" (s. u.).

ken sie sich meist auf eins. 100 Frauen gebären in Deutschland im Laufe ihres Lebens nur noch 129 Kinder. 25-30% der Frauen bleiben kinderlos und es wird geschätzt, dass etwa die Hälfte (!) der jetzigen Studentinnen-generation keine Kinder bekommen wird (JURCZYK, 1998). Dies ist so-wohl ein bevölkerungspolitischer Skandal als auch eine Katastrophe, die Zahlen werden von der Familien-/Geschlechter- und Sozialpolitik aller großen Parteien (noch?) völlig ignoriert.

Exkurs: Was kostet es, Mutter zu sein?

Eine Modellrechnung (SEEL & HUFNAGEL, 2000 aus KLAMMER, 2001, S. 332) zeigt, dass Frauen mit dem Verzicht auf Kinder im Sinne eines ökonomischen Mo-dells absolut rational handeln.

„...summiert sich der durchschnittliche Einkommensverlust einer Mutter bei einer verheirateten Angestellten, die annahmegemäß ihre Vollzeiterwerbstätigkeit wegen der Erziehung zweier Kinder für insgesamt fünf Jahre unterbricht, in der Lebens-zeitperspektive gegenüber einer vergleichbaren Frau ohne Kinder auf etwa 386.000 DM. Dabei schlagen die fünf entgangenen Jahreseinkommen mit 230.000 DM zu Buche, der Effekt der verlorenen Berufserfahrung nach der Wiederaufnahme der Erwerbstätigkeit mit 166.000 DM. ... Für eine verheiratete Frau mit höherer beruf-licher Stellung (Abteilungsleiterin) errechnet sich sogar ein Einkommensverlust von 583.000 DM. .... So hat die Mutter eines „Angestelltenpaares" 728.000 DM weniger als Lebenserwerbseinkommen zu erwarten als der Ehemann und Vater, bei einem „Abteilungsleiterpaar" liegt die Differenz sogar bei 1.151.000 DM. ... Die Lebenseinkommenserwartung eines Mannes wird den Berechnungen zufolge durch die Entscheidung für oder gegen Kinder nicht erwähnenswert beeinflusst."

Darüber hinaus ergeben sich daraus gravierende Auswirkungen auf den eigenen Rentenanspruch.

---

2.   Frauen bekommen heute statistisch gesehen weniger Kinder („demogra-phischer Wandel"), bekommen sie später[14] und legen dann eine „Kinder-, bzw. Familienphase" ein, nach deren Beendigung die Rückkehr in den Beruf versucht wird, häufig in Teilzeit (*Dreiphasenmodell*, ABELE, 1997). Kaum notwendig zu sagen, dass diese diskontinuierlichen Berufs-biographien den Frauen eine hohe Flexibilität und Einsatzbereitschaft abverlangen und eine Reihe von Gefahren bergen (z.B. Wiedereinstel-lung unter Qualifikation, hohe Arbeitsbelastung, permanentes schlechtes Gewissen[15] etc., HILDEBRANDT-WOECKEL, 1999).

---

14   „...in Deutschland stieg das Alter der Erstgebärenden allein zwischen 1991 und 1998 im Westen von 27,1 auf 28,7 Jahre, im Osten von 24,9 auf 27,9 Jahre (nach KLAMMER, 2001).

15   Dies ist ein Problem, mit dem westdeutsche Frauen stärker zu kämpfen haben als ost-deutsche. Dabei hat auch die Pisa – Studie wieder bestätigt, dass mütterliche Berufs-tätigkeit kein Risikofaktor für die Entwicklung von Heranwachsenden darstellt (nrz, 7. 3. 2003).

HOHNER et al. (2003, S. 149, ähnlich HOFF et al., 2002) z.B. kommen in ihrer Studie über Berufsverläufe von PsychologInnen und ÄrztInnen zu dem Ergebnis: „In beiden Professionen machen also rund dreimal mehr Männer als Frauen eine Karriere im Wortsinn eines beruflichen Aufstieges in mittlere und höchste Positionen, dagegen finden sich viermal mehr Frauen als Männer in diskontinuierlichen Berufsverlaufsmustern." Diskontinuierliche Berufsverlaufsmuster führen jedoch zu einer Zunahme der Segregation, weil Frauen beim Wiedereintritt in den Beruf typische weibliche Beschäftigungsbereiche wählen (müssen?) und oft unter ihrer Qualifikation beschäftigt werden, während für Frauen die durchgängig berufstätig sind, im Laufe ihrer Berufsbiographie eine Abnahme der Segregation festgestellt wurde (JUNGBAUER-GANS, 1993).

3. *Gleichzeitigkeit:* Frauen versuchen, Beruf und Familie gleichzeitig zu leben. Die Möglichkeit dazu ist vor allem beeinflusst durch das Angebot an Kinderbetreuungseinrichtungen und der Möglichkeit, die Arbeitszeit flexibel zu gestalten bzw. Mobilzeitangebote wahrnehmen zu können sowie der Bereitschaft des Partners, Familienpflichten zu übernehmen. So waren 1998 59,8% der Frauen im Alter zwischen 15 und 65 Jahren mit minderjährigen Kindern erwerbstätig, die Hälfte davon als Teilzeitkräfte. Der Umfang der Erwerbstätigkeit bei den Müttern hängt im wesentlichen vom Alter des jüngsten Kindes ab:: Während 46,5% der Ehefrauen und 46,1% der alleinerziehenden Frauen mit Kindern unter 3 Jahren einer Erwerbstätigkeit nachgingen, waren es bei den Müttern, deren jüngstes Kind 15 bis 18 Jahre alt war, 69,2% bzw. 75,3% (Statistisches Bundesamt, 1999).

4. Frauen wählen das sog. *„Komplementaritätsmodell":* Nach einer langen Ausbildungs- und Berufsphase konzentrieren sie sich ganz auf die Familie (und vielleicht ehrenamtliche Tätigkeiten).

Abgesehen davon, dass diese biographischen Entwürfe den Frauen ein hohes Maß an Einsatz, Rollenflexibilität und Lernfähigkeit abverlangen[16], sind die gesellschaftlichen Voraussetzungen (anders als in der ehemaligen DDR und anderen europäischen Ländern, vgl. DIENEL, 1996) dafür auch denkbar schlecht:

1. Die derzeitige *Arbeitsmarktlage*, die von Konkurrenz um Arbeitsplätze geprägt ist, ist für wiedereinsteigende Frauen ungünstig. Sie bekommen oft nach der Familienphase keine oder keine qualifikationsadäquate und mit Blick auf die Sozialleistungen abgesicherte Anstellung. Sie haben mit erheblichen *Wiedereingliederungsproblemen* (dazu gehören auch

---

16 Tatsächlich wird diese immense Leistung gesellschaftlich nicht gewürdigt und insofern auch nicht in ein positives Selbstbewusstsein von Frauen integriert. Stattdessen haben Frauen ein schlechtes Gewissen, dass sie sowohl der Familie als den beruflichen Anforderungen nicht Genüge tun und schreiben sich dieses Ungenügen selbst zu: ein weiteres Dilemma.

Selbstwertprobleme und Zweifel an der eigenen Kompetenz) zu kämpfen und die klassische Karrierelaufbahnen bleiben ihnen damit verschlossen, vor allem da i.d.R. die Familienpause in die karrieregünstigen Jahre fällt. Dazu kommt, dass in einer von permanenter und akzelerierender Innovation geprägten Arbeitswelt berufliches Wissen eine immer geringere Halbwertszeit hat, so dass in manchen (z.B. den technischen) Bereichen nach ein bis zwei Jahren der *Anschluss verpasst* ist. Umgekehrt steigt mit der Länge der Betriebszugehörigkeit auch die Berufserfahrung, was Bewerbern häufig den entscheidenden Vorsprung bei der Beförderung gibt, hier sind Frauen mit familienbedingten Ausfallzeiten benachteiligt („*Senioritäts-/Anciennitätsprinzip*").

2. *Kinderbetreuung:* Auf dem Hintergrund des gesetzlich garantiertem Anspruchs auf einen Kindergartenplatz für Kinder ab drei Jahren hat es in den alten Bundesländern einen zügigen Ausbau von Plätzen in Kindergärten gegeben: der Versorgungsgrad beträgt in den alten Bundesländern 85,2% und 116,8% in den neuen Bundesländern. Nordrhein-Westfalen hat einen Versorgungsgrad von annähernd 100% erreicht (vgl. COLBERG-SCHRADER & KRUG, 1999). Allerdings liegt die Versorgung mit Hortplätzen für Kinder unter drei Jahren immer noch bei nur ca. 3% (ABELE, 1997). Darüber hinaus sind Hort- und Kindergartenöffnungszeiten für berufstätige Eltern oft zu knapp, Schulzeiten (auf Grund von Stundenausfallzeiten) unberechenbar. Dies verlangt vor allem den berufstätigen Müttern Organisationsfähigkeit ab, da sie oft vielfältige Betreuungsarrangements treffen müssen, vor allem in Ausnahmesituationen, z.B. bei Krankheit der Kinder (KLAMMER, 2001, dieser Aufsatz ist überaus lesenswert).

Der Ausbau der Kapazitäten auf der einen Seite und der prognostizierte Geburtenrückgang auf der anderen Seite werden allerdings zu einer Wettbewerbssituation zwischen den Kinderbetreuungseinrichtungen führen. Kindergärten werden über familiengerechte Öffnungszeiten diskutieren müssen und, wenn sie ihren Bestand und ihre Arbeitsplätze sichern wollen, sich den Bedürfnissen der (berufstätigen) Eltern anpassen müssen (vgl. HÖKE, 2000).

3. Die männlichen Partner delegieren Haus- und Familienarbeit[17] immer noch überwiegend an die Frauen, wie viele Studien zeigen. Berufstätige Frauen haben eine tägliche Zeitbindung durch Familienarbeit von ca. fünfeinhalb Stunden, berufstätige Männer von einer Stunde zwanzig Minuten (nach einer von der (konservativen) Bundesregierung 1995 veröffentlichten Studie mit 7200 repräsentativ ausgewählten Haushalten, vgl. ABELE, 1997).

---

17 Dazu gehört neben der Fürsorge für die Kinder vielfach auch die Fürsorge und Pflege älterer Familienmitglieder: Weit über 90% der privaten Pflegepersonen sind Frauen (KLAMMER, 2001).

Bemerkenswert in diesem Zusammenhang ist, dass Managerinnen Ehe und Familie eher als Belastung empfinden, während Manager sie als Entlastung empfinden (NERGE, STAHLMANN, 1991). In der Stichprobe von BISCHOFF, 1999 (n = 348), konnten sich 45% der in einer Partnerschaft lebenden männlichen Führungskräfte auf eine Hausfrau als Partnerinnen stützen, nur 2% der Frauen geben an, mit einem teilzeitbeschäftigten Hausmann oder einem Nurhausmann zusammenzuleben. GEISSLER (1996, S. 296) sieht denn auch in der *„Starrheit der herkömmlichen Arbeitsteilung in den Familien*... das Haupthindernis für die Gleichstellung der Frauen in Arbeitswelt und Politik". Man könnte sagen, dass sich das männliche (im Gegensatz zum weiblichen) Geschlechtsrollenstereotyp nicht geändert hat: Frauen „dürfen" erwerbstätig sein, wenn sie dafür sorgen, dass ansonsten alles beim Alten bleibt.

4. Frauen versuchen Beruf und Familie vor allem dadurch zu vereinbaren, dass sie *Teilzeit* arbeiten. Abgesehen von der höheren Belastung („eine Achtstundenkraft schafft weniger als zwei Vierstundenkräfte"), die an Selbstausbeutung heranreichen kann, ist dies ein Problem mit Blick auf die Profilierung in Führungsfunktionen, die als „nicht teilbar" deklariert und von daher auch von teilzeitarbeitenden Frauen nicht ausgefüllt werden können/sollen. Obwohl die Aussage, Führungsfunktionen seien nicht teilbar, (mindestens in dieser Absolutheit) auf der Basis empirischer Studien nicht mehr haltbar ist (DOMSCH et al., 1994; KUARK, 2002; ZÖLCH et al., 2002), berichten KOHN & BREISIG (1999) in ihrer Studie von den Schwierigkeiten, überhaupt ein Unternehmen zu finden, das in nennenswertem Umfang Teilzeitarbeitsplätze mit Führungsverantwortung zur Verfügung stellt und wenn, dann unter restriktiven Bedingungen.[18] Als weitere Probleme/Nachteile von Positionen mit geteilter Führungsverantwortung werden von den TeilzeitarbeiterInnen benannt: Versickern der informellen Kommunikationsströme, schlechtere Beurteilungen (trotz anerkannt guter Leistungen, siehe Abschnitt 9.2) und Statusverlust bzw. Karrierestopp als Folge (zu den Gründen der Unternehmen trotz ausschließlich positiver Erfahrungen nicht mehr Teilzeitarbeitsplätze mit Führungsaufgaben zur Verfügung zu stellen s. KOHN & BREISIG, 1999).

Weitere Probleme bei Führungspositionen sind: die größere Einschränkung der geographischen Mobilität und der zeitlichen Flexibilität (z.B. Termine in den Abendstunden) sowie informale (männliche) Netzwerke, die mit einem bestimmten sozialen Leben verbunden sind. Darüber hinaus zeigen Studien, dass eine Arbeitswoche von 45-60 Stunden und Wochenendarbeit für Führungskräfte die Regel ist, hinzu kämen bei

---

18 Als Bedingungen für die Teilung von Arbeitsplätzen mit Führungsverantwortung wurden im untersuchten Unternehmen benannt: Teilbarkeit der inhaltlichen Verantwortung, ergebnisbezogene Arbeitsplätze, keine dauerhaften Führungsaufgaben und ein Arbeitsbereich außerhalb der unmittelbaren Produktion (S. 169). Vorschläge für eine frauenfreundliche Arbeitszeitflexibilisierung macht JURCZYK, 1998.

Frauen noch ca. 25 Stunden Familienarbeit (s.o.), was zeitlich, physisch und psychisch einfach nicht geleistet werden kann (vgl. RAU, 1995).

RAU (1995, S.95) fasst die Konsequenzen folgendermaßen zusammen: „Sowohl das zeitliche Nebeneinander als auch das zeitliche Nacheinander von Familie und qualifizierter Berufstätigkeit stellen Hemmnisse in zweifacher Hinsicht dar. Qualifizierte Frauen mit Familienverantwortung erfahren eine Doppel- bzw. Mehrfachbelastung, die die Unternehmen ein geringeres berufliches Engagement der Frauen erwarten lassen. Andererseits wird bei kinderlosen Frauen, die in dieser Form nicht von der Doppelbelastung betroffen sind, die Ungewissheit bezüglich ihrer Familienplanung als Problem hervorgehoben. Den Frauen werden unabhängig ihres Familienstandes negative Erwartungen entgegengebracht."

Besonders dramatisch ist hierbei die Situation für alleinerziehende Frauen. 15% der Familien sind Einelternfamilien mit steigender Tendenz, davon 85% mit einem weiblichen „Haushaltsvorstand". Die Situation ist gekennzeichnet durch eine starke Arbeitsbelastung, durch Schwierigkeiten, einen neuen Partner zu finden, Gefühle von Ungenügen und schlechtem Gewissen und vor allem von finanziellen Problemen bis hin zur Armut: Alleinerziehende Mütter stellen mehr als 60% der von Sozialhilfe betroffenen Haushalte. Der Anteil der von Sozialhilfe lebenden Kinder ist stark gestiegen bei stagnierender Kinderzahl, v.a. in den neuen Bundesländern (s. Abschnitt 2.4).[19]

9.5 Zusammenfassung

Frauen, die berufstätig sind, werden zunächst mit dem Dilemma konfrontiert, dass die Vorstellungen vom typischen Organisationsmitglied und das weibliche Geschlechtsrollenstereotyp weit auseinander klaffen. Dies führt in Organisationen zu Wahrnehmungsverzerrungen, zu Nachteilen in der Einstellung und Beurteilung, und damit zu reduzierten Chancen von Frauen auf Aufstieg und Karriere.

Die Lücke („Lack of fit") wird um so größer, je höher die angestrebte Position in der Hierarchie ist, da sich eine weitere Lücke zwischen dem Geschlechtsrollenstereotyp und dem Führerstereotyp auftut. Frauen sind dabei u.a. in dem Dilemma, dass Dominanzsignale sie eher unsympathisch erscheinen lassen. Darüber hinaus können sich Probleme mit der Identität ergeben, zumal durch die „token" – Situation die Isolation von anderen Frauen und die „Sichtbarkeit" zunimmt.

---

19 Die Nichtehelichenquote der Kinder in den alten Bundesländern beträgt 13%, in den neuen Bundesländern 43%.

Durch die Zuschreibung von Zuständigkeit für Haushalt und Kindererziehung ergibt sich für Frauen das Problem der Vereinbarkeit von Beruf und Familie, das größte Dilemma für Frauen, die Karriere machen wollen. Die derzeitigen sozial- und familienpolitischen Bedingungen und das ungenügende staatliche Kinderbetreuungssystem (v.a. Schule und Hort) sind am klassischen weiblichen Geschlechtsrollenstereotyp der Hausfrau und Mutter orientiert, die Arbeitsmarktlage ist ungünstig. Dies erschwert es Frauen zusätzlich, mit Familie Karriere zu machen. Kinderbetreuung wird dadurch häufig als individuell zu lösendes Problem empfunden, wodurch die strukturell schlechten Bedingungen aus dem Blick geraten. Das führt dazu, dass die gesamtgesellschaftliche Leistung, die Frauen erbringen, und die dazu notwendigen Fähigkeiten und der Arbeitseinsatz („Doppel-, bzw. Dreifachbelastung") nicht anerkannt werden. Dadurch schreiben sich viele Frauen die resultierenden Schwierigkeiten selbst zu und leiden zusätzlich unter Selbstwertzweifeln und schlechtem Gewissen.

Unter diesen Bedingungen scheint vielen (jungen) Frauen, die Karriere machen wollen, der Verzicht auf Kinder als rationaler Ausweg.

Wir haben einen weiten Bogen vom zweiten Kapitel bis hier hin gespannt.

- Verhalten, das von Geschlechtsrollenvorschriften geprägt ist („doing gender"), verweist Frauen im Umgang mit Männern immer wieder und weitgehend unbewusst auf die unteren Plätze, und zwar sowohl im Dialog als auch in der Gruppe als auch in Organisationen.
- „Führung" kollidiert somit mit dem weiblichen Geschlechtsrollenstereotyp.
- Frauen werden verzerrt wahrgenommen, was sich auf die Einstellungs- und Beurteilungspraxis zu Ungunsten von Frauen auswirkt.
- Auf dem Hintergrund des gegenwärtigen deutschen Sozial- und Schulsystems sowie auf der Basis der derzeitigen Arbeitsmarktlage haben Frauen (v.a. mit Kindern) denkbar schlechte Ausgangsbedingungen für eine Karriere.
- Berufstätige Frauen leisten zusätzlich das Gros der unbezahlten Hausarbeit und verdienen auch im Beruf weniger.

Man sollte meinen, eine Interaktion all dieser Faktoren wäre eine hinreichende Erklärung für die Unterrepräsentanz von Frauen in Führungspositionen. Nichtsdestotrotz gibt es Erklärungsansätze, die die Unterrepräsentanz den Frauen selbst zuschreiben, und zwar i.d.R. im Sinne von Defiziten: Eigenschafts-, bzw. differenztheoretische Ansätze, die ihrerseits wieder aus den Zuschreibungen des weiblichen Geschlechtsrollenstereotyps schöpfen. Diese Ansätze werden im folgenden Abschnitt behandelt. Nach einer kritischen Reflexion dieser Ansätze und der Darstellung der Schwierigkeiten, ihre Postulate empirisch zu prüfen, werden Ergebnisse zu weiteren struktu-

rellen Faktoren referiert, die auf die vertikale und horizontale Segregation
Einfluss haben.

10. Erklärungsansätze für die Unterrepräsentanz von Frauen

10.1 Einführung

Die Überlegungen zu den Hintergründen der (vertikalen) Segregation sind äußerst vielfältig und schwer zu systematisieren, da sie sich gegenseitig überlappen und bedingen. WALBY (1990, zit. nach GOTTSCHALL, 2000[1]) legt einen differenzierten soziologischen Ansatz vor. In der modernen Gesellschaft werden nach diesem Ansatz Frauen nicht mehr von einzelnen männlichen „Patriarchen" dominiert, sie werden auch nicht mehr von der politischen Öffentlichkeit und Teilen gesellschaftlicher Arbeit ausgeschlossen und männliche Vorherrschaft stützt sich nicht länger auf die häusliche Produktion. Die männliche Vorherrschaft werde vielmehr kollektiv, bzw. abstrakt praktiziert: Soziale Praktiken und gesellschaftliche Strukturen haben die Unterordnung von Frauen durch Integration und Segregation zur Folge. Die vertikale und horizontale Segregation dient nach diesem Ansatz der Aufrechterhaltung kollektiver patriarchaler Strukturen (z.b. die „Büroehe" von Chef und Sekretärin). Dieser Ansatz ist ein finaler, d.h. er fragt nach den Auswirkungen und den (impliziten) Zielen von Segregation.

Die im folgenden benannten Ansätze liegen quasi quer dazu und sind kausaler Natur, d.h. sie fragen nach *Ursachen der Segregation.*[2]

Auf der Stammtischebene haben wir ein Chaos in den Erklärungsversuchen: Rainer NEUBAUER (1990, S. 29) berichtet über die Diskussion in Betrieben und Organisationen: „Die Argumente im weitgehend empiriefreien Raum taumeln denn auch „interdisziplinär" zwischen Eignungsfragen, männlichen Verhinderungschauvinisten, erotischen Naturspannungsbögen,

---

[1] GOTTSCHALL (2000) bietet einen hervorragenden Überblick über die Geschichte der soziologischen Ungleichheitsforschung. Leider ist hier nicht der Ort, darauf näher einzugehen.

[2] Für die historische Entstehung geschlechtstypischer Arbeitsteilung siehe z.B. SEEG, 2000, und FREVERT, 1986, für die Verknüpfung von zugeschriebenem „Geschlechtscharakter" und der Geschichte der Verdrängung von Frauen („Marginalisierung") aus statushohen Berufen (z.B. „Setzer" zu Beginn des 20. Jahrhunderts) siehe die verschiedenen Beiträge in WETTERER, 1992, vor allem ROLOFF und ERNST, 1999.

herben Dominafeministinnen und gesamtgesellschaftlichen Umbaunotwendigkeiten hin und her."

In der wissenschaftlichen Diskussion ist zunächst grob zu unterscheiden zwischen Argumentationen, die unterschiedliche Eigenschaften von Frauen und Männern postulieren und Argumentationen, die strukturelle Verursachungen annehmen, wobei schon auf dieser Ebene die Grenzen fließend sind (vgl. auch WIMBAUER, 1999). Wir beginnen mit den eigenschafts- bzw. differenztheoretischen Ansätzen.

10.2   Eigenschafts- bzw. differenztheoretische Ansätze

Diese Erklärungsansätze gehen vom Postulat *unterschiedlicher Eigenschaften* von Frauen und Männern aus mit der Folge unterschiedlicher Fähigkeiten, in Macht- und Ranghierarchien zu bestehen und aufzusteigen. Die betrachteten Eigenschaften seien z.b. unterschiedliche Führungsstile, Arbeitsmotivation und/oder Selbstvertrauen und Durchsetzungsvermögen[3], also Eigenschaften, die sich entlang der Vorstellungen aus den Geschlechtsrollenstereotypen aufspannen lassen.

Hierbei ist die Frage nach der Herkunft der postulierten Unterschiede zentral: angeboren – sozialisiert, nature-nurture?

Die biologischen Theorien („nature") waren lange Zeit dem konservativen Lager zugeordnet, dienten der Legitimation und Zementierung der Geschlechtsrollen und der Stabilisierung bestehender Arbeitsteilung und liefen i.d.R. auf eine Minderbewertung und Benachteiligung der Frauen hinaus, da „angeborene" Eigenschaften als nicht veränderbar galten.

In den letzten Jahren betonen aber auch feministische Ansätze „natürliche" Unterschiede (IRIGARAY, 1991, „gynozentrischer Feminismus"[4]), wobei jedoch eine Umwertung der jeweils als geschlechtypisch angesehenen Eigenschaften stattfindet. Diese Entwicklung verschränkt sich mit der Thematisierung des „Wertewandels" in der organisationspsychologischen/-soziologischen Literatur, d.h. mit der Betonung von sozialen Fähigkeiten, Empathie, Teamfähigkeit usw. als relevanten Fähigkeiten für Führungserfolg.

Der andere Strang, der vom Postulat unterschiedlicher Eigenschaften ausgeht, sieht diese als sozialisiert an. Damit verbunden ist die Hoffnung, durch veränderte Erziehungs- und Sozialisationspraktiken die Karrierechancen von Frauen zu verbessern.

---

3   Interessant ist hier die implizite und unreflektierte Gleichsetzung von Aufstiegs- und Führungsbefähigung (vgl. Abschnitt 11.3).

4   führende Vertreterinnen dieser Position sind im Moment italienische Philosophinnen: „Liberia delle Donne di Milano"

Exkurs: Sozialisationstheorien

Die Sozialisationstheorien (z.B. in MERZ, 1979; BILDEN, 1991; HEINTZ et al., 1997) betonen die Wichtigkeit der Primärsozialisation, also der Erziehung entlang der Geschlechterstereotype in Herkunftsfamilie, Kindergarten, Schule, durch die Medien, Spielzeug etc. Geschlechtsrollenadäquates Verhalten (und geschlechtsrollenadäquate Eigenschaften) werden gelernt über Mechanismen von Belohnung und Bestrafung, wobei verbale Hinweise eine große Rolle spielen („Ein Junge weint doch nicht!"). Der zweite wichtige Mechanismus ist Beobachtung und Imitation gleichgeschlechtlicher Vorbilder in der Realität (vor allem die Eltern und die Spielfreunde/-freundinnen), aber auch in den Medien, wie Bilderbücher und Filmen. Später spielt die Antizipationsfähigkeit des Kindes eine Rolle: Das Kind hat gelernt, welche Konsequenzen ein bestimmtes Verhalten haben wird und wählt aus seinem Verhaltensrepertoire vor allem die Verhaltensweisen aus, die positive Reaktionen der Umwelt versprechen, in diesem Fall geschlechtsrollenadäquate.

BANDURA konnte in den 70er Jahren z.B. zeigen, dass Mädchen nach der Beobachtung einer aggressiv handelnden Modellperson weniger der Verhaltensweisen nachahmten als Jungen. Wenn die Kinder aber aufgefordert wurden, das Modell so gut wie möglich nachzuahmen und dafür mit Spielzeug oder Süßigkeiten belohnt wurden, verschwanden die Geschlechterunterschiede im Verhalten fast vollständig (zit. nach HYDE, 1991).

Ergänzt wurde diese Theorie durch das kognitive Entwicklungsmodell, deren Hauptvertreter PIAGET und INHELDER sind. Sie konnten zeigen, dass Kinder vor der Übernahme geschlechtsrollenadäquaten Verhaltens zwei Basiskonzepte entwickeln müssen: *Das Konzept der Geschlechtskonstanz und das der Geschlechtsidentität* (vgl. auch GOFFMAN, 1994). Jüngere Kinder (unter sechs Jahren) sind sich noch nicht darüber im Klaren, dass das Geschlecht im Laufe des Lebens nicht wechselt. Ein dreijähriges Mädchen wird auf Nachfrage durchaus behaupten, dass sie „Vater" werden könne. Erst mit sechs oder sieben Jahren hat das Kind verstanden, dass sein Geschlecht (Sex) sich nicht verändern wird und das Geschlecht (sowie die daran gebundenen kulturell-historisch bedingten Vorstellungen von angemessenen Werten, Eigenschaften und Verhaltensweisen: Gender) in sein Selbstkonzept aufnehmen.

„Endgültig und erfolgreich abgeschlossen ist der Prozeß ..., wenn sich der kulturelle Genderkomplex psychisch sedimentiert und in Form einer individuellen Geschlechtsidentität im Selbst etabliert hat. Dort entwickelt sich ... zu einem kognitiven Schema, das alle psychischen Funktionen – von der Wahrnehmung über das Denken und Fühlen bis hin zum Handeln – in durchgehend genderspezifischer Weise strukturiert. Von einer entwickelten Geschlechtsidentität sprechen wir dann, wenn ein Individuum Gender vollkommen verinnerlicht hat, wenn es sich in Bezug darauf entwickelt und sich selbst hinsichtlich der entsprechenden Idealvorstellungen von Weiblichkeit oder Männlichkeit beurteilt. Somit wird Gender zur wichtigsten Quelle der Selbstidentifikation" (MÜHLEN ACHS, 1998, S. 28).

Die Aneignung von Werten, Normen und Vorstellungen über die eigene Person und geschlechtsrollenangemessenen Verhaltensweisen prägen sowohl die Berufswahl als auch das spätere Verhalten in der Organisation.

So dreht sich diese Diskussion um die folgenden Fragen:

Wären unterschiedliche Eigenschaften angeboren oder sozialisiert? Wie wären diese unterschiedlichen Eigenschaften zu bewerten (z.b. Würde höheres weibliches Einfühlungsvermögen für Familienarbeit und/oder für Führungsarbeit prädestinieren? Wäre unbedingte männliche Durchsetzungsfähigkeit tatsächlich ein Prädiktor[5] für erfolgreiches Führen unter Maßgabe moderner Führungsphilosophien? Wie verändern sich Einschätzungen von Verhaltensweisen derzeit (wird z.b. Verbalisierung von Emotionen als „weibliche Unsachlichkeit" oder als angemessener und konstruktiver Umgang bewertet?) (NEUBAUER, 1990)?

Hier befürchten Männer, dass sie selbst nun unter Diskriminierung zu leiden hätten, wenn Umwertung „weibliche" Eigenschaften als qualifizierend für Führungspositionen apostrophieren würde. „Ausgehandelt werden nicht nur z.b. Status und Positionen, sondern auch die Maßstäbe, nach denen diese überhaupt bewertet werden. Während die Männer als die relativ Mächtigeren bislang nicht nur die realen Positionen, sondern auch die Maßstäbe besetzt hielten, so sehen sie sich jetzt einer doppelten Konkurrenz gegenüber, der um Status und Position und der um die relevanten Maßstäbe." (KÖNIG, 1996, S. 214). In dieser Diskussion geht es nicht nur um Status, sonder auch um „Definitionsmacht" (RIDGEWAY, 2001, S. 263), also um den „herrschenden" Blick.

Frauen befürchten, „dass in einer nach wie vor männerdominierten Gesellschaft die Feststellung vom „Anderssein" der Frauen erneut zu ihrer Ausgrenzung führt." (GERMANN, 1995, S. 175),[6] eine Befürchtung, die ich teile, wie Sie sicher bereits bemerkt haben. Oder die Befürchtung lautet, z.b. in der Diktion von HAGEMANN-WHITE (1984), dass der komplementäre Geschlechtscharakter auch weiterhin als biologistisch-psychologische Legitimation der Arbeitsteilung und der Zu- und Unterordnung der Frau unter den Mann fungiere.

All diese Fragen und Befürchtungen werden in der Folge der Ansätze aufgeworfen, die mit dem Postulat unterschiedlicher Eigenschaften von Männern und Frauen eine hantierliche Erklärung für die Unterrepräsentanz von Frauen in den oberen Plätzen der Hierarchien an der Hand zu haben glauben. Die seriöse empirische Überprüfung der Annahmen gestaltet sich dann aber aus verschiedenen Gründen äußerst problematisch, wobei die verzerrenden Mechanismen von gegenläufiger Wirkung sind/sein können. Dies wird in Abschnitt 11.3 erläutert.

Exkurs: Wilhelm Herbert Koch: Mätchen sint eem anders als Junx (Kumpel Anton)

„Anton", sachtä Cervinski für mich,
„Wattat Weiplich is, datt liebe un zaate,
Un wattat Männliche ist, den Stuss un den Flastermann,
Datt kammann aintlich schon ganz früh erkenn."
„Nu", sarich, „n'Wunder istat nich,

---

5   eine Variable, die Vorhersagen erlaubt
6   Dies ist eine Befürchtung, die nach meiner Erfahrung Frauen aus den neuen Bundesländern weit weniger formulieren.

Mätchen sint eem anders als Junx".

„Da hasse fadammt recht, Anton", sachtä Cervinski,
„Unser klein doof Hildegaat,
Die hattoch gezzen Po-esie-Album,
Un wazze so an Mätchen un an Junx kennt,
Die schreimse da watt rein.
Anton, unti Mätchen, die schreim:
„Wennich einz gestorm bin,
Ge zu meim Grabe hin,
Schreib leise im Sant -
Die habich auch gekannt!"
Anton, oder noch watt Sinniget:
„Sei wie datt Feilchen im Moose,
Stille, bescheiden un rein,
Nich wie die stolze Rose,
Die immer bewundert will sein!"
Anton, kannze sehn, watta später draus wirt,
Sonne richtich treu sorgende Gattin:
„Den Knopp happichtich an Mantel genäht,
Un heute hasse Schwaatemagen auffe Butters."
Anton, un watt schreim die Jungx:
„Dienen lerne datt Weipp beizeiten,
Nach seine Bestimmunk. Göte"
Oder, Anton, ganz watt Frechet:
„Wenn dich die bösen Bum locken,
Dann zieh dich deine Schuhe aus
Un folg se auf Socken!"
Märxe, watt läuft, Anton?
Gezz sintet noch Junx, un später?
Da hörssese richtich kwatschen:
„Freier, wattema, wennze meine Rechte aum Punkt hass,
Da kannze ganz prima Walzer linkxrum."

Anton, kannze sehn, an son Po-esie-Album
Da kannze schon feststelln,
Watt später aus datt Weipliche und datt Männliche wirt."

10.3 Die Schwierigkeit, die Wahrheit über Geschlechterunterschiede herauszufinden

Der eigenschaftstheoretische/differenztheoretische Ansatz geht vom Postulat unterschiedlicher Eigenschaften bei Frauen und Männern aus als Erklärung für die (vertikale und horizontale) Segregation des Arbeitsmarktes.

Dabei sind aus meiner Sicht jedoch eine Reihe von Punkten äußerst problematisch:

1. Wir haben differenztheoretische Ansätze im Bereich von Eigenschaften bereits im Abschnitt 4.4 problematisiert. Ein wichtiger Kritikpunkt war, das die am Differenzansatz orientierte Forschung sich ihren Gegenstand beständig neu schafft, Differenzen auf Grund statistischer Wahrscheinlichkeiten findet, damit sich selbst und die Unterscheidung rechtfertigt. Vollzogene und derart bestätigte Unterscheidungen dienen dann der Rechtfertigung von Diskriminierung. Dies ist ein wichtiger Wirkmechanismus von Macht. Differenztheoretische Ansätze stehen beständig in der Gefahr, stabilisierend für die bestehende Ordnung zu wirken. Ich ziehe es daher vor, auf eigenschaftstheoretische Erklärungen zu verzichten, zumal hinreichend strukturelle Erklärungsansätze zur Verfügung stehen.

Exkurs: Stabilisierung von Macht

Viele Menschen denken, Macht sei etwas, das einer Person oder auch einer Gruppe von Menschen eignet (ARENDT, 1996). Macht wirkt jedoch im wesentlichen strukturell. Wie geht das? Angenommen wir besitzen „Definitionsmacht" (z.B. als WissenschaftlerIn, ForscherIn, PolitikerIn, OrganisationsgründerIn, Eroberer eines fremden Landes), dann gehen wir folgendermaßen vor:

1. Schritt: Wir erzeugen eine Differenz, (am besten) zwei komplementäre Kategorien, z.B. innen – außen, gut – böse, oben – unten, weibliche Eigenschaften – männliche Eigenschaften, Betriebsleitung – Personalrat, Einkauf – Verkauf, Körper – Geist, der weiße Mann – der Eingeborene, Sieger – Besiegte.
2. Schritt: Wir bewerten (implizit, unbewusst) die eine Kategorie als besser als die andere. Dabei kommt uns zu Hilfe, dass das menschliche Denken mit jeder Unterscheidung automatisch eine Bewertung vornimmt.
3. Wir geben den Kategorien Namen, die möglicherweise die Bewertung bereits zum Ausdruck bringen (gut – schlecht, die Kulturvölker – die primitiven Völker, Herrenmenschen – Sklaven, Römer – Barbaren, Christen – Heiden, das männliche Organisationsmitglied – die „Nur"-Hausfrau, der „rationale, durchsetzungsfähige" Mann – die „emotionale, weiche" Frau) und reklamieren die positiv bewertete Kategorie für uns, die komplementär konstruierte Kategorie für die „anderen".
4. Durch diese Differenzierung erzeugen wir eine Ordnung/eine Struktur in der Realität, z.B. in Form einer Forschungsrichtung, einer Organisation oder einer Gesellschaftsordnung, aber auch in den Köpfen der Menschen, die die Zuschreibungen aus den Stereotypen verinnerlichen, internalisieren, in ihrem Verhalten ausdrücken und somit die Ordnung bestätigen[7]. Auch die Menschen, die in die negativ bewertete Kategorie fallen, verinnerlichen die Zuschreibungen und stabilisieren damit das System.
Diese Struktur ermöglicht den Definitionsmächtigen dann die Kontrolle des Verhaltens der einzelnen Menschen, indem Menschen entsprechend „ihrer" Kategorie an soziale Orte (z.B. das Haus, die Familie) verwiesen werden, d.h. sie legitimiert Diskriminierungspraktiken.

---

7   Man könnte auch sagen: „Macht erzeugt Wahrheit" oder „Macht ist das Potenzial, die Welt zu strukturieren" (KREISSL, 2000).

2. Die implizite, unreflektierte und unüberprüfte *Gleichsetzung von Aufstiegs- und Führungsbefähigung*. Dahinter steckt die Annahme, dass jemand, der/die sich in einer Ranghierarchie nach oben arbeitet, auch automatisch eine gute Führungskraft sei. Wie die Teilnehmer meiner Führungsseminare immer sagen: „Wenn ich nicht führen könnte, säße ich nicht hier!" NEUBERGER (2002) nennt dies den Mythos: „Der/die Beste setzt sich durch!" Gefragt sind dabei vor allem Durchsetzungs- und Entscheidungskraft, Einfühlungsvermögen und Teamfähigkeit stehen demgegenüber niedrig im Kurs (eine Untersuchung des GEVA-Instituts, zit. nach BISCHOFF, 2001). MitarbeiterInnen nennen das ironisch: „Peter-Prinzip"[8]. Es sind nach meiner Erfahrung Zweifel angebracht, ob die Eigenschaften und Verhaltensweisen, die eine Person befähigen, nach oben zu kommen dann auch diejenigen sind, die sie als Führungskraft qualifizieren. Wenn ich Führungskräfte nur auf ihre Eigenschaften untersuche, dabei aber unterstelle (und das nicht explizit prüfe), dass sie gut führen, mache ich einen Denkfehler, denn nicht alle (nicht einmal die ranghohen) Führungskräfte führen gut.

Exkurs: Eigenschaftstheorie der Führung

Diesen Theorien zu Grunde liegt die Annahme, dass bestimmte Eigenschaften der Person Führungserfolg bedingen und dass sich Führungskräfte mit Blick auf diese Eigenschaften vom Durchschnitt der Bevölkerung unterscheiden. Die Programmatik ist folgende:
– Es soll analysiert werden, welche Eigenschaften kennzeichnend für Führungserfolg sind.
– Es sollen geeignete Testverfahren zur Messung dieser Eigenschaften entwickelt werden.
– Bewerber für Führungspositionen werden mit den genannten Tests ausgewählt.

Unterschiedlich hohe Korrelationen zum Führungserfolg fand man i.H.a. die folgenden Variablen:

1. Fähigkeiten (Intelligenz, Wachsamkeit, verbale Gewandtheit, Originalität, Urteilskraft),
2. Leistung (Schulleistung, Wissen, sportliche Leistung),
3. Verantwortlichkeit (Zuverlässigkeit, Initiative, Ausdauer, Aggressivität, Selbstvertrauen, Wunsch, sich auszuzeichnen),
4. Teilnahme (Aktivität, Soziabilität, Kooperationsbereitschaft, Anpassungsfähigkeit, Humor),

---

8   „Peter-Prinzip (oder die Hierarchie der Unfähigen): Das von Laurence J. Peter „entdeckte" Prinzip, wonach jeder so lange befördert wird, bis er seine individuelle Stufe der Unfähigkeit erreicht hat. Die Hierarchie ist also weitgehend eine „Hierarchie der Unfähigen" und funktioniert nur noch deshalb, weil es Mitglieder gibt, die noch nicht ausreichend oft befördert worden sind, also ihre Stufe der Unfähigkeit noch nicht erreicht haben, oder sich der Beförderung bewusst verweigert haben." (KREMS, 2000, online-Verwaltungslexikon auf www.olev.de)

5. Status (sozioökonomische Position, Popularität)
6. physische Variablen (Alter, Größe, Gewicht).

Dies klingt plausibel, im Detail werden aber die Probleme deutlich: Die Korrelationen sind überwiegend sehr gering, bzw. streuen sehr stark. Das ist sicher auf oben genannten Denkfehler, den viele der Studien gemacht haben, zurückzuführen, darüber hinaus auf mangelnde Vergleichbarkeit der Studien (Methodenvielfalt, -gütekriterien) und auf die Komplexität der Situationen (Geführte, Aufgabe, Situation). Weiterhin sind Ursache-Wirkungs-Zuschreibungen bei Korrelationen problematisch (Hat jemand Führungserfolg, weil er/sie selbstsicher ist, oder verhält es sich umgekehrt?) (vgl. WEINERT, 1998; ROSENSTIEL, 1993, für eine ausführliche Kritik: NEUBERGER, 2002).

Fazit: Bislang ist es nicht gelungen, Persönlichkeitsmerkmale, die situationsübergreifend mit Führungserfolg zusammenhängen, zuverlässig zu identifizieren.

3. Der unreflektierte *Rückgriff auf das Eigenschaftsparadigma der Führungsforschung* aus der ersten Hälfte des Jahrhunderts. Das Eigenschaftsparadigma war nach vielen Jahren intensiver empirischer Forschung als unfruchtbar erkannt worden und von interaktionistischen Ansätzen (z.b. „situativer Führungsstil nach HERSEY & BLANCHARD, vgl. WEINERT, 1998) abgelöst worden (siehe Exkurs), da es nicht gelungen war, Persönlichkeitsmerkmale zu identifizieren, die situationsübergreifend Führungserfolg sicherstellen[9]. Und obwohl der Nachweis von allgemein führungsqualifizierenden Persönlichkeitsmerkmalen gescheitert ist, forscht man munter, wie sich Männer und Frauen in Führungspositionen in ihren Eigenschaften möglicherweise unterscheiden, wer die besseren ManagerInnen seien, d.h. ein gescheitertes Paradigma wird im Sinne eines differenztheoretischen Ansatzes in der Geschlechterforschung angewendet. Ein wunderbares Beispiel für „doing gender" in der Forschung (vgl. Exkurs: Differenztheorien in Abschnitt 4.4 und SCHULTE-FLORIAN, 1999).
   Darüber hinaus ist völlig unsicher, wie sich entsprechende Eigenschaften in (vorhersagbares) Verhalten umsetzen würden. Das Verhalten von Menschen ist in seltenen Fällen konsistent, d.h. über mehrere Situation konstant und damit vorhersagbar[10], darüber hinaus unterscheiden sich Menschen auch mit Blick auf die Stabilität und Varianz ihres Verhaltens: Manche Menschen sind „unberechenbar", andere relativ zuverlässig in ihrem Verhalten (für Details s. SCHULTE-FLORIAN, 1999).
4. Zu dieser grundsätzlichen Problematik des Eigenschaftsansatzes gesellen sich eine Reihe von Problemen der empirischen Forschung und von messtheoretischen Problemen, die bei der Untersuchung von Gruppenun-

---

9   Für weitere Kritik am eigenschaftstheoretischen Ansatz in Bezug auf Informatikerinnen siehe MENGEL-BELABBES, 1998
10 Messtheoretisch ist dies ein Problem der prognostischen Validität von Verfahren, wie Tests, Assessment Center, Fragebögen usw.

terschieden grundsätzlich gelten und die teilweise gegenläufig wirken: Manche führen eher zu einer Überschätzung, manche zu einer Unterschätzung der möglichen Unterschiede. Hier seien nur die wichtigsten genannt (für einen ausführlichen Überblick siehe HALPERN, 1992; HYDE, 1991):

Forschungsmethodische Probleme

- Verzerrungen auf Grund der Veröffentlichungspraxis („file drawer problem"): Studien, die (nach Zufall zu erwartende) Geschlechterunterschiede finden, werden gehäuft veröffentlicht (vgl. MERZ, 1979), damit verbunden ist eine ‚Überschätzung' der Unterschiede und die vorhandenen Ähnlichkeiten der Geschlechter sowie die enormen Spannweiten (Varianzen) der Merkmale innerhalb eines Geschlechts geraten aus dem Blick.
- Probleme der Methodik/Operationalisierung: z.B. Verallgemeinerungen der eigenen anekdotischen Erfahrungen („Meine beiden Söhne lieben Mathematik, aber meine Tochter konnte den Unterricht nie leiden"), Schlussfolgerungen von Ergebnissen aus Fragebogenstudien/Selbstauskünften auf tatsächlich vorhandene Merkmale: Wenn weibliche Führungskräfte auf der Skala „Teamfähigkeit/Beziehungsorientierung" in einem Selbsteinschätzungs – Testsystem (RODA-LEGER, 1998) höhere Werte als ihre männlichen Kollegen erzielen, ist der Schluss unzulässig, dass sie beziehungsorientierter *sind* als Männer. Aus dem Ergebnis ist nur zu schließen, dass sie sich als beziehungsorientierter *schildern*.
- Probleme der Stichprobe: In der Geschlechter- und speziell in der Führungsforschung haben wir es häufig mit teilweise extrem selektierten Stichproben zu tun (z.B. die wenigen Frauen in hohen hierarchischen Ebenen sind handverlesen und sicher nicht repräsentativ für *die* Frauen im allgemeinen). Dies bewirkt eine Einschränkung der Varianz[11] der untersuchten Merkmale und damit möglicherweise eine ‚Unterschätzung' der wahren Zusammenhänge (vgl. KRUMPHOLZ, 1993), aber auch die Unzulässigkeit eines Induktionsschlusses („Frauen (allgemein) sind die besseren/schlechteren Führungskräfte"). Darüber hinaus ist offensichtlich die männliche Stichprobe weniger stark selektiert, was Probleme der Vergleichbarkeit aufwirft. Aus mathematischen Gründen erhöht eine große Stichprobe die Wahrscheinlichkeit, dass die Unterschiede zwischen den Gruppen statistisch signifikant werden. Bei unserem Untersuchungsgegenstand finden wir oft relativ kleine Stichproben vor. So wird möglicherweise die Alternativhypothese zu Unrecht verworfen, d.h. Geschlechterunterschiede nicht offensichtlich.

---

11 Spannweite

– Korrelation[12] und Kausalität: Zusammenhänge zwischen zwei Variablen verführen zu dem Schluss, die eine als die Ursache der anderen zu betrachten. Der Zusammenhang zwischen Korrelation und Kausalität ist aber ein komplexer (vgl. HUMMELL, ZIEGLER, 1976). Ein empirisch gefundener Zusammenhang zwischen Geschlecht und einem Merkmal bedeutet nicht, dass das Geschlecht die Ursache ist. (Mit gleicher Berechtigung könnte man annehmen, dass die Störche die Kinder bringen, weil in den letzten 50 Jahren sowohl die Storchenpopulation als auch die Geburten zahlenmäßig rückläufig sind; vermutlich ist der Zusammenhang jedoch über eine dritte Variable, die Industrialisierung, vermittelt). Dies ist vor allem deshalb von Bedeutung in der Geschlechterforschung, da wir auf Korrelationsstudien angewiesen sind, wenn wir aus naheliegenden Gründen keine experimentellen Studien unter streng kontrollierten Bedingungen und mit zufällig zusammengesetzten Stichproben durchführen können (z.B. die Prüfung der Hypothese, dass Jungen von einem bestimmten Hormon in der Schwangerschaft stärker profitieren als Mädchen mit Blick auf spätere intellektuelle Fähigkeiten mittels eines Experiments, verbietet sich aus ethischen Gründen). Diese Überlegung ist eminent wichtig, da sie bedeutet, dass wir in der Geschlechterforschung, wenn wir einen Zusammenhang zwischen Geschlecht und einem anderen Merkmal finden, noch längst nicht wissen, *warum* er existiert.

– Gerade in Forschungsbereichen, die eine zufällige Zuordnung von ProbandInnen zu den Gruppen und eine experimentelle Untersuchung nicht erlauben (s. vorheriger Punkt), sind Replikationsstudien[13] besonders geboten. Leider geht dieses Postulat an der Realität der Geschlechterforschung vorbei.

– Probleme der Hypothesentestung: Die Annahme der Nullhypothese („es gibt keinen Unterschied zwischen den beiden betrachteten Gruppen mit Blick auf ein bestimmtes Merkmal") ist nicht möglich. Das Beste, was wir tun können, ist, ihre Verwerfung abzulehnen. Ein Beispiel: Angenommen, wir formulieren die Nullhypothese, dass niemand mehr oder weniger als einen Kopf hat. Wir nehmen eine große Stichprobe und erheben die Anzahl der Köpfe. Wir finden, dass jede Person in der Stichprobe genau einen Kopf hat. Damit haben wir die Nullhypothese aber nicht ,geprüft', denn es ist denkbar, dass eine einzige Person mit zwei Köpfen existiert, die wir aber nicht in die Stichprobe aufgenommen hatten (entnommen aus HALPERN, 1992, S. 33). Entsprechend können wir immer nur sagen, dass die ForscherInnen in dieser speziellen Stichprobe und mit ihrer speziellen Methodik keine Geschlechterunterschiede finden konnten.

---

12 Zum Begriff der Korrelation siehe Abschnitt 3.5
13 Studien, die mit neuen Stichproben wiederholt werden, um zu prüfen, ob die ursprünglichen Ergebnisse nicht auf Zufälle, Rahmenbedingungen oder die Zusammensetzung der Stichprobe zurückzuführen sind.

– Fragen der Merkmalsverteilung: Verteilungen sind nicht nur gekennzeichnet durch einen Mittelwert (z.b. arithmetisches Mittel oder Durchschnitt: „Frauen haben im Schnitt die höhere verbale Intelligenz"), wie es das Alltagsverständnis nahe legt, sondern unter anderem auch durch ihre Streuung und Schiefe. Weiterhin muss man das Ausmaß an Überlappung der beiden Verteilungen betrachten. Viele Untersuchungen zu Geschlechterunterschieden beschäftigen sich ausschließlich mit Mittelwertsunterschieden, wodurch *Ähnlichkeiten* aus dem Blick geraten.

„This study may generate more heat than light". (Gunter und Gunter, 1990 über eine Studie über häusliche Arbeitsteilung, zit. nach HALPERN, 1992).

Wir sehen also, dass der eigenschafts- bzw. differenztheoretischen Ansatz zur Erklärung der Unterrepräsentanz von Frauen in Führungspositionen äußerst simpel und plausibel klingt, in der Überprüfung sich aber aus unterschiedlichen Gründen als äußerst schwierig erweist.

Wie Sie gemerkt haben, ziehe ich es aus all diesen Gründen vor, das Problem auf der Ebene von Stereotypen, resultierenden Verhaltensweisen und Strukturen zu diskutieren. In der Folge werden weitere strukturelle Faktoren benannt.

10.4 Strukturelle Ansätze

Argumentationen, die von *strukturellen Verursachungen* ausgehen, postulieren implizit prinzipiell gleiche Eigenschaften, bzw. gleiche Eignung und Befähigung zu Führungsverhalten bei Frauen und Männern und die Gestaltbarkeit von Geschlechtsrollen.

Exkurs: Der Diskriminierungsbegriff

In der *Psychometrie* wird unter Diskriminierung das Aufzeigen von reliablen[14] Unterschieden zwischen (Gruppen von) Individuen mittels eines Messinstruments verstanden. Hier gibt es weder eine Wertung noch eine Aussage über Ursachen von Unterschieden.

In der *Soziologie* wird unter Diskriminierung ein Handeln verstanden, in dem „Mitglieder der eigenen Gruppe Mitglieder der anderen Gruppe auf Grund wahrgenommener sozialer oder ethnischer Merkmale als ungleiche bzw. minderwertige PartnerInnen ansehen und – im Vergleich zu den Angehörigen des eigenen Kollektives – entsprechend abwertend behandeln."

Aus *juristischer Sicht* ist Diskriminierung „eine ungleiche Behandlung vergleichbarer bzw. gleiche Behandlung nicht vergleichbarer Sachlagen, sofern keine ob-

---

14 Reliabilität meint „Messgenauigkeit, Zuverlässigkeit".

jektive Rechtfertigung für die Differenzierung gegeben ist"[15] (beide Zitate aus
KAY, 1998, S. 33).

Hierbei wird unterschieden zwischen unmittelbarer und mittelbarer Diskriminierung (z.B. § 611 BGB).

– Unmittelbare Diskriminierung liegt dann vor, wenn Personen des einen Geschlechts weniger günstig behandelt werden als Personen des anderen Geschlechts. Beispiele: Bei einem Stellenauswahlprozess wird eine Vorselektion
  vorgenommen, mit der Begründung, für dieses Stelle kämen nur Männer (oder
  ggf. Frauen) in Betracht. Ebenso fallen hierunter Quotierungen unabhängig von
  Leistung, weiterhin Fragen nach Schwangerschaft (verdeckte Diskriminierung).
– Mittelbare Diskriminierung unterscheidet nach Merkmalen, die bei Männern
  und Frauen unterschiedlich vorliegen (können)[16], so dass sich die Unterscheidung nachteilig für ein Geschlecht auswirkt, ohne dass dies durch objektive Er-
  fordernisse gerechtfertigt wäre. Beispiele: geschlechtstypische Ausgestaltung
  von Eignungstests, geschlechtstypische Anforderungskriterien (größer 180 cm,
  Physikdiplom).

Die Tatsache, dass Frauen in den oberen Rängen von Hierarchien unterrepräsentiert sind, wird als Folge von Verdrängung und Diskriminierung auf dem
Hintergrund des weiblichen Geschlechtsrollenstereotyps gesehen, wobei vor
allem Aufstiegsdiskriminierung thematisiert wird (HENNERSDORF, 1998).
Hierzu gehören auch konstruktivistische Ansätze, die davon ausgehen, dass
die Kategorie „Geschlecht" sozial konstruiert, in der Interaktion hergestellt
wird. Geschlecht sei nicht etwas, das wir „haben", sondern etwas, das wir
„tun" („doing gender" und diskurstheoretische Ansätze, für eine Synopse s.
LEHNERT, 1999).

Ein wichtiger Aspekt ist das *Berufswahlverhalten* von Frauen (siehe Abschnitt 2.3), Frauen wählen Dienstleistungsberufe, studieren Sprachen und
sind in den Ingenieurwissenschaften stark unterrepräsentiert. Dass der Anteil
an Ingenurinnen in der ehemaligen DDR viel höher war als in der BRD und
in den letzten zehn Jahren stark gesunken ist, ist nur ein Beleg für die Abhängigkeit der Berufswahl von Sozialisation und Vorstellungen von der „An-
gemessenheit" bestimmter Berufe für Frauen (entsprechend dem Geschlechtsrollenstereotyp) (ALLMENDINGER & PODSIADLOWSKI, 2001).

BISCHOFF (1999) weist darauf hin, dass Spitzenpositionen in der Wirtschaft in der Regel mit Wirtschafts-, Rechts- oder Ingenieurwissenschaftle-
rInnen besetzt werden, Ausbildungsgänge, in denen Frauen bis vor kurzem
stark unterrepräsentiert waren und (und z.T. immer noch) sind. HEINTZ et al.
(1997, S. 226) argumentieren in diesem Zusammenhang: „... die Wahl eines

---

15 Eine objektive Rechtfertigung liegt i. d. R. dann vor, wenn sie von der Art der auszu-
    übenden Tätigkeit her zwingend geboten ist.
16 Hierbei stellt sich die Frage nach der Vergleichsgruppe. Im beruflichen Bereich wird
    man als Vergleichsgruppe nicht die Gesamtbevölkerung, sondern die Erwerbsbevöl-
    kerung wählen (für eine differenzierte Diskussion S. KAY, 1998).

geschlechtskonformen Berufes lässt sich weniger auf ein bewusstes Vermeiden von Rollen- und Identitätskonflikten zurückführen, als vielmehr darauf, dass eine solche Option zum Zeitpunkt der Berufswahl – vermutlich als Folge geschlechtsspezifischer Sozialisation und antizipatorischer Anpassung von Berufswünschen an den geschlechtsspezifischen Arbeitsmarkt – bereits aus dem Horizont des Möglichen herausgefiltert worden ist." Darüber hinaus scheinen Frauen an ihrer fachlichen Eignung für Männerberufe zu zweifeln, obwohl sie bessere Grundqualifikationen mitbringen als ihre männlichen Kollegen, wie HEINTZ et al. (1997) für Informatikerinnen zeigen. (Dies ist übrigens umgekehrt interessanterweise nicht der Fall, wenn Männer in Frauenberufe eindringen, wie sie am Beispiel von Krankenpflegern zeigen konnten).

Die Annahme, dass die höhere Arbeitslosigkeit von Akademikerinnen (im Vergleich zu Akademikern) an der geschlechtstypischen Fachwahl liegt, widerlegt SCHREYER (1999). Frauen, die studiert haben, haben fachunabhängig ein höheres Arbeitslosigkeitsrisiko, dies gilt aber vor allem für „frauenuntypische" Studiengänge. Besonders krass sind die Unterschiede im Bauingenieurwesen und im Fertigungs- und Chemieingenieurswesen, in der Elektrotechnik und in der Architektur (Uni und FH). In der Elektrotechnik (mit Uniabschluss) z.B. ist die Arbeitslosenquote der Männer 5,7%, die der Frauen 14,6%.

Berufswechsel: Interessant in diesem Zusammenhang ist, dass es Hinweise darauf gibt, dass (die wenigen) Frauen, die in Männerberufen arbeiten, dem „Drehtür-Effekt" besonders unterliegen: der Prozentsatz der Frauen, die einen Männerberuf wählen, ist kaum höher als derjenige, der ihn wieder verlässt. Die leichte Zunahme an Frauen, die atypische Berufsausbildungen wählen, wird also dadurch zurückgenommen, dass die Frauen oft nicht in diesen Berufen verbleiben (u.a. bedingt durch Zeitverträge), insofern schlägt sie sich auch nicht auf die horizontale und vertikale Segregation nieder (vgl. HEINTZ et al., 1997; ALLMENDINGER & HINZ, 2000, für eine Analyse der Gründe siehe KANTER, 1993).

Dazu gehören auch Ansätze, die vermerken, dass Frauen über *geringere organisationale strategische Ressourcen und Netzwerke* verfügen. Hier beißt sich der Hund in den Schwanz: Durch die Unterrepräsentanz in den höheren Hierarchieebenen und in den zentralen Schaltpositionen verfügen sie über geringere formelle und funktionale Macht. Damit sind sie als Koalitionspartnerinnen (auch für Männer) weniger attraktiv, die mangelnde Einbindung in relevante Seilschaften führt dann ihrerseits wieder zu geringeren Karrierechancen (SCHULTE-FLORIAN, 1999).[17]

---

17 ERNST (1999, S. 30) arbeitet den Unterschied zwischen „Seilschaften" und „Netzwerken" heraus: „Während der Begriff des sozialen Netzwerks die Rollen und Positionen, informellen Beziehungen eines „bestimmten Sets von Personen" in einem sozialen Beziehungsgefüge meint, ist in diesem Kontext unter Seilschaft die besonders interaktive Komponente des Informations- und Ressourcenaustausches, der gegenseitigen Unterstützungsleistungen und die Herstellung eines emotionalen und affektuellen Bindungsgefühls zu verstehen." Der Begriff „Netzwerk" impliziert ein heterachisches

Untersuchungen zeigen, dass die *Organisationsgröße* einen Einfluss hat: der Zusammenhang zwischen Organisationsgröße und (horizontaler) Segregation ist U-förmig. Unternehmen mit weniger als 20 ArbeitnehmerInnen und mit über 100 ArbeitnehmerInnen sind stärker segregiert als Unternehmen mittlerer Größe, wobei erstaunlicherweise die Anzahl der Leitungsebenen keine Auswirkungen auf den Grad geschlechtsspezifischer Segregation zu haben scheint (TOMASKOVIC-DEVEY & SKAGGS, 2001). Entsprechend zeigt BISCHOFF (1999, S. 19), dass „Frauen nach wie vor deutlich häufiger als Männer in den am Umsatz gemessenen kleineren Unternehmen in Führungspositionen gelangen". OSTERLOH & LITTMANN-WERNLI (2000) zeigen, dass in kleineren Organisationen auch die Fluktuationsraten der weiblichen Führungskräfte niedriger sind als die der männlichen (s.u.).

Spezialisierung, bzw. Departmentalisierung einer Organisation fördert die Segregation, „da sie die geschlechtsspezifische Zuschreibung von Tätigkeiten vereinfacht. Sie erleichtert auf der einen Seite die horizontale Segregation von Tätigkeiten und schafft auf der anderen Seite Aufstiegsmöglichkeiten für Frauen in Führungspositionen, die die Segregationsmuster in den einzelnen Abteilungen reflektieren" (TOMASKOVIC-DEVEY & SKAGGS, 2001, S. 310).

Für die Annahme struktureller Verursachung spricht auch, dass *Formalisierung* der Entscheidungsabläufe ein Faktor ist, die das Ausmaß an vertikaler Segregation stark beeinflusst. Segregation wird durch starke Formalisierung eher verhindert, z.B. im Bereich der Leistungsbeurteilung (vgl. Abs. 3), gleichzeitig sind die Einkommensdifferenzen zwischen Männern und Frauen geringer (TOMASKOVIC-DEVEY & SKAGGS, 2001; HINZ & SCHÜBEL, 2001). ALLMENDINGER & HINZ (2000, S. 17) kommen in ihrer Langzeitstudie zu dem Schluss: „Schließlich deutet sich an, dass Organisationen, die in ihrer Personalpolitik die Formalisierung stärken (Versicherung und Militär) eine deutlich steigende Integration von Frauen verzeichnen." MÜLLER (2000, S. 141) warnt davor, dass Informalisierung von Entscheidungsprozessen für Frauen fatale Folgen haben können: „Wenn z.B. Gruppenarbeit an „gewachsene Strukturen" anknüpfen soll, wird oft das Anknüpfen an die „gewachsene" Geschlechterhierarchie am Arbeitsplatz die Konsequenz sein". Daraus folgt, dass Gleichstellungsbeauftragte auf formale Verfahren Wert legen und bestehen sollten (z.B. mit Blick auf Einstellungs-, Beurteilungs- und Beförderungsverfahren). Dies gilt auch für Verfahren der Leistungsmessung: der Übergang von Titeln zu Funktionen in einer Versicherung und damit die Objektivierbarkeit der Leistung lässt Willkür weniger Raum (ALLMENDINGER & HINZ, 2000).

Bessere Chancen für Frauen bestehen (vermutlich auch auf der Basis o.g. Faktoren) in non-profit-Organisationen und im Öffentlichen Sektor (WIMBAUER, 1999) sowie in kleinen und mittleren Betrieben (s.u.)[18]. Der Frauen-

---

Muster unter Gleichrangigen, im Begriff „Seilschaft" (ein Begriff aus der Bergsteigersprache) ist das gemeinsame „nach oben – Wollen" enthalten.

18　www.flexible-unternehmen.de vom 20. 12. 2002

anteil im Management liegt in den mittelständischen Betrieben bei 11%, bei den Behörden bei 12,5% und im Einzelhandel (kleine Betriebe) bei 16,3% (HERTZER & WOLFRUM, 2001).

Auch das *Ausmaß an Hierarchisierung* scheint eine Rolle zu spielen: Tatsächlich zeigt sich in einer Untersuchung an sechs norwegischen Unternehmen, dass in Organisationen, die als „dynamische Netzwerke" organisiert sind, den Frauen gute Karrieremöglichkeiten zur Verfügung stehen[19], während in „statischen Hierarchien" Männer systematisch über die besseren Aufstiegschancen und höheren beruflichen Positionen verfügen (KVANDE & RASMUSSEN, 1995 in WIMBAUER, 1999). „Wird die Arbeits- und Aufgabenorganisation durch starke Gruppenorientierung und Zusammenarbeit geprägt, scheint dies einer Integration von Frauen dienlicher zu sein als eine Aufgabenorganisation, bei der primär individuell erbrachte Leistungen prämiiert werden" (WIMBAUER, 1999, S. 47). Dies korrespondiert mit den in Abschnitt 7.2 referierten Erkenntnissen zu weiblichen Vorlieben für Netzwerke, Gleichrangigkeit und Fließgleichgewichtsstrukturen in Arbeitsteams.

Personalpolitische Betonung der „Differenz": HORNUNG (2000 b, S. 107) zeigt für mittelständische Unternehmen, dass „Frauen da berufliche Chancen finden, wo ihre Differenz[20] betont wird: Die Differenz, das seien im sozialen Bereich ihre Zugewandtheit, in Teilsektoren der Medien ihre kommunikative und soziale Kompetenz. Diese Zuschreibungen wirken, ob sie nun der Realität entsprechen oder nicht. Wo Frauen ihnen zugeschriebene Stärken ausspielen können, d.h. wo personalpolitisch „Differenz" betont und positiv bewertet wird, da haben Frauen Arbeits- und Aufstiegschancen: Sie werden gefördert, weil dies nach Einschätzung der Führungskräfte den Betrieben zugute kommt. Wo hingegen die Personalpolitik auf „Gleichheit" setzt, wie z.B. im Bankgewerbe, bleiben Frauen in den unteren Rängen der Hierarchie stecken." D.h., dass tradierte geschlechtsspezifische Zuschreibungen für Frauen dann nützlich sind, wenn sie den Erfordernissen und Zielen der Organisation entsprechen. KREISSL (2000, S. 194) nennt das ironisch: „Funktionale Feminisierung als ökonomische Strategie männlichen Marketings".

Externer Integrationsdruck: TOMASKOVIC-DEVEY & SKAGGS (2001) zeigen für die USA die Auswirkungen des Civil Rights Act von 1964, das Diskriminierung am Arbeitsplatz untersagt und z.T. drastisch sanktioniert. Hier haben die gesetzgeberischen Maßnahmen eine Reihe von Wirkungen gezeigt: Jüngere Firmen sind integrierter als ältere, da sie dem sozialen und rechtlichen Druck zur Gleichstellung von Frauen besonders ausgesetzt waren. Der Druck wirkt sich in erhöhter Formalisierung der Personalpolitik aus, wovon (s.o.) besonders Frauen profitieren. „Formalisierung scheint Frauen einen Zugang zu Führungspositionen zu eröffnen, die bislang mehrheitlich von Männern besetzt waren" (S. 324).

---

19 Alle untersuchten Netzwerkorganisationen hatten keine speziellen Frauenfördermaßnahmen implementiert.

20 d.h. in diesem Kontext ihre Unterschiedlichkeit von Männern

Wie in verschiedenen Untersuchungen gezeigt wurde, haben sowohl *das zunehmende Ausmaß weiblicher Berufstätigkeit* als auch *die Angleichung der Ausbildung der jüngeren Generation* bislang kaum zu einem Rückgang der Segregation beigetragen (für eine Synopse siehe HEINTZ et al., 1997).

Vereinbarkeit von Beruf und Familie und Lebensplanung: Der Aspekt des Geschlechtsrollenstereotyps, der z.b. in betrieblichen Frauenförderplänen am meisten zum Tragen kommt, ist die gesellschaftliche Zuschreibung von Haushalt und Kindererziehung an Frauen, was es für Frauen schwierig macht, Beruf und Familie in Einklang zu bringen, vor allem in Führungspositionen (DICK, 1995, vgl. Abschnitt 9.4). Dies führt einerseits dazu, dass weibliche Führungskräfte deutlich weniger Kinder haben als männliche und andererseits dazu, dass weibliche Führungskräfte ihre Berufstätigkeit häufiger aus familiären Gründen unterbrechen (MOHNECK, 1998). Dies wirkt sich offenbar negativ auf die Karriere aus, da die Zahl derer, die aus familiären Gründen unterbrochen haben sinkt, je höher ihre Führungsposition angesiedelt ist.

Daneben gibt es noch ökonomische und rechtliche Erklärungsansätze, die hier nicht referiert werden, da sie inzwischen als überholt gelten können (für Interessierte: RAU, 1995).

10.5 Zusammenfassung

In diesem Abschnitt wurde der differenz- bzw. eigenschaftstheoretische Ansatz der Erklärung für die Unterrepräsentanz von Frauen in Führungspositionen kritisiert und die forschungsmethodischen Probleme dargestellt.

Strukturelle Erklärungsansätze und entsprechende empirische Ergebnisse benennen als Faktoren: das Berufswahlverhalten von Frauen, die Verfügbarkeit von Netzwerken und anderen Ressourcen, die Organisationsgröße, die Formalisierung der Entscheidungsabläufe, die Departmentalisierung einer Organisation und die Hierarchisierung, sowie den externen Integrationsdruck. Probleme der Vereinbarkeit von Familie und Beruf werden als zentral angesehen.

Das zunehmende Ausmaß weiblicher Berufstätigkeit und die hervorragende Qualifikation jüngerer Frauen führen bislang kaum zu einem Rückgang der Segregation.

Im nächsten Abschnitt wird referiert, was bislang an empirischen Befunden und an Erkenntnissen über Frauen in Führungspositionen vorliegt, Befunde, an denen sich der eigenschaftstheoretische Ansatz im übrigen ebenfalls messen lassen muss.

11. Fakten über Frauen in Führungspositionen

11.1 Einführung

In den letzten Abschnitten wurde dargestellt, welche Schwierigkeiten vor allem für Frauen existieren, die den Aufstieg in Organisationen schaffen wollen. Die wenigen Frauen, die es nach oben geschafft haben, sind sozusagen handverlesen. Entsprechend äußert sich KREISSL (2000, S. 147 f.):

> „Der Weg *(nach oben, sinngemäße Ergänzung der Verfasserin)* ist ... gepflastert mit Selbstverleugnungen jeglicher Art. Je höher man dann die Karriereleiter hinaufklettert, desto ähnlicher werden sich die Figuren. Der Mechanismus gleicht dem einer Anordnung von Rüttelsieben mit immer feineren Maschen. Wer es schafft, durch die groben Maschen des ersten zu gelangen, der bleibt möglicherweise an der feinmaschigeren Barriere des zweiten hängen. Wer dort noch durch die Löcher passt, der verfügt möglicherweise über zu viele Ecken und Kanten, so dass er am nächsten oder übernächsten Raster scheitert. Am Ende schließlich kommt fein gesiebtes, gleichartiges Material heraus, der graue Staub, aus dem die Macht besteht".

Das führt zu der Vermutung, dass Frauen, die Karriere gemacht haben, sich in ihrem Verhalten kaum (noch?) von Männern in vergleichbaren Positionen unterscheiden. Demgegenüber steht die feuilletonistische Ratgeberliteratur, die postuliert: „Frauen führen anders!" (z B. HELGESEN, 1991).

Was genau weiß man über Frauen in Führungspositionen, welche gesicherten Befunde liegen vor? Das ist der Gegenstand des vorliegenden Abschnittes.

11.2 Empirische Befunde

Im Folgenden werden die einzelnen Erkenntnisse im Sinne einer Synopse aufgelistet. Relevante Bereiche sind Familie, Berufseinstieg, Motivation, Selbst- und Fremdbeschreibung, Mitarbeiterorientierung, Führungseffizienz, Zufriedenheit der MitarbeiterInnen, Einkommen und Anzahl der MitarbeiterInnen, Fehlzeiten und Fluktuation.

Familie:
In vielen umfangreichen Studien (zuletzt MOHNECK, 1998; GOOS & HANSEN, 1999) wurde gezeigt, dass deutlich mehr Managerinnen als Manager ohne Partner und Kinder leben: In einer festen Bindung leben 75% der Frauen und 92% der Männer, 50% der Frauen und 13% der Männer haben keine Kinder (BISCHOFF, 1999)[1]. Wenn die Frauen Kinder haben, beschränken sie sich meist auf eins. RAU (1995) fand in ihrer Untersuchung, dass 25,6% der befragten Männer, aber 70% der Frauen, die eine Führungsposition anstreben, bereit sind, der Karriere Vorrang vor der Familie einzuräumen. Interessant in diesem Zusammenhang mag sein, dass Professorinnen viel häufiger ledig sind als Professoren und auch viel häufiger geschieden (57% aller Professorinnen gegenüber 18% der Professoren, SEEG, 2000). Beruflich erfolgreiche Männer in der Medizin haben durchschnittlich 1,9 Kinder, während die beruflich erfolgreichen Ärztinnen durchschnittlich nur 0,8 Kinder haben (HOHNER et al., 2003). In einer Untersuchung von AUTENRIETH et al. (1993) zeigte sich, dass 24,7% der Männer mit Partnerin eine vollzeitbeschäftigte Partnerin haben, während vergleichbare weibliche Führungsnachwuchskräfte mit Partner zu 94,3% angaben, dieser sei vollzeitbeschäftigt. Das heißt, die Dual-Career-Problematik stellt sich nach wie vor überwiegend für die Frauen.

Belastung:
Es gibt Hinweise darauf, dass Frauen in Führungspositionen, die Familie haben, unter erhöhtem psychologischen und physiologischen Stress leiden. LUNDBERG & FRANKENHAEUSER (1999) vergleichen 21 Frauen und 21 Männer in höheren Positionen in einer Versicherung im Hinblick auf verschiedene Stressindikatoren. Frauen hatten während und nach der Arbeit höhere Norepinephrin – Werte als Männer, wobei Frauen mit Kindern die höchsten Werte aufwiesen. Für Männer schien sich die Existenz von Familie und Kindern teilweise stressreduzierend auszuwirken.

Mütter:
Frauen in Führungspositionen haben häufiger als Männer berufstätige Mütter (Nur-Hausfrauenanteil bei den Männern 41%, bei den Frauen 26%, BISCHOFF, 1999).

Erfolgsfaktoren für den Berufseinstieg:
Mit Blick auf die genannten Erfolgsfaktoren für den Berufseinstieg unterscheiden sich Männer und Frauen kaum. Die genannten Faktoren sind in der Reihenfolge: 1. während der Ausbildung ausgeübte direkt berufsorientierte Aktivitäten (Männer 65%, Frauen 61%), 2. Spezialkenntnisse (49% und 38%), 3. Sprachkenntnisse (22% und 28%), 4. Äußere Erscheinung (21% und 21%), 5. Persönliche Beziehungen (21% und 14%) und 6. Nicht direkt berufsorientierte Aktivitäten während der Ausbildung (5% und 5%) (BISCHOFF, 1999, S. 43).

---

1   Vgl. auch www.diw-berlin/publikationen.de vom 20. 12. 2002

Motivation:

Bei Männern überwiegt die materielle Karrieremotivation (vermutlich aus ihrem Selbstverständnis als Ernährer der Familie resultierend), Frauen überholen die Männer oft noch mit Blick auf Macht- und Leistungsmotiv. Unterschiede in der Familien-/Karrieremotivation von Studierenden zeigt eine Fragebogenuntersuchung von RAU (1995).

Tab. 6: Aufstiegs- und Familienorientierung von 109 Wirtschaftswissenschaften – Studierenden (erste Zahl Frauen, zweite Zahl Männer, jeweils prozentual und gerundet), RAU (1995)

	niedrige Familienorientierung		hohe Familienorientierung	
hohe Aufstiegsorientierung	30	15	14	42
Mittlere Aufstiegsorientierung	17	6	17	18
Niedrige Aufstiegsorientierung	0	5	21	15
	47	26	52	75

Zu einer ähnlichen Einschätzung kommen GOOS & HANSEN (1999) die finden, dass für die männlichen Führungskräfte stärker als für Frauen äußere Anreize (Geld, Anerkennung) motivierend sind, während sich die Karrieremotivation von Frauen stärker aus der Freude an der Arbeit speist. Interessanterweise findet BISCHOFF (1999), dass mehr Männer (59%) als Frauen (46%) zufrieden mit ihrer Arbeitssituation sind. AUTENRIETH et al. (1993) finden keine Unterschiede in der Karrieremotivation von weiblichen und männlichen Führungsnachwuchskräften.

Eine interessante Analyse (ABELER, 1997) zeigt einen Zusammenhang von Geschlechtsrolleneinstellungen mit beruflichen Zielsetzungen: „Bei den Frauen waren hohe karrierebezogene berufliche Zielsetzungen mit egalitären Geschlechtsrolleneinstellungen verknüpft, d.h. der Vorstellung, dass die Rollen von Frauen und Männern prinzipiell ähnlich sein sollten. Bei den männlichen Befragten waren sie dagegen mit traditionellen Geschlechtsrolleneinstellungen verknüpft, d.h. der Vorstellung, die Ehefrau solle die Karriere des Mannes unterstützen." (S. 305). Dies bedeutet, dass karriereorientierte Frauen im Beruf später auf aufstiegsorientierte, eher konservativ eingestellte Männer in den oberen Hierarchieebenen treffen werden.

Selbst/-/Fremdbeschreibung:

Mit Blick auf die Selbstbeschreibung hatten die Frauen die höheren Mittelwerte in Intelligenz, Selbstsicherheit, Belastbarkeit, die Männer in Sensibilität und Weltoffenheit.

GOOS & HANSEN (1999) finden in der Fremdbeschreibung von Schlüsselqualifikationen eine starke Anlehnung an die Geschlechtsrollenstereotypen: Frauen wird die bessere Kommunikations- und Kooperationsfähigkeit, Männern die bessere Durchsetzungsfähigkeit zugeschrieben. Mit Blick auf ethisches Bewusstsein, Flexibilität, Motivierungsfähigkeit und Zielstrebigkeit finden sich keine Unterschiede in der Einschätzung. Ähnliche Ergebnisse zeigt die Untersuchung von MOHNECK (1998): Vorgesetzte bzw. Personalverantwortliche beschreiben weibliche Führungskräfte als flexibler, kooperationsbereiter und kreativer, männliche Führungskräfte als belastbarer, einsatzbereiter und ehrgeiziger.

Mitarbeiterorientierung:
Mit Blick auf Aufgaben- bzw. Mitarbeiterzentrierung finden sich keine Geschlechterunterschiede, ebenso wenig in der Selbstbeschreibung des Führungsverhaltens (BISCHOFF, 1999; MOHNECK, 1998). Dies ist insofern bemerkenswert, als dass Frauen eine größere Personenorientierung unterstellt (und damit erwartet?) wird. Allerdings zeigt sich bei Frauen eine größere Diskrepanz zwischen Selbsteinschätzung und der Einschätzung durch die MitarbeiterInnen mit Blick auf das Einbeziehen von MitarbeiterInnen in Entscheidungen: MitarbeiterInnen fühlen sich weniger einbezogen als die weiblichen Führungskräfte dies selbst einschätzen. Gleiches gilt für die „Ansprechbarkeit bei persönlichen Problemen" (GOOS & HANSEN, 1999). Grundlage sind Verhaltenseinstufungen durch die Umgebung, hier könnte also unterschiedliche Einschätzung des „Nullpunktes" durch die Beobachter in Richtung des Geschlechtsrollenstereotyps eine verzerrende Rolle spielen.

Führungseffizienz:
Unabhängig von der Beurteilungsquelle (Vorgesetzte, MitarbeiterInnen, KollegInnen) und vom Leistungskriterium werden männliche und weibliche Manager als gleich effizient beurteilt. Auch hier sind jedoch Verzerrungen (s. Abschnitt 9.2) möglich. Dieses Ergebnis ist insofern erstaunlich, als nachgewiesen werden konnte, dass, wenn Frauen und Männer das gleiche führungsbezogene Verhalten zeigen, das Verhalten der Frauen negativer beurteilt wird, vor allem wenn es sich um einen autokratischen Führungsstil handelt (vgl. SPREEMANN, 2000).

Problemlösefähigkeit:
Eine Studie von KAUFFMANN et al. (1996, zit. in MANCHEN SPÖRRI, 2000, S. 36) an 553 ManagerInnen in Norwegen zeigte, dass sich Frauen und Männer auf unterem und mittlerem hierarchischen Niveau in ihrer Problemlösefähigkeit nicht unterscheiden, während sich die Frauen auf der obersten Ebene als signifikant besser erwiesen.

Zufriedenheit der MitarbeiterInnen:
Auch hier zeigt sich in nahezu allen Studien ein gleich hohes Zufriedenheitsrating der MitarbeiterInnen, wobei eine größere Zufriedenheit bei gleichgeschlechtlichen Dyaden[2] berichtet wurde (vgl. AUTENRIETH et al., 1993).

---

2   Paare

Einkommen und Anzahl der MitarbeiterInnen:
Bei vergleichbarer Tätigkeit etc. liegt das Einkommensniveau weiblicher Manager deutlich niedriger als das ihrer männlichen Kollegen. „Der durchschnittliche Monatsnettoverdienst für Vollzeitbeschäftigte in höheren Positionen betrug im Jahre 2000 für Männer 2.454 Euro, bei Frauen lag er mit 1.626 Euro weit darunter.[3]
Gleichsinnig die Ergebnisse von BISCHOFF (1999), die in der folgenden Tabelle dargestellt sind.

Tab. 7: Bruttojahresgehälter von Männern und Frauen mit Studium in Führungspositionen (BISCHOFF, 1999):

	Männer	Frauen
Weniger als 100 TDM	11%	49%
101-150 TDM	29%	26%
Mehr als 150 TDM	58%	25%

Mit zunehmender Höhe der Führungsebene sinkt der Anteil weiblicher Manager überproportional, die Einkommensdifferenz zu den Männern steigt.[4]
Parallel dazu verfügen weibliche Vorgesetzte über weniger MitarbeiterInnen als ihre männlichen Kollegen auf gleicher Position (46% der Männer, aber nur 24% der Frauen verfügen über mehr als zehn MitarbeiterInnen, wobei die Tendenz für die Frauen seit 1991-35% – sogar rückläufig ist) (BISCHOFF, 1999).

Fehlzeiten:
Fehlzeiten nehmen grundsätzlich mit steigender Qualifikation ab, sowohl für Frauen als auch für Männer. In den meisten Betriebserhebungen sind Arbeiterinnen Gegenstand der Untersuchungen, so dass gesicherte Daten zum Fehlzeitenverhalten von weiblichen Führungskräften bislang fehlen (RAU, 1995).

Fluktuationsraten der Führungskräfte:
Bei einer Befragung von Unternehmen in der Schweiz zeigte sich für die weiblichen Führungskräfte eine durchschnittliche Fluktuationsrate von 5,5%, für die Männer von 4,2%, ein nur unwesentlicher Unterschied bei hohen Streuungen zwischen den Unternehmen. Insbesondere in kleinen Unternehmen waren die Fluktuationsraten der Frauen niedriger als die der Männer[5]. Dies ist insofern ein wichtiger Befund, da angenommene höhere Fluktuationsraten weiblicher Führungskräfte ein häufiges Einstellungs- und Aufstiegshindernis darstellen. Auch MOHNECK (1998) fand keine Unterschiede

---

3   www.flexible-unternehmen.de vom 20. 12. 2002
4   www.diw-berlin.de vom 20. 12. 2002
5   In die Auswertung gingen die Angaben von 21 Unternehmen ein, OSTERLOH & LITTMANN-WERNLI (2000), gleichlautend ALLMENDINGER & HINZ (2000).

zwischen weiblichen und männlichen Führungskräften in der Betriebszuge-
hörigkeitsdauer.

Anderes:

Es gibt Anzeichen dafür, dass Frauen in Führungspositionen eine etwas höher
ausgeprägte Mobilitätsbereitschaft haben (müssen), längere Arbeitszeiten haben und dass sie häufiger durch Doppel- und Mehrfachqualifikationen breiter
ausgebildet sind (GOOS & HANSEN, 1999, n = 340).

11.3 Untersuchungskritik und Schlussfolgerungen

Die o.g. Erkenntnisse, die uns vorliegen, müssen zum Teil mit großer Vorsicht interpretiert werden, da die zu Grunde liegenden Studien eine Reihe von
Problemen aufweisen:

–   Viele der vorliegenden Untersuchungen sind Laboruntersuchungen, bei
    denen sich die Frage der Übertragbarkeit in die Praxis stellt. Manche der
    Feldstudien sind Befragungen mit sehr kleinen Stichproben (z.b. vier be-
    fragte Frauen bei HELGESEN, 1991).
–   Es gibt in diesem Bereich überwiegend Querschnittstudien, kaum Lang-
    zeitstudien, die die Karriereverläufe von einzelnen Frauen über einen
    längeren Zeitraum verfolgen würden.
–   Die Ergebnisse sind vielfach über Befragungen gewonnen worden, d.h.
    es sind Selbstauskünfte bzw. Auskünfte über das Verhalten anderer Per-
    sonen. Damit ist letztlich noch wenig über das genaue Verhalten bekannt.
    Darüber hinaus weisen einige der Befragungen methodische Mängel auf.
–   Die Teilstichproben der einzelnen Untersuchungen sind in sehr unter-
    schiedlichen Bereichen und Hierarchieebenen gewonnen worden, damit
    ist die Frage der Vergleichbarkeit aufgeworfen.
–   Frauen in hohen Hierarchieebenen sind seltener als Männer, deshalb
    stellen sie eine viel stärker ausgelesene Gruppe dar. Dies wirft die Frage
    der Verallgemeinerbarkeit auf.
–   Darüber hinaus können eventuelle Unterschiede im Führungsverhalten
    weniger durch die Geschlechtszugehörigkeit, sondern eher durch Status-
    und Rollenunterschiede erklärt werden. Einfluss haben die folgenden
    Faktoren:
    –   „Unterschiedliche Führungsstile korrespondieren mit unterschiedli-
        chen Hierarchieebenen; für das mittlere Management, in dem die
        weiblichen Managerinnen vorwiegend zu finden sind, ist ein anderer
        Führungsstil nötig als im Top-Management.
    –   Unterschiedliche Führungsstile korrespondieren mit Sektoren der
        Wirtschaft; Frauen sind eher im Dienstleistungs- als im Industriebe-
        reich zu finden.

- Unterschiedliche Führungsstile korrespondieren mit Unternehmensgrößen; kleinere Betriebe zeichnen sich durch einen weniger formalisierten und strikten Führungsstil aus. Weibliche Managerinnen finden sich aber zu 82% in Betrieben mit weniger als 1.000 Beschäftigten.
- Weibliche Managerinnen arbeiten häufiger in Stabspositionen und seltener in Linienpositionen; Stabspositionen aber gehören nicht direkt zur Organisationshierarchie und haben nicht die typische „Anweisungskompetenz" (REGENHARD, 1994, zit. nach CORDES, 2001, S. 20).

Mit der gebotenen Vorsicht ist also Folgendes festzuhalten:

Weibliche Führungskräfte haben weniger Kinder als ihre männlichen Kollegen, verdienen in vergleichbaren Positionen weniger und haben weniger MitarbeiterInnen. Es gibt keine ernst zu nehmenden Erkenntnisse, dass sich männliche und weibliche Führungskräfte mit Blick auf Führungseffizienz, Zufriedenheit ihrer MitarbeiterInnen und Mitarbeiterorientierung unterscheiden.

Männer und Frauen unterscheiden sich in den betrachteten Variablen nur unwesentlich. *Die Führungsleistung beider Geschlechter ist vergleichbar.* Eine Ursache könnte die starke Selektion mit Blick auf „männliche" Eigenschaften in der institutionellen Sozialisation von Frauen sein, d.h. nur solche Frauen „schaffen" es in das Management, die vom männlichen Idealmodell nicht allzu weit entfernt sind (vgl. auch WEINERT, 1990, S. 52).

Die derzeitigen Frauen im Management stellen darüber hinaus gegenüber den Männern eine stärker selektierte und für die Grundgesamtheit aller Frauen wahrscheinlich nicht repräsentative Gruppe dar (vgl. v.a. WEINERT, 1990). Das heißt, dass wir nicht auf „Frauen im Allgemeinen" schließen dürfen (noch viel weniger als bei den Männern).

„Zwei schwedische Mikrobiologinnen haben untersucht, warum Bewerberinnen bei der Vergabe von wissenschaftlichen Stipendien so schlecht abschneiden. Frauen stellen 46% der Bewerbenden, werden aber nur zu 20% bei der Vergabe berücksichtigt. Die Überprüfung ergab: Frauen mussten 2,5-mal so viele Publikationen wie ein männlicher Bewerber aufweisen, um ihre wissenschaftliche Kompetenz belegen zu können" (zit. nach OSTERLOH & LITTMANN – WERNLI, 2000, S. 130).

SCHAUFLER (2000, S. 17) kommt sogar zu dem Ergebnis: „Allerdings unterschieden sich die weiblichen Führungskräfte in ihrer Persönlichkeitsstruktur deutlich von anderen Frauen und von den Eigenschaften, die im allgemeinen mit der weiblichen Rolle verknüpft werden". Frauen, die es in die Toppositionen geschafft haben, sind vermutlich im Hinblick auf Selbstbewusstsein und Durchsetzungsfähigkeit (sowie fachliche Fähigkeiten) ihren männlichen

Kollegen (mindestens) ebenbürtig. Selektion und Sozialisation in der Organisation dienen als „Rüttelsieb" (HERTZER & WOLFRUM, 2001).

Neuere Studien zeigen z.b. inzwischen, dass sich Frauen, die hohe Führungspositionen bekleiden, in ihrem Sprachstil (vgl. Abschnitt 5.2) kaum von vergleichbaren Männern unterscheiden, allenfalls in der Körpersprache gibt es noch geringfügige Unterschiede (ERNST, 1999).

Bislang müssen also Annahmen über einen unterschiedlichen Führungsstil und unterschiedliche Führungseffizienz von Frauen und Männern (HELGESEN, 1991; ABURDENE & NAISBITT, o. J.; ASSIG & BECK, 1998 und viele andere) in den Bereich des Feuilletonistischen verwiesen werden (vgl. auch DOMSCH, 2002 und ERNST, 1999; FRIEDEL-HOWE, 1990).

11.4 Zusammenfassung

In diesem Abschnitt wurde die empirische Forschung zum Thema „Männer und Frauen in Führungspositionen" unter die Lupe genommen. Die Studien zeigen folgende Ergebnisse:

Weibliche Führungskräfte haben weniger Kinder als ihre männlichen Kollegen, verdienen in vergleichbaren Positionen weniger und haben weniger MitarbeiterInnen. Es gibt keine ernst zu nehmenden Erkenntnisse, dass sich männliche und weibliche Führungskräfte mit Blick auf Führungseffizienz, Zufriedenheit ihrer MitarbeiterInnen und Mitarbeiterorientierung unterscheiden.

Die Untersuchungsergebnisse sind allerdings aus zwei Gründen vorsichtig zu interpretieren: Forschungsmethodische Mängel und die stärkere Selektion von Frauen werfen Fragen der Vergleichbarkeit und Verallgemeinerbarkeit auf.

Der nächste Abschnitt enthält einige strategische Überlegungen und Empfehlungen für Frauen.

12. Strategische Überlegungen

12.1 Einführung

Wer in männerdominierten Systemen arbeiten und nach oben kommen will, hat wahrscheinlich einen schwierigen Weg vor sich. Nach der deprimierenden Analyse im ersten Teil dieses Buches sind Sie jetzt hoffentlich nicht am Boden zerstört. Vielleicht haben Sie ja sogar auf dem Weg manchmal Erkenntnisse gewonnen, und Sie haben manchen Stolperstein, der Sie selbst betrifft, erkannt und auch Ideen entwickelt, wie Sie damit umgehen wollen.

Jetzt machen wir uns daran, das bisher Geleistete und die Erkenntnisse umzusetzen in zielführende Überlegungen für Frauen. Berufliche Zufriedenheit und Aufstieg erfordern (gerade von Frauen) viele unterschiedliche Fähigkeiten, die zum Teil erst auf dem Weg entwickelt werden müssen. Sie erfordern ein Umdenken und Neulernen in mancher Hinsicht. Sie erfordern Persönlichkeitsentwicklung und das heißt vor allem: Umgang mit Angst. Sie erfordern die Bereitschaft, durch viele Ängste zu gehen, wachsen zu wollen und sich manchmal auch (professionelle) Hilfe zu holen.

Doch denken Sie daran:

> Es dauert lange, bis man ein Bordeaux-Kenner wird, aber es ist eine schöne Zeit!

Mit Angst und Selbststeuerung beschäftigen wir uns im nächsten Kapitel, jetzt geht es erst einmal um Macht, um strategische Überlegungen und um Verhalten in Gesprächen.

12.2 We go backstage

Wir haben in Abschnitt 8 zusammengetragen, wie Organisationen sich strukturieren und welche Anforderungen an die Organisationsmitglieder gestellt werden, z.B. die Anforderung, dass das Organisationsmitglied rational im Dienst der Organisation entscheide und handele, so lange es sich in der

Organisation befindet, dass es sachlich zugehe, gerecht und fair. Dies ist die „Bühne", der offizielle Code.

NEUBERGER (2002) nennt dies „Mythen" und benennt drei besonders verbreitete propagierte Glaubensgrundsätze in Organisationen:

- Der Rationalitätsmythos
- „Der/die Beste setzt sich durch!"
- „Wir sitzen alle in einem Boot!"

Natürlich gibt es „Ermessensspielräume", subjektive Einschätzungen fließen in Entscheidungen ein. Darüber wird schon nicht mehr so gerne gesprochen.

Dann gibt es in jeder Organisation noch den „inoffiziellen Code", die individuellen Ziele und Bedürfnisse der Mitglieder, die informalen Strukturen (z.b. Cliquen, Seilschaften, „Lieblinge", Abhängigkeiten), Ängste und Animositäten, Liebe, Eigeninteressen, Kämpfe um Macht und Einfluss und Kontrolle, all das, was sich auf der „Hinterbühne", backstage, abspielt, worüber offiziell nicht gesprochen wird (vgl. auch DIEHL-BECKER, 1991).

> Wie sagt Jürgen Becker, der Kölner Humorist und Kleinkünstler?
> „Was ist der Kölsche Klüngel? Das Nutzen von privaten Beziehungen zu geschäftlichen Zwecken! Oder ist es umgekehrt?"

Die Hinterbühne existiert in Organisationen auf folgendem Hintergrund (wie jedes politische Handeln, NEUBERGER (1995, 2002)):

Die Beteiligten (MitarbeiterInnen) in der Organisation sind vernetzt und voneinander abhängig. Sie konkurrieren um die Verfügung über knappe Ressourcen in der Organisation (Informationen, Einfluss, Unterstützung, Zugang zu wichtigen EntscheidungsträgerInnen, Ausstattung, Anzahl der MitarbeiterInnen, Status, Beförderungschancen, Freiheiten, angenehme Arbeitsbedingungen usw.). Es geht um (informelle) Macht und Einfluss, d.h. um Möglichkeiten, das Handeln der anderen zu eigenen Gunsten zu beeinflussen. Dabei ist es häufig zweckmäßig, die eigenen Ziele, Interessen und Motive nicht aufzudecken bzw. zu verschleiern, Strategien zu entwickeln und geschickt zu taktieren. Die Strategien sind häufig kleinräumig, Vieraugengespräche, kleine „Bünde" und die Pflege von Beziehungen gehören dazu, ebenso wie Schmeicheleien, Kuhhandel, Ausbooten und Drohungen. Die offiziellen Regeln werden vordergründig befolgt, wenn möglich und nötig aber auch gebeugt und umgangen. Das Ganze ähnelt, wenn man die Strategien durchschaut, einem ritualisierten Wettstreit. NEUBERGER (2002, S. 687) nennt folgendes Beispiel:

> „Einem differenziert ausgearbeiteten Projektvorschlag eines Bereichsleiters sieht man als Laie ohne Kenntnis von Kontext, Vorgeschichte und Alternativen nicht an, dass er eine einschmeichelnde Verteidigung einer Lieblingsidee eines Vorstandsmitglieds ist, dass er Ressourcen von einem allzu erfolgreichen Projekt innerbetrieblicher Konkurrenten absaugen soll, dass mit ihm die Flucht nach vorn angetreten wird, um von einem bevorstehenden Misserfolg in anderer Sache abzulenken usw."

Ich habe die Erfahrung gemacht, dass gerade Frauen an die Vorderbühne, die oben genannten Mythen und den offiziellen Code „glauben", sich entsprechend verhalten und den inoffiziellen Code ignorieren, bzw. enttäuscht und wütend sind, wenn sie erleben, dass nicht nach dem offiziellen Code verfahren wird (ein häufiges Problem von Interessenverteterinnen, wie z.b. Gleichstellungsbeauftragten). Dies ist naiv, gefährlich und schädlich. Die Hinterbühne existiert in jeder Organisation, sie ist eine Wirklichkeit. Es geht nicht darum, sich davon diskriminiert, bedroht, ungerecht behandelt oder ausgebeutet zu fühlen, sondern:

> Finden Sie heraus, was in Ihrer Organisation backstage passiert, lernen Sie die (inoffiziellen) Regeln und machen Sie sie sich zu Nutze! Denken Sie vorausschauend! Und: nehmen Sie es sportlich, nicht persönlich!

Die folgende Checkliste kann Ihnen helfen, ein Gefühl für den offiziellen Code zu bekommen und lässt sich sicher beliebig erweitern. Bitte schauen Sie sich Ihre Organisation genau an und versuchen Sie, herauszufinden, inwieweit die folgenden Bemerkungen den offiziellen Code der Organisation beschreiben und was backstage, also in Wirklichkeit passiert. Bitte ergänzen Sie die Liste nach Bedarf.

	Offizieller Code	Inoffizieller Code
Anweisungen der Vorgesetzten werden genau befolgt.		
Bei uns wird nach Eignung und Leistung eingestellt und befördert.		
Frauen und Männer werden gleichbehandelt.		
Wir treffen rationale Entscheidungen, die den formalen Vorgaben und sachlichen Erwägungen Rechnung tragen.		
In Besprechungen geht es sachlich und fair zu. Jede Meinung zählt.		
Der Mensch steht im Mittelpunkt unserer Entscheidungen.		
Am Arbeitsplatz findet kein Sex bzw. keine Affären statt.		
Was hier passiert, bleibt unter uns.		
Wir kümmern uns nur um die je eigenen Zuständigkeiten.		
Wir sorgen für eine positive Darstellung unserer Arbeitseinheit/unserer Organisation nach außen.		
Vorgesetzte regieren nicht nach unten durch.		
Unsere Führungskräfte können führen (sonst säßen sie nicht da).		
Die Beurteilungen sind gerecht.		
Wir halten uns an die Regeln.		
Der Dienstweg wird eingehalten.		
JedeR bekommt die Informationen, die er/sie braucht.		
Wir behandeln uns gegenseitig mit Respekt.		
Die MitarbeiterInnen stehen hinter dem Leitbild der Organisation.		
Wir lösen Konflikte möglichst sofort und möglichst fair.		
Die Vorgaben der Vorgesetzten sind vernünftig, transparent, berechenbar und überdauern den Tag.		
Kranke und schwache MitarbeiterInnen (z.B. Alkoholkranke oder Körperbehinderte) werden fair behandelt und unterstützt.		
Unsere Vorgesetzten behandeln alle gleich und haben keine Lieblinge.		

Meine Vermutung ist, dass Sie viele Kreuze in der Spalte „Offizieller Code"
gemacht haben, dass die Bemerkungen also die offiziellen „Glaubensbe-
kenntnisse" Ihrer Organisation beschreiben. Weiterhin vermute ich, dass Sie
in der rechten Spalte häufig schreiben wollten: Kommt drauf an. Nützlich ist
die Frage: Worauf kommt es an?
Was halten Sie von folgendem Satz?

> „Bigotterie ist das Heucheln von Tugend. Sie kommt ohne die Inanspruchnahme einer
> hohen, einer strengen Moral nicht aus, gegen die sie zugleich verstößt." (ORTMANN,
> 1995, S. 120).

Tatsächlich geht es häufig darum, die offiziellen Regeln gezielt zu ignorieren,
zu umgehen, ihnen der Form halber genüge zu tun und/oder Entscheidungen,
die auf der Basis des inoffiziellen Codes entstehen, in den offiziellen Code zu
„übersetzen".

> Beispiele:
> – Man sagt nicht: „Ich will keine Frau im Team.", sondern: „Die Qualifikation der
>   Mitbewerber ist besser und zwar aus folgenden Gründen: ....."
> – Man sagt nicht: „Ich will Herrn Maier auf diese Stelle haben.", sondern man
>   schneidet die Ausschreibung schon im Vorfeld auf diesen Menschen genau zu.
> – Man lehnt einen Arbeitsauftrag eines Vorgesetzten, den man für unsinnig hält, nicht
>   direkt ab, sondern lobt ihn für die Idee und erledigt den Auftrag dann mit minima-
>   lem Aufwand, macht „Dienst nach Vorschrift".

Ich bin sicher, dass Sie viele weitere Beispiele für solche „Übersetzungsleis-
tungen" finden werden.

Es geht darum, ein Gespür zu entwickeln für das inoffizielle System der
Beziehungen, der Seilschaften, der Informationskanäle, die Loyalitäten und
Abhängigkeiten, den gegenseitigen Nutzen, Protektion und den inoffiziellen
Code. Regeln existieren, und es geht darum, zu erkennen, wann es sinnvoll
ist, sie zu ignorieren, wie man sie umgehen kann, wann keine Sanktionen
drohen und wie es gelingen wird, einen Regelverstoß im nachhinein als notwendig für das Organisationsziel oder gar als Regelbefolgung darzustellen
(vgl. SCHREYÖGG, 2002). Weiterhin geht es darum, in diesem Spiel um Einfluss mitzuspielen, wenn es nötig ist.

Möglicherweise fühlen Sie sich ein bisschen unbehaglich bei diesen Gedanken. Sollen die MitarbeiterInnen tatsächlich auf der Hinterbühne spielen?
Was macht das mit der Organisation? Warum bricht die Organisation nicht
zusammen?

NEUBERGER (1995, S. 190) nennt das inoffizielle System „Mikropolitik"
und bemerkt dazu: „Mikropolitik ist nicht nur universell verbreitet, sie ist
auch notwendig, um die Steuerungslücken in schlechtstrukturierten komplexen Entscheidungssituationen überbrücken zu können." Formale Vorgaben
und Regeln (z.B. im Öffentlichen Dienst) sind häufig undurchdacht, widersprüchlich, somit kontraproduktiv: Wollte man sie buchstabengetreu einhal-
ten, wären das Erreichen der Organisationsziele und das Funktionieren der
Organisation ernsthaft gefährdet (von der eigenen Stellung ganz abgesehen).

Das macht eine gewisse Kreativität der MitarbeiterInnen, vor allem der Vorgesetzten, in der Interpretation der Vorgaben und Regeln mindestens gelegentlich notwendig.[1]
Das bedeutet, dass das inoffizielle System einerseits für das Überleben der Organisation und das Umsetzen ihrer Ziele häufig quasi notwendig ist. Andererseits begrenzen MitarbeiterInnen in der Organisation das Ausmaß an mikropolitischen Strategien, da sie in erster Linie am Überleben der Organisation interessiert sind, denn nur dann können sie „weiter spielen". Sie haben kein Interesse daran, die „Bühne" zu gefährden.

„Oberstes Ziel ist, dass weiter gespielt werden kann; wichtigstes Nebenziel ist, dass dies unter möglichst günstigen Bedingungen (Gewinnaussichten) für einen selbst geschieht." (NEUBERGER, 1995, S. 210).

MitarbeiterInnen halten praktisch eine unbewusste Balance zwischen Regelumgehung und Regelbefolgung, um für sich selbst Vorteile zu erreichen ‚*und*' die Stabilität der Organisation zu sichern (CROZIER & FRIEDBERG,1979).

Ein Beispiel für dieses Bemühen um Balance bietet NEUBERGER (1995) an Hand eines typischen „Expertenspieles": Arbeiter, die Maschinen warten, reparieren auftretende Störungen nicht umfassend und sofort, sondern demonstrieren durch entsprechendes Taktieren, wie unverzichtbar sie sind. Dies dürfen sie aber nicht überziehen, weil sonst die Produktion zum Stillstand kommt, sie selbst mit stärkeren Überwachungen und die Maschinenarbeiter mit Einkommensausfällen zu rechnen haben.
Organisationen bestehen aus dem offiziell Sichtbaren, sie bestehen auf dem Rationalitätsprinzip, aber gleichzeitig bestehen sie auch aus AkteurInnen, die „mikropolitisch" und strategisch im Sinne ihrer individuellen Ziele handeln. Nur deshalb funktionieren sie. Oder anders ausgedrückt: Menschen und Organisationen sind unvollkommen, deshalb muss man das Beste daraus machen.

---

1   Die Frage, warum unpraktikable Regeln nicht einfach abgeschafft werden, kann verschieden beantwortet werden: Einerseits haben die EntscheiderInnen, die diese Regeln aufstellen, häufig keinen Einblick in die konkreten Arbeitsabläufe. Subtiler ist der Gedanke, dass unpraktikable Regeln wertvolle Machtnischen für Vorgesetzte erzeugen: Sie können offiziell auf die Einhaltung der Regeln pochen, ihre Übertretung aber stillschweigend dulden. Mit diesem Stillschweigen können sie sich ihre MitarbeiterInnen verpflichten und sie in eine Art Verschwörung einbinden. Im Gegenzug können dann von den MitarbeiterInnen Gegenleistungen eingefordert werden (z.B. Sondereinsätze oder sogar private „Dienstleistungen").

12.3   Klappern gehört zum Handwerk

In einer Studie von SIEVERDING (zitiert in LICHTBLAU, 2001) wurde im Labor eine Bewerbungssituation simuliert. Die BewerberInnen wurden unter anderem gebeten, in freier Rede die eigene Qualifikation für die von ihnen angestrebte Stelle darzustellen. Eine erfolgreiche Beurteilung durch ein Gremium im Bewerbungsinterview stand in deutlichem Zusammenhang mit der Rededauer. Männer redeten im Durchschnitt drei Minuten und 42 Sekunden, Frauen zwei Minuten und 50 Sekunden (also eine knappe Minute weniger) über ihre beruflichen Qualifikationen. Frauen würden ihre Kompetenzen unterschätzen und das Anpreisen der eigenen Fähigkeiten als unangenehm, sogar als unwürdig empfingen, schließt SIEVERDING. Damit sind Frauen möglicherweise bereits bei den Einstellungsgesprächen im Nachteil.

Einmal in der Organisation handeln Frauen dann häufig mit der unreflektierten und häufig unrealistischen Erwartung: „Man wird mir Verantwortung und Leitungsaufgaben antragen, wenn ich (inhaltlich) nur gut und fleißig genug bin. Dann wird man mich schon darum fragen. Und dann weiß ich auch immer noch nicht, ob ich mir das wirklich zutrauen soll".[2]

Diese Erwartung und dieses Verhalten entsprechen der Funktionsweise in einer Frauengruppe, wie wir gesehen haben, in der nicht um Führung gekämpft wird, sondern gewartet wird, bis die Gruppe Führung delegiert. Sie entsprechen auch dem offiziellen Code, dem „Mythos" („Eignung und Leistung").

Diese Haltung führt dazu, dass Frauen die Ärmel hochkrempeln und ganz auf die anstehende Aufgabe, ganz auf das „Hier und Jetzt" konzentriert sind. Entsprechend zeigt sich in empirischen Untersuchungen, dass Frauen ihre Karriere aus dem Blick verlieren, zu wenig Eigeninitiative im Hinblick auf ihre Karriere zeigen und an den „gerechten Gang der Dinge" glauben (JUNGBAUER-GANS, 1993, S. 18). Eine Haltung, die HENNIG & JARDIM (1978, S. 23) „das Gefühl, man müsse warten, bis die Welt auf einen fällt" nennen. „Rational begründet wird diese Einstellung mit dem Glauben an die Wirksamkeit der offiziellen Strukturen, der formalen Erklärungen, Rollen und Richtlinien" (ebd.). Frauen glauben (zu) oft an die offiziell verkündeten Spielregeln (s.o.).

Diese Wirkweise trifft aber auf gemischte Teams und Organisationen leider nicht zu.

Tatsächlich geht es um Folgendes:

---

2   „Bei Frauen finden Sie durchgängiger – und das beobachte ich manchmal auch an mir – dass mann fragt oder nicht selber auf die Idee kommt, sich für den Posten oder die Position zu bewerben. Und auch, wenn man angesprochen wird – immer dieses ‚Kannst du das?' Und dann mit sich in Klausur gehen. ‚Traust du dir das zu ? Kannst du überhaupt den Anforderungen gerecht werden, wie wirst du dann eingeschätzt?' und sonstwiewas. Männer kommen überhaupt nicht auf die Idee, sich so was zu fragen ... Männer sagen ‚Ich kann das!'" (SCHÖLER – MACHER, 1992, S. 271).

– Es geht darum, Status zu erwerben, sich selbst positiv darzustellen, sich für Leitungsaufgaben und die Übernahme von Verantwortung aktiv zu profilieren und deutlich das Interesse und den Glauben an die eigene Eignung zu äußern, letztlich eine Frage des „Selbstmarketings". Dazu gehört auch eine mindestens mittelfristige aktive Karriereplanung.

Darüber hinaus: Männliche Vorgesetzte gehen ja mit der entgegengesetzten (oft unbewussten) Erwartung an MitarbeiterInnen heran: Da sie Männer sind, glauben sie, dass jemand, der/die Karriere machen will, sich aktiv profilieren wird und die Werbetrommel für sich rühren wird. Jemand, der/die das nicht tut, handelt erwartungswidrig und wird vielleicht sogar als nicht „motiviert" und nicht „durchsetzungsfähig" wahrgenommen (vgl. HENNIG & JARDIM, 1978). Entsprechend findet MOHNECK (1998), dass Vorgesetzte und Personalverantwortliche männliche Führungskräfte als ehrgeiziger und einsatzbereiter wahrnehmen.

Das bedeutet, dass das fleißige stille Arbeitsverhalten von Frauen möglicherweise nicht wahrgenommen wird oder schlimmer noch, als Unfähigkeit und mangelnder Ehrgeiz interpretiert wird. Diese Betrachtungsweise ist vielen Frauen fremd, sie müssen sie erst mühsam lernen. Wenn es Ihnen schwer fällt, sich selbst zu loben und darzustellen, besuchen Sie ein entsprechendes Seminar, z.B. zum Thema „Karriereplanung" oder „Selbstmarketing". Selbstdarstellung ist etwas, das Sie unbedingt lernen müssen, wenn Sie aufsteigen wollen.

Tue Gutes und rede darüber.

Übung:

– Formulieren Sie eine Negativ-Botschaft, die Sie aus Ihrer Kindheit erinnern, z.B.: „Stell dich nicht so in den Mittelpunkt". Formulieren Sie eine dazu passende Positiv-Botschaft, z.B. „Ich nehme mir den Raum, den ich brauche." Hängen Sie sich diese Botschaft an den Spiegel.
– Schreiben Sie eine Liste ihrer 20 Stärken. Welche Eigenschaften helfen Ihnen bei Ihrer Arbeit? Wofür sind Sie Spezialistin? Halten Sie dann eine kurze Rede vor dem Spiegel oder vor ihrer Freundin, in der Sie sich selbst loben. Wen stellen Sie sich dabei als Zielgruppe vor?
– Suchen Sie Übungsfelder für Selbstlob: Besprechungen, Feiern, Empfänge, Seminare, Vorträge. Üben Sie, mindestens einmal bei einer solchen Gelegenheit etwas Positives über sich und/oder Ihre Arbeit zu sagen. Z.B. „Als ich im letzten Jahr das Projekt XY erfolgreich abgeschlossen hatte, habe ich..."

– Und es geht darum, Vertrauen in die eigene Lernfähigkeit und Mut zum Risiko zu lernen. Frauen bewerben sich oft erst auf Posten, wenn sie hundertprozentig sicher sind, dass sie den Anforderungen entsprechen werden. Um nach oben zu kommen, muss man die Herausforderung annehmen, zu pokern, zu bluffen, auf dem Weg zu lernen, zu behaupten: „Ok., das kann ich selbstverständlich." Oder: „Sie haben ein Problem, ich habe die Lösung." Es geht darum, die Angst auszuhalten und zu hoffen, dass sich die fehlenden Kenntnisse unterwegs erwerben oder kompensieren lassen. Dementsprechend wird in vielen Studien von erfolgreichen Frauen „Mut zum Risiko" als einer der wichtigsten Karrierefaktoren benannt (z.B. WENTLING, 1996)[3].

– Weiterhin wird hier deutlich, wie wichtig es ist, dass (männliche und weibliche) Vorgesetzte Frauen Mut machen, sich zu profilieren und zu bewerben und dass sie positive und rückenstärkende Rückmeldungen geben.

Ich kenne viele Frauen, die mittlerweile erfolgreich in verantwortungsvollen Positionen tätig sind und die sagen: „Wenn meinE damaliger VorgesetzteR mich nicht so energisch nach vorne geschoben hätte und gesagt hätte, du schaffst das, dann säße ich heute nicht hier. Ich selbst wäre gar nicht auf die Idee gekommen/hätte mich nie für gut genug gehalten." Ein Mentor/eine Mentorin scheint für junge Frauen ein ganz wichtiger karrierefördernder Faktor zu sein. Im Idealfall ersetzt also eine Organisationskultur, die junge Frauen ermutigt und auffordert, die Unterstützung durch die Frauengruppe. Der Erfolg des Mentoren-Modells ist in vielen Untersuchungen bestätigt worden (für eine Synopse siehe SCHULTE-FLORIAN, 1999): Frauen steigen mit einem Mentor/einer Mentorin viel schneller auf als ohne. Dies scheint vor allem auf die Stabilisierung des Selbstvertrauens, Vertrautwerden mit organisationalen „Spielregeln", auf Feedback und Hilfen bei der Entwicklung von Karrierestrategien sowie auf den Zugang zu relevanten Informationen durch den Mentor zurückzuführen sein[4] (RÜHL, 2000, siehe auch SCHÖNFELD & TSCHIRNER, 2000).

Dass die Wirklichkeit leider anders aussieht, zeigen AUTENRIETH et al. (1993, S. 134): 70,1% aller weiblichen Führungsnachwuchskräfte (und damit signifikant häufiger als ihre männlichen Kollegen) in ihrer Stichprobe gaben an, „dass ihnen das Ausmaß ihres Feedbacks durch den Vorgesetzten bzw. die Vorgesetzte nicht genügt und sie sich ein umfangreicheres Feedback wünschen," (vgl. auch WENTLING, 1996).

Inzwischen gibt es aber auch professionelle Mentoring-Konzepte, z.B. bei Deutschen Jugendinstitut in München (AMBERG, 1998).

---

3   In dieser Studie wurden an wichtigen Karrierefaktoren außerdem benannt: Gute Ausbildung, harte Arbeit, soziale Fähigkeiten, Demonstration von Kompetenz und einE guteR MentorIn.

4   Zu den Problemen, die möglicherweise durch eine (gemischtgeschlechtliche) Mentor – Protegée – Beziehung auftreten können, siehe SCHULTE-FLORIAN (1999).

> **Kontaktadresse:**
> Deutsches Jugendinstitut
> Abteilung für Geschlechterforschung und Frauenpolitik
> Nockherstr. 2
> 81541 München
> Tel. 089-62306-185

Eine weitere Netzwerkadresse, über die vor allem der Kontakt zu Frauenbe-auftragten und Personalchefs hergestellt werden kann, ist „SynergieNET": www.synergieNet.de. Fon: 0228/63 57 07, Fax: 0228/69 26 76.

Ein Netzwerk vor allem von Frauenberufsverbänden ist das Hamburger FrauenNetzwerkForum e V. Kontaktadresse: Marion Jürgens, Kaiser-Wilhelm Str. 93, 20335 Hamburg, Fon und Fax: 040/35 71 29 01.

Die Netzwerkadresse des Vereins schwuler und lesbischer ManagerInnen ist: Div-Communications, Günter Reisbeck/Stephanie Gerlach, Fon: 089/29 16 85 49 und Völklinger Kreis e. V. Bundesverband Gay-anager, Fon: 0221/546 19 79.

Eine internationale Bussiness-Seite für erfolgreiche berufstätige Frauen findet sich unter www.women.de sowie www.woman.de. Weiterhin empfeh-lenswert die Frauensuchmaschine: wom@n und als Startseite: www.uni-duesseldorf.de/www/ulb/frau.html. Ein Internet-Adressbuch für Frauen ist MEYER, 2000.

Die CD-ROM „Frauennetze" enthält über 5000 nationale und internatio-nale Adressen zu den Themenbereichen Erwerbsarbeit, Bildung, Politik, Wirtschaft, Kultur und Frauenbewegung. Erfasst sind Netzwerke, Organisa-tionen, Berufs- und Fachverbände, Gleichstellungsstellen, Bildungseinrich-tungen etc. Die CD-ROM läuft auf Windows. Bezugsadresse: die media, Ma-rienplatz 4, 50676 Köln, Fon: 0221/2408675.

Weitere Netzwerkadressen finden Sie in NITZSCHE (2000), eine Liste von Tipps zum Einstieg für Chefinnen in DOBNER (1997).

12.4 Vorausschauende Positionierung

Beispiel: Eine junge promovierte Forstwissenschaftlerin berichtet, dass die Forstver-waltung, in der sie arbeitet, in den nächsten zwei Jahren umstrukturiert werden soll. Die Ressourcen und Zuständigkeiten werden neu verteilt werden, und sie wird einen neuen Vorgesetzten bekommen. Sie fühlt sich unsicher, weiß nicht, wie ihr neuer Zu-ständigkeitsbereich aussehen wird und fürchtet, an Einfluss und Kompetenzen zu ver-lieren. Deshalb bemüht sie sich, inhaltlich gute Arbeit, vor allem keine Fehler zu ma-chen und die Rechtsgrundlagen sorgfältig zu beachten.

Das ist sicher richtig, genügt aber nicht. Man muss den Blick von der Arbeit heben und sich strategische Gedanken machen, vor allem in Umbruchzeiten.

Hilfreiche Überlegungen sind:

- Wo will ich hin? Was ist mein Ziel? Welche Position möchte ich in Zukunft gerne einnehmen? Will ich Führungsfunktionen haben?
- Welche Strategien bringen mich dahin? Wie sieht eine mögliche Schrittfolge aus, die mich zu meinem Ziel bringt?
- Welche Fähigkeiten, formale Qualifikationen und andere Ressourcen muss ich dafür erwerben? Welche Fortbildungen brauche ich noch?
- Wo muss ich mich (regelmäßig) zeigen? In welche „Kaffeerunden" muss ich mich einloggen? Wem gegenüber ist es besonders wichtig, meine Leistungen und Fähigkeiten herauszustellen?
- Wie werde ich von den anderen gesehen? Wie (hoch) ist mein Status, wie viel Achtung und Respekt werden mir entgegengebracht? Was kann ich tun, um das zu verbessern?
- Wie kann ich mich ins Gespräch bringen?
- Wer sind die Schlüsselfiguren in meiner Organisation? Wen muss ich für mein Anliegen gewinnen? Wer kann mich/mein Anliegen nach vorne bringen?
- Zu wem brauche ich „kurze Wege"? Wie kann ich mich unentbehrlich machen?
- Wie komme ich an Informationen? Wie an Spezialwissen?
- Wie sind die inoffiziellen Regeln? Welche davon kann ich nutzen?
- Wie sind die offiziellen Regeln? Welche davon kann ich nutzen, muss/kann ich umgehen?
- Wo sind mögliche KonkurrentInnen? Wen muss ich im Auge behalten?
- Wen darf ich auf keinen Fall bekämpfen, selbst wenn er/sie ein Versager ist? (Warum hält die Organisation diese Person? Welche informalen Kontakte zu Ranghohen hat er/sie vielleicht? Wem ist diese Person nützlich? Welche Sanktions-/Erpressungspotenziale hat diese Person vielleicht?)
- Wer kann hier mit wem? Wo sitzen die ranghohen Alphas, die Schlüsselfiguren? Welche Seilschaften und Allianzen existieren?
- Wer hat welche Empfindlichkeiten?
- Wen kann/muss ich mir vorausschauend verpflichten? Wem kann ich weiter helfen? Wenn jemand etwas (Gutes) für mich getan hat, kann ich ihn/sie bei seinem/ihrem Vorgesetzten lobend erwähnen?
- Wie kann ich mein Netzwerk ausbauen, eine Hausmacht aufbauen und mit wem kann ich strategisch kooperieren?
- Was kann schlimmstenfalls passieren? Wie kann ich dem vorbeugen? Welche Alternativen gibt es bei Misserfolg? Die Devise heißt: Prävention statt Krisenmanagement (oder schlimmer: schiere Verzweiflung).
- „Richte dich nach den Großen und tue es ihnen nach!"

(Für weitere strategische Hinweise: NEUBERGER, 2002).

Ein wichtiger gemeinsamer Aspekt vieler dieser Überlegungen ist, dass Beziehungen geknüpft und aufrecht erhalten werden, um etwas zu erreichen, unabhängig davon, ob man die andere Person mag/schätzt oder nicht. Man kooperiert mit dieser Person, man stützt sie, um Ziele zu erreichen und Interessen zu verfolgen, die eine gemeinsame Schnittmenge haben (Zweckbündnisse).

Für Frauen ist das oft fremd, da Beziehungen für sie Selbstzweck sind und auf Sympathie basieren (sollten). Frauen empfinden strategische Kooperation oft als „unehrlich", wenn nicht unmoralisch, während es für Männer oft selbstverständlich ist, sich mit „nützlichen" Personen zu beschäftigen, unabhängig von den persönlichen Gefühlen. Diese Einstellung formulierte einer meiner Seminarteilnehmer so: „Es ist doch egal, ob er sympathisch ist, Hauptsache er ist ein guter Mittelstürmer."

> *Frauen, die aufsteigen wollen, müssen lernen, zweckbestimmte sympathieunabhängige Beziehungen vorausschauend, gezielt und systematisch aufzubauen.*

HENNIG & JARDIM (1971, S. 49) fassen ihre Empfehlungen folgendermaßen zusammen:
„Lerne und komme voran. Handle so, daß die Leute eines sehen: Du hast das Zeug, voranzukommen. Versuche die Leute zu beeinflussen, die dir beim Vorankommen helfen können, gehe ihnen zur Hand, mache dich bei ihnen unentbehrlich. Versuche herauszufinden, was sie wollen. Verbreitere deine Informationsbasis, lerne nicht nur das, was du für deine Arbeit brauchst, sondern bringe auch etwas über die Leute in Erfahrung, die dich zu einer anderen Arbeit abrufen könnten. Wie sind sie – gut, schlecht, indifferent? Auf wen solltest du deine Bemühungen konzentrieren? Finde es heraus – und paß auf, daß du dir keinen Verlierer aussuchst. Haben berufliche Veränderungen im Moment einen Sinn – versprechen sie mehr, versprechen sie schneller etwas? Versetzungen, Eintritt in eine andere Firma? Finde es heraus – und welchen Weg du auch einschlägst, versuche, dir einen Gewinner zu angeln, einen Gewinner, der dein Gönner, dein Pate, dein Förderer, dein Schutzpatron werden kann, der in dich investieren wird, dir hilft, dir etwas beibringt und sich für dich einsetzt. Wenn du richtig gewählt hast, wird du mit ihm vorankommen. Wenn du dich geirrt hast – löse dich von ihm und versuche, ihn hinter dir zu lassen. Suche dir aber einen anderen."
Dieses kleine Buch ist im übrigen keineswegs veraltet und überaus empfehlenswert zu lesen. Es enthält eine Fülle von Tipps und Verweise auf mögliche Fallstricke für Frauen.

12.5 Projektstrategien

Beispiel: Die Personalchefin einer großen Firma will ein Coachingprogramm für Führungskräfte in ihrer Organisation einführen. Sie bereitet einen workshop mit den leitenden Herren und dem Leiter einer angeschlossenen Fortbildungseinrichtung vor und lädt alle ein. Sie lädt auch eine hervorragende Rednerin ein, die in Coachingprogramme einführen und von Erfahrungen berichten soll. Die Veranstaltung gerät zu einem Desaster: Nach dem Einführungsvortrag ergreift der Fortbildungsleiter als erster das Wort und lehnt das vorgeschlagene Programm ab. Ein zweiter äußert Besorgnis über den zusätzlichen Arbeitsaufwand. Die Stimmung kippt, am Ende wird das Programm abgelehnt, die Personalchefin hat nicht nur ihr Ziel nicht erreicht, sondern (vielleicht noch schlimmer) an Ansehen und Durchsetzungskraft verloren und ist persönlich gekränkt.

Die Personalchefin hatte eine gute Idee, sich in die Arbeit gekniet, an die Spielregeln geglaubt und angenommen, dass vernünftige Menschen einer guten Idee folgen werden.

Was können wir empfehlen? Viele strategische Vorüberlegungen wären notwendig gewesen:

1. Wer sind die Entscheider? Meinungsführer? Die entscheidenden Schlüsselfiguren sind *im Vorfeld* zu gewinnen und um Unterstützung zu bitten.

2, Kann ich eventuell einen „Versuchsballon" steigen lassen, bevor ich in die Ernstsituation gehe? Oder einen Scout losschicken, der für mich das Terrain sondiert?

3. Wo kann Widerstand herkommen? Der Fortbildungsleiter hat etwas zu verlieren, Coaching hat eine Schnittstelle zu seinem Arbeits-/Einflussbereich. Vorgespräche mit dem Fortbildungsleiter führen, herausarbeiten, was für ihn die Vorteile des Programms sind. Welche Aspekte des Vorschlags könnte er für sich reklamieren? Könnte er vielleicht Teile von notwendigen Fortbildungsmaßnahmen unter seine Federführung nehmen (und damit seinen Einfluss vergrößern)? Deutlich machen, dass der Nutzen des Programms für Renommee, Status und Einfluss seiner Einrichtung groß sein kann. Inhaltliche Überlegungen (dass ein Coachingprogramm z.b. für die Führungskultur im Hause hilfreich und damit für die Organisation profitabel sein kann) interessieren hier herzlich wenig.

4. Welche Ängste werden bei den Anwesenden berührt? Welche inhaltlichen Bedenken könnten formuliert werden? Welche davon sind vorgeschoben (offizieller Code), was steckt dahinter (inoffizieller Code)? Wie strategisch gut damit umgehen? Wie lässt sich der gruppendynamische Prozess der Meinungsbildung *in* der Situation gut steuern?

5. Gibt es Hilfe von außen? Kann ich neben einer guten Rednerin auch einen guten Moderator gewinnen, der strukturierend wirkt? Sollte das nicht sinnvollerweise ein Mann sein?

6. Wie werden die Anwesenden von dem Coachingprogramm profitieren? Wichtige Argumente sind in solchen Fällen z.b. die positive Außendarstellung der Organisation bzw. einzelner Abteilungen („Wir sind die ersten!", „Wir dürfen nicht hinter die innovationsfreudige Konkurrenz zurück fallen!"), die Erhöhung von Status, Einfluss, Ansehen, Renommee einzelner Personen etc. *Der Wurm muss dem Fisch schmecken, nicht dem Angler.* Beim Angeln kann man gar nicht genug Würmer dabei haben. Wie kann ich dann diese Argumente „verpacken", damit sie nicht zu offensichtlich und plakativ daherkommen (also dem offiziellen Code entsprechen)?

7. Wie kann ich mit einem sich dann vielleicht trotzdem abzeichnenden Misserfolg umgehen? Wie kann ich die Situation (von vornherein) so gestalten, dass ich keinen Status- und Gesichtsverlust erleide? *Der „geordnete Rückzug" muss vorher geplant werden.*

Wahrscheinlich fallen Ihnen noch mehr Aspekte ein. Wichtig an diesem Beispiel ist es, zu zeigen, dass es bei Projekten nicht reicht, eine gute Idee zu haben und den Willen, sie umzusetzen, sondern dass strategische und soziale Überlegungen bei der Durchsetzung eine große Rolle spielen. Es macht keinen Sinn, eine solche Idee in ein Entscheidergremium zu tragen, wenn man nicht einigermaßen sicher sein kann, dass man die Schlüsselfiguren schon im Vorfeld gewonnen hat und dass diejenigen, die etwas zu verlieren befürchten, eine subjektiv angemessene Kompensation bekommen können, bzw. dass man Bedenken ausräumen kann.

Wenn man ein gewünschtes Resultat nicht erzwingen kann, weil die formale Macht fehlt, muss man auf andere Einflussmöglichkeiten zurück greifen und sorgfältig planen. Und man muss gewinnen *wollen.*

12.6 Die Feinarbeit: Verhandeln

Vielen Frauen fällt es schwer, für ihre Ziele und Anliegen einzustehen. Der erste Schritt ist oft, sich überhaupt zuzugestehen, dass das Anliegen „berechtigt" ist, also sich selbst die Erlaubnis zu geben, die eigenen Wünsche, Positionen und Ziele auszudrücken. Hier können Freundinnen helfen, die Mut machen und quasi stellvertretend die Erlaubnis geben. Seien Sie vorsichtig damit, sich emotionale Unterstützung bei KollegInnen zu holen. Tun Sie das nur, wenn Sie wirklich sicher sind, dass die andere Person vertrauenswürdig ist. Besser, weil geschützter, sind private Beziehungen und Netzwerke.

In den meisten Auseinandersetzungen sind das Ob und das Wie wichtiger als das Was. Ein Problem überhaupt anzugehen, ist oft schon ein erster Erfolg. Die Art und Weise, wie wir miteinander umgehen, prägt uns selbst als Persönlichkeiten und unsere Beziehung zueinander. Für „Harmoniebedürftige": *Wo die Angst ist, geht's lang.* Und: *„Der Weg des geringsten Widerstandes ist nur am Anfang gepflastert!"*

„Jedes Mal, wenn du der Angst ins Gesicht schaust, wirst du stärker. Du wirst mutiger und sicherer ... Du musst genau das tun, wovor du dich fürchtest." Eleanor Roosevelt (zit. aus MINDELL, 2000, S. 193).

Der nächste Schritt ist, das Gespräch vorzubereiten. Das ist für viele Frauen ungewohnt. Sie gehen in wichtige Gespräche, ohne sich vorher wenigstens die Basics überlegt zu haben. Oft wissen sie noch nicht einmal ihr Ziel, bzw. was bei dem Gespräch überhaupt heraus kommen soll, geschweige denn eine Strategie, wie sie dahin kommen können.

Basics der Vorbereitung

–   Überlegen Sie vorher: Was ist mein Ziel/eine aus meiner Sicht gute Problemlösung? Was kann dabei heraus kommen, wenn es butterweich läuft (Maximalziel)? Was soll mindestens dabei heraus kommen, was ist das Minimalziel? Zwischen Maximal- und Minimalziel liegt mein Spielraum, die Kompromisse, die ich ggf. machen kann. Welche könnten das sein? Wenn Sie IhreN GesprächspartnerIn (vor allem beim/bei der Vorgesetzten) mit einem Problem aufsuchen müssen, überlegen Sie sich (mindestens zwei) Lösungsvorschläge.
–   Was mache ich, wenn ich im Gespräch merke, dass ich noch nicht einmal mein Minimalziel erreiche? Wie komme ich ohne Gesichtsverlust aus der Situation wieder heraus („geordneter Rückzug")? Beispiele: um Bedenkzeit bitten, sich vertagen, vorschlagen, noch einmal Informationen einzuholen oder eineN Fachmann/Fachfrau beizuziehen.
–   Überlegen Sie sich Ihren ersten Satz (vorher). Der Einstieg definiert Problem und Anliegen und stellt oft die Weiche für den Gesprächserfolg. Außerdem signalisiert er dem/der GesprächspartnerIn, ob Sie wissen, was Sie wollen.
    Viele Frauen neigen zu umständlichen Einleitungen, dazu, sich zu entschuldigen, dass sie mit dem Anliegen überhaupt kommen: „Ich habe mir lange überlegt, ob ich überhaupt zu Ihnen kommen soll, aber ich glaube, dass ich diese Zustände im Büro nicht mehr aushalten kann. Eigentlich sollte ich Sie ja nicht mit so Kleinigkeiten belästigen, ich weiß ja, dass Sie viel zu tun haben..." Oder:
    „Entschuldigen Sie, dass ich Sie störe, haben Sie fünf Minütchen Zeit, ich habe ein kleines Problemchen!" (reibt sich dabei mit dem linken Fuß die rechte Wade und ringt die Hände).
    Machen Sie sich nicht klein! Entschuldigen Sie sich nicht für ihre Existenz. Sie provozieren damit unter Umständen Ungeduld, sogar Angriffe. *Wenn die Schlange stirbt, werden Krähen zu Adlern.* Seien Sie klar und konkret.
    Besser ist z.B.: „Danke, dass Sie mir einen Termin gegeben haben. Der Jahresabschluss wird nicht termingemäß fertig werden, wenn nicht ... Ich schlage vor...!"

Natürlich sollten Sie nicht mit der Formulierung Ihres Minimalziels einsteigen, wie wollen Sie dann noch verhandeln? Verlangen Sie mehr, als Sie haben wollen. Ist es sinnvoll, mit dem Maximalziel einzusteigen? Manchmal möchte man vielleicht auch seine Position am Anfang noch gar nicht formulieren, sondern der anderen Person den Ball zuspielen.

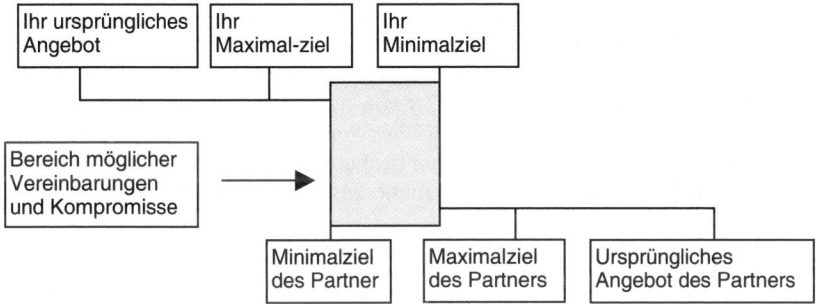

Beispiel (Potenzielle Käuferin eines Hauses zum Verkäufer):
Einstieg 1: „Die Auffahrt zum Haus ist nicht befahrbar, sie muss umgebaut werden, das kostet mindestens zehntausend Euro (Maximalziel, es ginge auch mit fünftausend Euro: Minimalziel). Die müssen Sie vom Kaufpreis nachlassen."
Einstieg 2: „Die Auffahrt muss umgebaut werden. Was können Sie mir an Nachlass anbieten?"
Ein Beispiel für einen missglückten Einstieg: John F. Kennedy sollte eine Rede vor den Gefangenen von Alcatraz, dem berüchtigten Schwerverbrechergefängnis auf der Insel vor San Francisco halten. Er hatte sich seinen ersten Satz nicht überlegt und startete mit der Bemerkung: „Good morning, gentlemen, I am glad that you all are here."

–   Welche Interessen und Sichtweisen haben wir gemeinsam? Kann ich daran ggf. anknüpfen? Was sind langfristige, was kurzfristige Interessen? Gibt es verbindende gemeinsame Werte und Ziele, mit denen ich argumentieren kann?
–   Welche Argumente habe ich? Argumente sind meistens unterschiedlich schlagkräftig. In welcher Reihenfolge sollte ich sie bringen?
–   Kann ich meine Argumente durch schriftliche Unterlagen stützen? Tischvorlagen, Bilder, Expertisen, gut aufbereitete Statistiken, Untersuchungsergebnisse, Gutachten, Materialproben?
–   Was ist mein Gegenüber für eine Person? Wie denkt sie? Verwaltungsfachleute denken z.B. anders als SozialarbeiterInnen, darauf kann ich mich in der Vorbereitung einstellen. Welche latenten Interessen (inoffizieller Code) hat mein Gegenüber? Wie kann ich das berücksichtigen?
–   Welche Interessen hat meinE GesprächspartnerIn? Weshalb ist meine Lösung/mein Vorschlag gut für sie/ihn? Versetzen Sie sich in der Vorbereitung in die Sicht ihres Gegenübers! Denken Sie daran: *Der Wurm muss dem Fisch schmecken, nicht dem Angler!*

- Welche Angebote kann ich machen? Gibt es die Möglichkeit, einen Tauschhandel anzubieten?
- Wie wird mein Gegenüber argumentieren? Wie werde ich mit seinen/ihren möglichen Argumenten umgehen?
- Ist damit zu rechnen, dass mein Gegenüber unsachlich/persönlich wird? Was sind denkbare Varianten? Wie kann ich damit umgehen?
- Wo sind die Schwachstellen meiner Argumentation? Mögliche Angriffsflächen? Wie kann ich die Schwachstellen schützen?
- Ist das Problem möglicherweise in kleine Stücke aufzuteilen, die nacheinander zu bearbeiten wären? *„If you want to eat the elephant, just cut him up in little pieces"* (Afrikanisches Sprichwort). Ist Prioritätensetzung möglich? Können einzelne Fragen nacheinander geklärt werden?
- Welche Wahrheiten sollte ich nicht aussprechen, auch wenn es mich noch so sehr „juckt"?
- Was ist ein günstiger Moment, ein guter Zeitpunkt, ein guter Ort für das Gespräch (Heimvorteil, neutrales Territorium)?
- Und nicht zuletzt: Aus welcher Machtposition heraus verhandele ich? Habe ich Sanktions-/Drohpotenzial? Wie relativ mächtig bin ich in der Situation? Neige ich dazu, mich klein zu machen, obwohl die eigentliche Entscheidungsgewalt bei mir liegt?

Im Gespräch

- Frauen denken oft, sie müssten möglichst schnell möglichst viele Argumente nennen. Damit vermindern sie aber ihre Überzeugungskraft. Es ist besser, die Argumente einzeln zu benennen (Es sei denn, Sie fahren die Strategie, Ihren Gesprächspartner „totzuquatschen"). Vereinzeln Sie ihre Argumente! Wenn Sie mehrere Argumente auf einmal darlegen, antwortet IhrE GesprächspartnerIn fast automatisch auf Ihr schwächstes Argument. Außerdem bekommt IhrE GesprächspartnerIn vermutlich gar nicht alles mit. Die durchschnittliche Aufmerksamkeitsspanne eines Menschen für einen Beitrag beträgt nachweislich 17 Sekunden![5]
- Sprechen Sie langsam! Wenn Sie schnell sprechen, signalisieren Sie, dass Sie unter Stress stehen, dass Sie Angst haben oder dass Sie sich selbst und Ihr Anliegen nicht ernst nehmen. Wie können Sie von einer anderen Person erwarten, dass sie Sie ernst nimmt, wenn Sie es selbst nicht tun? Lassen Sie sich nicht (ständig) unterbrechen: „Herr Müller, ich möchte zu Ende sprechen!"
- Sprechen Sie klar, konkret und deutlich. Vermeiden Sie Nebel. Streichen Sie die Wörter „eigentlich", „irgendwie" und „Ich glaube..." sowie Kon-

---

5   Vermutlich wird diese Spanne mit höherer Stellung in der Hierarchie eher kürzer als länger. Führungskräfte haben viel im Kopf.

junktive („Ich würde gerne...") aus Ihrem beruflichen Wortschatz. Stellen Sie das Thema in den Mittelpunkt, nicht sich selbst.

Beispiele:
„Eigentlich gefällt mir dieser Bericht nicht so richtig!" – Besser: „In diesem Bericht sind mehrere Fehler und zwar auf den Seiten...!"
„Eigentlich kann ich heute nicht länger bleiben!" – Besser: „Nein, heute geht es leider nicht!"

- Achten Sie auf Ihre Körpersprache. Sitzen Sie gerade, schauen Sie nicht von unten nach oben, lächeln Sie nicht, wenn es nicht angebracht ist (wenn Sie z.B. ein Anliegen ablehnen müssen). Achten Sie darauf, dass Ihre Stimme laut und bestimmt klingt, sprechen Sie nicht „verhaucht".

- Je detaillierter eine Partei ihren Standpunkt darlegt, je früher sie ihn formuliert und je häufiger sie ihn wiederholt, um so stärker fühlt sie sich daran gebunden. Ist es sinnvoll und möglich, den Gesprächspartner an einer frühen Festlegung zu hindern? *Beispiel: Mein Sohn fragt mich, ob er ins Kino darf und ich sage „Nein". Mein Sohn argumentiert gut und ich werde in meiner Entscheidung schwankend, aber es wird für mich immer schwieriger, jetzt doch noch „ja" zusagen, weil ich zusätzlich um meine Glaubwürdigkeit fürchte.*

- Geben Sie nicht zu schnell auf, seien Sie hartnäckig, wiederholen Sie Ihr Anliegen („Technik der zerbrochenen Platte").

- Wichtig für die Konfliktlösung sind *nicht* die objektiven Tatsachen, sondern wie sie sich in den Köpfen der Beteiligten darstellen. Hoffnungen, Wünsche, Projektionen, verletzte Gefühle spielen eine größere Rolle.

- Bei Gruppengesprächen: die Konfliktpartner sind in den seltensten Fällen ein monolithischer Block, die Menschen haben eine breite Palette unterschiedlicher Sichtweisen und Gefühle sowie Interessen. Ist Separierung der Interessen möglich?

- Denken Sie daran, dass Sie es mit den meisten Menschen in Ihrem beruflichen Umfeld nicht nur einmal zu tun haben. Es lohnt sich also, am Ruf zu arbeiten. Sprechen Sie in einer Gruppe niemals spontan, sondern entscheiden Sie bewusst, was Sie wann sagen. Erarbeiten Sie sich den Ruf einer Person, die fundierte Beiträge bringt.

Brauchbare praxisorientierte Ratgeber zur Gesprächsführung sind SCHAUFLER (2000) und BERKHAN (1996). Falls Sie an Manipulationsstrategien interessiert sind: NEUBERGER, 2002 und RÜDENAUER, O.J.

Abschließend noch einige Überlegungen und Empfehlungen:

- Unterstützen Sie andere Frauen.
- Engagieren Sie sich politisch. Arbeiten Sie frühzeitig an stabilen beruflichen und politischen Netzwerken, möglichst schon während der Ausbildung oder des Studiums (s.o.). Werden Sie Mitglied in (Frauen-) Berufsverbänden.
- Sammeln Sie bereits während der Ausbildung so viele berufsorientierte praktische Erfahrungen wie möglich. Dies ist der wichtigste Erfolgsfaktor beim Berufseinstieg für Führungskräfte nach einer Untersuchung von BISCHOFF (1999). Der zweitwichtigste Erfolgsfaktor ist vor allem für Frauen das äußere Erscheinungsbild. Als wichtigster Erfolgsfaktor für den Aufstieg werden „Spezialkenntnisse" genannt.
- Männer sind kein monolithischer Block, der geschlossen und abgestimmt Front macht gegen Frauen. Jeder Mann schlägt sich mit seinen Ressourcen und Defiziten individuell durchs Leben. Auch bei Männern gilt: Jeder Jeck ist anders.
- Hilfreich ist eine Grundhaltung von Zuneigung und Humor gegenüber sich selbst und anderen.
- Anerkennung ist nicht zu erwarten (nur Kritik, wenn etwas schiefgelaufen ist), ebenso wenig Entlastung („mein Chef muss doch merken, dass ich viel zu viel zu tun habe!") ohne energische Abgrenzung. In männerdominierten Systemen ersetzt Status das Lob.
- Erwartungen im Hinblick auf Rücksichtnahme durch andere und deren Einfühlungsvermögen in die eigene Befindlichkeit sowie der eigene Sprachstil sind äußerst selbstkritisch zu prüfen.
- Männer, die diskutieren und argumentieren, zeigen damit ihre Wertschätzung der Gesprächspartnerin (Widerspruch ist nicht gleich Geringschätzung!) (OPPERMANN, WEBER, 1995, ein empfehlenswertes kleines Buch!).
- Umgeben Sie sich mit Menschen, die gut zu Ihnen sind.
- „Handle stets so, dass sich die Anzahl der Entscheidungsmöglichkeiten für Dich und andere erhöht." (v. FOERSTER).

12.7   Ein Einwand

Frauen sagen oft, wenn über Strategien gesprochen wird: „Da muss ich mich verbiegen, dann bin ich ein anderer Mensch (und das will ich nicht sein!). Ich will mich nicht den männlichen Strategien anpassen." Dazu möchte ich zwei Dinge sagen:

Zunächst stehe ich auf dem Standpunkt, dass Frauen eine klare Entscheidung treffen müssen, ob sie an einem Aufstieg interessiert sind oder nicht (Männer natürlich auch). *Wenn* Frauen sich aber entscheiden, Karriere machen zu wollen, ist es zweckmäßig und zielführend, strategisch zu denken, sich zu positionieren und gut zu verkaufen und Durchsetzungsfähigkeit zu erlernen. Jede andere Haltung ist naiv.

Zu dem Argument: „Dann bin ich ein anderer Mensch." Stellen Sie sich vor, Sie könnten Auto fahren und würden jetzt überlegen, Fahrrad fahren zu lernen. Dann hätten Sie die Wahl, bei Regen mit dem Auto und bei Sonnenschein mit dem Fahrrad zu fahren, d.h. Sie hätten eine zusätzliche Fähigkeit entwickelt und die Anzahl Ihrer Entscheidungsmöglichkeiten damit erhöht. Sie würden dies als einen erstrebenswerten Zustand empfinden und sicher nicht auf die Idee kommen, dass Sie jetzt gezwungen sind, das Autofahren zu verlernen, nur weil Sie jetzt auch Fahrrad fahren können.

Dies ist aber genau die Annahme, die hinter dem Argument steht: „Dann bin ich ein anderer Mensch!" Frauen denken, wenn sie anfangen, strategisch zu denken, funktionale Netzwerke zu knüpfen und an Macht interessiert zu sein, dass sie dann ihre Sensibilität, ihre Beziehungsorientierung und Weichheit auf- bzw. abgeben müssten. Das macht natürlich Angst, ist aber nicht gerechtfertigt.

Es geht doch vielmehr darum, *zusätzliche* Fähigkeiten zu erwerben und das Spektrum der eigenen Kompetenzen zu erweitern. Es geht darum, Angst zu überwinden und zu wachsen, sich Entscheidungsspielräume und Einfluss zu erschließen. Die eigenen Fähigkeiten auszubauen bedeutet dann auch: mehr Selbstbewusstsein und am Ende mehr Gelassenheit.

Ein Mann steht im Wald und sägt Bäume ab. Er sägt und sägt und sägt, der Schweiß läuft ihm herunter. Da kommt ein anderer Mann und sagt: „Guter Mann, Sie müssen Ihre Säge schärfen, die ist ja ganz stumpf!" Sagt der andere: „Dazu habe ich keine Zeit. Ich muss so viel sägen."

12.8 Zusammenfassung

Frauen, die in Organisationen aufsteigen wollen, müssen sich klar dafür entscheiden, um Status kämpfen zu wollen und sich zu profilieren und zu positionieren. Sie müssen gute Arbeit machen *und* ihre Karriere planen. Daran führt kein Weg vorbei.

Darüber hinaus müssen Frauen den Blick von der Arbeit heben und lernen, strategisch zu denken. Viele Frauen müssen lernen zu agieren, statt zu reagieren, offensiv, statt defensiv vorzugehen. Dafür hat dieser Abschnitt einige Empfehlungen gegeben. Im nächsten Abschnitt werden wir uns mit Selbststeuerung, dem Umgang mit Angst und Konflikten beschäftigen.

13. Selbststeuerung und Transaktionsanalyse

13.1 Einführung

Der Aufstieg in einer Organisation und Karriere stellen eine echte Herausforderung dar. Frauen müssen viele Fähigkeiten erwerben, wobei wir uns im letzten Abschnitt mit Strategien und Statuserwerb beschäftigt haben. Um sich den Herausforderungen stellen zu können, brauchen Frauen auch die Fähigkeit, sich selbst (gerade in schwierigen Situationen) gut steuern zu können und die Bereitschaft, Ängste zu überwinden, um wachsen zu können.

Ich möchte Ihnen in diesem Abschnitt eine psychologische Theorie vorstellen, die uns helfen kann, uns selbst (und andere) besser zu verstehen, uns in schwierigen Situationen besser zu steuern, zielgerichteter zu handeln und liebevoller zu behandeln.

13.2 Geschichte und Begriff

Die Theorie heißt „Transaktionsanalyse" und ist sowohl ein Persönlichkeitsmodell als auch eine Kommunikationstheorie. Mit dem ersten Anwendungsbereich beschäftigen wir uns in diesem Abschnitt, auf den zweiten Aspekt werden wir in Kapitel 14 zurückkommen.

Zur Geschichte: Die Transaktionsanalyse ist erfunden worden von einem Amerikaner namens *Eric Berne* (1910-1970). Er war von Hause aus Psychoanalytiker und arbeitete als Arzt und Therapeut in Kalifornien. Die wesentlichen Elemente der Theorie sind in den Fünfziger Jahren des letzten Jahrhunderts entwickelt und im Hauptwerk „Transaktionsanalyse in der Psychotherapie" (1961) niedergelegt worden.

Zum Begriff: Unter einer *Transaktion* versteht man die kleinstmögliche Einheit der Kommunikation zwischen zwei Personen (Reiz und Reaktion). Die Bezeichnung der Theorie hebt also mehr auf den Aspekt der Kommunikation ab, und nicht so sehr auf die Tatsache, dass es sich auch um ein Persönlichkeitsmodell handelt.

Beispiel 1: Person A sagt: „Wie spät ist es?" (Reiz), Person B antwortet: „Acht Uhr." (Reaktion).

Beispiel 2: Differenziertes Gespräch zwischen zwei Jugendlichen: Der eine sagt: „Boa, wa?", der andere reagiert mit „Krass ey!"
Beispiel 3: Frau K. kneift Herrn M. ein Auge, darauf hin schmunzelt er.

13.3 Das Persönlichkeitsmodell

Eric Berne geht von drei Anteilen in der Persönlichkeit eines Menschen aus, die zum Teil bei der Geburt schon angelegt sind, überwiegend aber durch Sozialisationseinflüsse geprägt werden.[1] Diese drei Anteile sind vom Erwachsenen jeder Zeit aktivierbar.

Der erste wichtige Bereich wird *Kindheits-Ich (K)* genannt. Das K umfasst einerseits die Ausstattung, mit der ein Mensch geboren wird: Instinkte, Erbanlagen, körperliche Empfindungen, Basisgefühle wie Schmerz. Andererseits enthält das K eines erwachsenen Menschen die lückenlose Aufzeichnung der inneren Ereignisse der ersten fünf Lebensjahre (in der Reaktion auf äußere Ereignisse). Die intensivsten Eindrücke waren sicherlich Gefühle, insofern sind im K vor allem Gefühle abgelegt. Bei manchen Gefühlen sind allerdings die zugehörigen Ereignisse nicht mehr in Erinnerung (vor allem, wenn sie sehr früh in der individuellen Biographie passiert sind), was vor allem bei traumatischen Erlebnissen für den erwachsenen Menschen blockierend sein kann.

> Ein Beispiel: Ein Kollege erzählte mir, dass es ihm bis vor kurzem nicht gelungen war, tauchen zu lernen. Er konnte sehr gut schwimmen, aber immer wenn er mit dem Kopf unter Wasser geriet, bekam er einen Panikanfall. Zufällig erzählte er das einmal seinem älteren Bruder. Dieser dachte einen Moment nach und erinnerte sich dann, wie er einmal im Winter, als mein Kollege gerade zwei Jahre alt war, diesen in letzter Sekunde vor dem Ertrinken in einem mit Wasser vollgelaufenen Bombentrichter gerettet hatte. Dieses Ereignis war meinem Kollegen nicht mehr erinnerlich, die Angst war jedoch noch sehr präsent. Inzwischen hat er das Tauchen problemlos gelernt, die Panikattacken sind überwunden.[2]

Hier wird offensichtlich, dass erwachsene Menschen von starken Gefühlen, wie Angst, Panik, Schreck, Abscheu, Starre, Ekel, Wut, Luftnot, Herzklopfen usw. geplagt und gesteuert werden können, ohne dass ihnen deutlich ist, weshalb, da die ursprünglich das Gefühl auslösenden Traumata nicht mehr erinnert werden. Dies gilt natürlich auch für sexuellen Missbrauch und körperliche Misshandlungen in der Kindheit. Es ist dann häufig in der Therapie ein schwieriger (aber lohnender) Prozess, die ursprünglichen Traumatisierungen und die zugehörigen Erlebnisse zu rekonstruieren, um den Menschen zu befreien und Persönlichkeitsentwicklung möglich zu machen.

---

1   Wenn sie sich ein bisschen mit Psychoanalyse auskennen, werden Sie das Grundgerüst von Über-Ich, Ich und Es wieder erkennen.
2   Dank an Dr. Frank Rambaek, Mensch und Organisation, Berlin, für die Erlaubnis, die Geschichte zu verwenden.

In diesem Sinne hat Jacob L. Moreno, der Begründer des Psychodramas, gesagt: *„Jedes wirkliche zweite Mal ist eine Befreiung vom ersten Mal. "* Das K setzt sich aus zwei verschiedenen Bereichen zusammen. Im sogenannten „weinenden K" sind Gefühle gespeichert, die uns eher unangenehm sind, wie Ängste, Traurigkeit, Ohnmacht, Hilflosigkeit, Sich-klein-fühlen, Erschöpftheit, Mutlosigkeit, Scham, Schuldgefühle, Trotz, Abhängigkeitsgefühle, Selbstmitleid, körperliches Unwohlsein und Schmerzen. All diese Gefühle haben wir in unserer Kindheit sehr intensiv erlebt, aber alle Gefühle sind auch der erwachsenen Person vertraut: Wir haben intensive Ängste, wenn wir einen Vortrag halten sollen, an manchen Tagen fühlen wir uns depressiv und mutlos und würden uns am liebsten die Decke über den Kopf ziehen. Wir „stehen mit dem linken Fuß auf" und wissen schon: „heute ist nicht mein Tag." Wir haben manchmal Liebeskummer oder fühlen uns ungerecht behandelt. Das gehört einfach zum Leben mit dazu. Wahrscheinlich drücken wir diese aktuellen Gefühle auch in unserer Körperhaltung aus, die Schultern klappen nach vorne, die Mundwinkel gehen nach unten, wir sacken in uns zusammen, es ist, als ob alles nach unten zieht, sogar die Stimme wird leiser und dunkler (oder fiepsig).

Eine Person, die sich im weinenden K befindet, jammert, lamentiert und wehklagt, fühlt sich schutzbedürftig, verwundbar, ohnmächtig, zieht sich vielleicht auch zurück. Typische Gefühle und Äußerungen sind:

– „Mein Gott, geht's mir schlecht heute!"
– „Ich kann nicht! Ich werde es nie schaffen!"
– „Ist es nicht furchtbar!"
– „Oh je, der schon wieder!"
– „Wie konnte ich nur so etwas Verletzendes sagen?"
– „Ich armes Schwein, immer auf die Kleinen!"

> Übung:
>
> Bitte nennen Sie drei typische Bemerkungen, die Sie zu sich selbst sagen, wenn es Ihnen wirklich schlecht geht.
>
> ....

Man könnte meinen, dass wir unser weinendes K am liebsten los werden sollten, da es vor allem unangenehme Gefühle enthält. Vordergründig ist das natürlich so, aber das weinende K ist eben Teil unseres Lebens. Und wenn wir lernen, es zu akzeptieren und liebevoll damit umzugehen, können wir es nutzen, und es kann es sehr hilfreich für uns werden.

– Wenn wir z.B. Schmerzen in einem Körperteil haben, können wir lernen, dies frühzeitig als Signal zu verstehen, dass etwas falsch läuft, dass wir uns überfordern, dass wir Ärger oder Traurigkeit unterdrücken. Jeder Mensch hat ein besonders sensibles Körperteil, das als erstes reagiert:

Manche Menschen bekommen bei Stress Pickel oder Allergien, andere
Kopfschmerzen, bei manchen reagiert der Magen auf Ärger, das Herz auf
zu große Belastung, die Blase auf Kummer.
Ein Grundsatz aus der Kybernetik[3] lautet: *„Signale, die nicht gehört
werden, müssen sich verstärken!"* Das bedeutet, die Schmerzen müssen
sich entweder intensivieren, bis wir auf sie hören müssen (aus Kreuz-
schmerzen wird ein Bandscheibenvorfall) oder sie breiten sich aus (Ge-
neralisierung: Jemand, der nicht auf seine Magenprobleme hört, bekommt als nächstes Herzprobleme). Man könnte auch sagen: *„Der Körper lügt nicht!"* Wenn wir lernen können, auf unser sensibles Organ genau zu hören und auf die ersten Anzeichen zu reagieren, dann müssen
Körper und Seele weniger leiden und wir können uns oft jahrelange Pein
ersparen. Der Preis ist allerdings oft hoch, denn wenn wir unserer körperlichen Signale ernst nehmen, müssen wir vielleicht eine Entscheidung
treffen, die wir lieber verdrängen oder vor uns herschieben, weil sie
Angst auslöst. Wir müssen uns z.B. von einem Partner trennen, der für
uns nicht mehr gut ist oder wir müssen weniger arbeiten. Nietzsche hat
gesagt: *„Alle großen Entscheidungen fallen mit einem Trotzdem!"*, d.h.
wir zahlen immer einen Preis, vielleicht den der Krankheit oder den,
Ängste aushalten und bewältigen zu müssen.

–   *„Wo die Angst ist, geht's lang!"* In diesem Sinne kann Angst (die ja auch
    im K ist) ein wunderbarer Kompass in unserem Leben werden, auch
    wenn dieses Gefühl aus unserem K zunächst eines der unangenehmsten
    ist. Viele Ängste, die wir haben, zeigen uns im Grunde, dass es notwen-
    dig ist und dass es eine Chance gibt, Fähigkeiten zu entwickeln.

Wir bleiben zum Beispiel in einer gescheiterten Beziehung, weil wir Angst
davor haben, allein nicht zurecht zu kommen. Die Herausforderung, die uns
die Angst zeigt, ist, dass es gilt, den Sprung zu wagen und Selbstständigkeit
zu üben, um uns weiter zu entwickeln. Oder wir vermeiden Vorträge, weil
wir schon vorher wissen, dass wir vor Lampenfieber umkommen werden.
Hier haben wir die Chance, durch Üben und durch das Hindurchgehen durch
die Angst neue Fähigkeiten zu entwickeln und selbstbewusster zu werden[4].
Manchmal fragen mich die Studierenden, was sie für den Leistungsnachweis
tun sollen: eine Hausarbeit schreiben oder ein Referat halten. Ich sage dann
immer: „Wovor haben Sie mehr Angst, vor dem leeren Blatt oder vor der
Menge Menschen? Tun Sie das, wovor Sie mehr Angst haben." Meistens lachen die Studierenden über diesen zunächst paradox erscheinenden Rat.
Manchmal haben wir auch moralische Ängste, z.B. das schlechtes Gewissen plagt uns. Viele Frauen, die ihre alten Mütter pflegen, haben mir er-

---

3   Wissenschaft von den dynamischen Systemen, in denen Informationen verarbeitet
    werden und die zur Regelung oder Steuerung von Prozessen dienen.
4   Ich möchte darauf hinweisen, dass dieser Gedanke für berechtigte körperliche Ängste
    ausdrücklich nicht gilt. Es wäre kein Persönlichkeitstraining, als Frau nachts durch ei-
    ne verrufene Gegend zu laufen, sondern Selbstgefährdung.

zählt, wie sehr sie sich quälen mit der Frage, ob sie es sich wohl erlauben dürften, eine Woche (ohne die Mutter) in den Urlaub zu fahren. Hier ist die Angst eine Chance, auch etwas Selbstfürsorge zu lernen. Oder Frauen trennen sich nicht von ihren Partnern, weil sie Verantwortung für die Kinder empfinden und das Gefühl haben, sie täten etwas „Schlechtes", das den Kindern schaden könnte. Sie vergessen über der Fürsorge für andere Menschen die Selbstfürsorge.

Wir haben auch darüber gesprochen, dass wir viele Ängste überwinden müssen, wenn wir in einer Organisation aufsteigen wollen: Angst vor Selbstdarstellung und Selbstlob, Angst vor Machtkämpfen, Angst vor Versagen, Angst zu bluffen, Angst vor Konflikten, Angst, Pflichten zu vernachlässigen (wenn wir z.B. unter Perfektionismus leiden und Familie und Beruf hundertfünfzigprozentig unter einen Hut bringen wollen) und viele Ängste mehr. Diese Ängste können wir als Chancen verstehen, Neues zu lernen, wenn wir geduldig mit uns sind, uns Misserfolge verzeihen und immer wieder aufstehen, um es noch einmal zu versuchen. Machen Sie kleine, bewältigbare Schritte, überfordern Sie sich nicht (allzu sehr). Mit jeder erfolgreich überstandenen Angst sind wir ein Stück reifer und selbstsicherer.

Der Weg zu mehr Selbstbewusstsein führt durch die Hölle der Angst. Das ist so, eine Realität des Lebens. Wenn Sie einen gelassenen, selbstsicheren, reifen und gütigen Menschen kennen und bewundern, sehen Sie nur diese äußere Seite, aber Sie können sicher sein, dass dieser Mensch durch viele Ängste gegangen ist, sie bewältigt und integriert hat.

Manchmal verdrängen wir unsere Ängste, weil sie unangenehm sind, wir weigern uns unbewusst, sie wahrzunehmen. Dann wirken sie im Unbewussten, denn sie sind ja noch da, und zwingen uns, ihnen zu folgen, ohne dass wir es bemerken. *Man muss die Angst spüren, um ihr nicht zu folgen.*

Was halten Sie von folgendem Satz?

„Arroganz ist das Gegenteil von Selbstbewusstsein."

Auf der anderen Seite befindet sich das „natürliche K". Es enthält sozusagen alles, was das Leben farbig und lebenswert macht: Spontaneität, Kreativität, Neugier, Bewegungsdrang, Humor und Spaß, Verliebtheit, Verspieltheit, Unbekümmertheit, Sexualität, auch eine gesunde rote Wut (nichts ist herrlicher als wenn der Teller tatsächlich an die Wand kracht!), körperliches Wohlgefühl und Entspannung. Die typische Grundhaltung heißt: „Ich will ... (alles und jetzt gleich und ohne Gegenleistung)!"

Typische Äußerungen sind:

- „Frau Müller, Sie sind mir so sympathisch. Darf ich Ihnen meine Kronkorkensammlung zeigen?"
- „Ich bin schweinesauer!"
- „Wie sieht denn eigentlich so ein elektrischer Mixer innen drin aus?"
- „Was passiert eigentlich, wenn ich jetzt mal...?"

- „Ich frag sie jetzt einfach, ob sie mit mir ins Kino geht!"
- „Oh tut das gut! Mach weiter!"
- „Kann ich noch etwas von diesem köstlichen Auflauf haben? Ich sollte eigentlich nicht, aber..."

Die Körperhaltung ist offen, zeigt eine gesunde Spannung bzw. Entspannung. Der zweite Bereich der Persönlichkeit bezieht sich auf das Verhalten der wichtigsten Bezugspersonen in den ersten Lebensjahren. In der Regel sind das die Eltern, deshalb heißt dieser Bereich *Eltern-Ich (P* von Parent). BERNE meint, dass das Kind in den ersten fünf Lebensjahren kritiklos, wie auf einem Tonband, alles aufzeichnet, was die Eltern sagen und tun[5]. Dieser Prozess wird „Internalisierung" genannt, d.h. das Kind integriert die Umwelteinflüsse und macht sie zum Bestandteil seiner Persönlichkeit. So haben wir alle als erwachsene Menschen alte wirksame Eltern-Botschaften in uns, die uns vielleicht gar nicht bewusst, aber trotzdem sehr wirksam sind, vor allem unter Stress. Ich denke: *Je größer der Stress, um so jünger der Mensch.*[6]

Dazu zwei Beipiele:

- Ich kenne viele Frauen, die mir gesagt haben: „Ich wollte nie so werden wie meine Mutter!" Und was passiert, wenn sie sich über ihre Kinder sehr ärgern? Sie öffnen den Mund, fangen an zu schimpfen und heraus kommen die Worte der eigenen Mutter und zwar in Originalwortwahl und im Originalton.
- Eine Frau erzählt mir im Seminar, sie höre immer, wenn sie an einem schwierigen Projekt säße, die beruhigende Stimme ihres Vaters: „Nimm dir Zeit, du wirst es schaffen!"

Auch das Eltern-Ich zerfällt in zwei Teile. Das „kritische Eltern-Ich" enthält kritische Botschaften der Eltern, Vorwürfe, Kontrolle, Disziplin, Ermahnungen, Verbote und Gebote, aber auch Werte und Normen, moralische Vorstellungen, Ansichten über Recht und Unrecht. Da der erwachsene Mensch die elterlichen Botschaften im Sinne eines Gewissens (das Freudsche „Über-Ich") verinnerlicht hat, ist aus der Kontrolle die Selbstkontrolle, aus der Disziplin die Selbstdisziplin, sind aus Ansprüchen Perfektionismus und aus den Vorwürfen die Selbstvorwürfe und das schlechte Gewissen geworden.

Der Prototyp des körpersprachlichen Elements ist der erhobene pädagogische Zeigefinger. Die typische Botschaft heißt: „Du sollst (nicht)..." Formulierungen sind:

- „Räum dein Zimmer auf!"
- „Streng dich an!"
- „Du musst perfekt sein!"
- „Man schlägt Schwächere nicht!"

---

5   Ein schauerlicher Gedanke für die meisten Eltern.
6   Im extremsten Fall, bei Todesängsten, werden wir auch physisch zum Baby: Wir verlieren die Kontrolle über Blase und Darm und können nur noch schreien.

- „Ein Junge weint nicht!"
- „Du hast die Verantwortung!"
- „Du darfst niemanden kränken!"

Die meisten Äußerungen im kritischen Eltern-Ich haben Absolutheitscharakter, d.h. sie sollen „immer" und „absolut" gelten, sie differenzieren nicht nach Situationen und Personen. Dadurch werden sie oft so quälend und können in Perfektionismus münden. „Sei ordentlich" kann bedeuten, sich mit ständigen Selbstvorwürfen quälen zu müssen, sobald nur die kleinste Unaufgeräumtheit vorkommt. Menschen investieren dann unverhältnismäßig viel Zeit ins Aufräumen oder Putzen, da unbewusst kindliche Ängste aktiviert werden, wenn den elterlichen Botschaften nicht entsprochen/gehorcht wird.[7]

Übung:

Bitte benennen Sie drei Aufforderungen oder Werte, die typisch für Ihre Eltern waren und die Sie in Ihrem kritischen Eltern-Ich gespeichert haben.

....

Haben diese Botschaften Absolutheitscharakter?

....

Wenn Sie diese Botschaften jetzt als erwachsener Mensch prüfen, halten Sie sie weiterhin für sinnvoll/hilfreich/zielführend?

....

Ähnlich wie beim weinenden K könnte man meinen, wir sollten unser kritisches P besser abschaffen, da es uns als Erwachsene oft quält (z.B. durch Selbstvorwürfe, durch Ansprüche und Perfektionismus und durch ein schlechtes Gewissen). Die Funktion des kritischen P ist es aber, unser natürliches Kind zu disziplinieren. Wir wären sonst nicht lebens- und leistungsfähig. Wir würden in Faulheit versinken. Wir würden jede Person, die uns sexuell attraktiv erscheint, ungeachtet der Situation anmachen. Wir würden permanent zu viel essen oder uns betrinken, und wir würden zu einem sozial unverträglichen Menschen degenerieren.

Das kritische P hilft uns einerseits, durch Selbstdisziplin unsere selbst gesteckten Lebensziele zu erreichen und macht uns andererseits über die Normen und Werte erst zu einem sozial verantwortlichen Wesen.

Natürlich wird die Situation dann problematisch, wenn das kritische P in einem Menschen sehr diktatorisch und sehr rigide ist und/oder wenn Eltern-

---

7 Zwangsverhalten (z.B. zwanghaftes Händewaschen, zwanghafte Ordnung) gehört dementsprechend in der psychiatrischen Klassifikation zu den Neurosen, also zu den Angsterkrankungen.

botschaften zwar wirken, aber nicht bewusst sind. Das ist z.b. dann der Fall, wenn Menschen sehr starke moralische oder religiöse Vorschriften verinnerlicht haben, die sie aber unglücklich machen (s.o.). Jemand bleibt z.b. bei einem Ehepartner, mit dem er sich nur noch quält, weil die Unauflöslichkeit der Ehe oder die Verantwortlichkeit für die Familie für ihn unverrückbare und zentrale Werte sind. Die Auflösung dieses Konflikts gelingt dann oft nur um den Preis einer tiefen Lebenskrise oder einer schweren Krankheit. Auch Botschaften, die selbstschädigend sein können, sind ein Problem, z.b. „Du musst immer sagen, was du denkst." Oder: „Man muss immer ehrlich sein!"

Kritisch wird es auch, wenn das kritische Eltern-Ich eingesetzt wird, um Gefühle aus dem weinenden Kind unter Kontrolle zu behalten. Die Polarität von Strenge und Angst hatten wir bereits angesprochen. Ein weiteres Thema sind Ansprüche (kritisches Eltern-Ich). Ansprüche an uns selbst (aber auch an andere Menschen) dienen in der Regel der Vermeidung von Angst. Oder anders ausgedrückt: Ansprüche an sich selbst (und andere) sind Ausdruck von Angst. Viele Menschen quälen sich unendlich mit wahnsinnigen Ansprüchen an sich selbst: Politisch informiert sein, täglich die Zeitung lesen, die Wohnung/den Schreibtisch immer picobello, täglich 1.000 m schwimmen, Idealgewicht erreichen, gepflegter Garten... Wenn Sie genau hinschauen, steckt hinter jedem dieser Ansprüche eine Angst.

„Perfektionismus ist der Feind des Guten".

Besonders Frauen neigen zu Perfektionismus und dem damit verbundenen permanenten schlechten Gewissen, vor allem, wenn sie Kinder haben und berufstätig sind. Die Botschaft im kritischen Eltern-Ich ist: „Du musst immer eine gute Mutter (*und* Hausfrau *und* Geliebte für deinen Mann *und* Tochter *und...*) sein und wenn du Kinder hast, musst du dich permanent um sie kümmern (weil Fremdbetreuung schädlich ist)", entsprechend der Erziehung entlang des weiblichen Geschlechtsrollenstereotyps.

Bei vielen gibt es zusätzlich noch eine Botschaft: „Was du tust, das tu gefälligst richtig/ordentlich/gründlich...". Dies ist die zentrale Aussage. Berufstätigkeit ist dann nur möglich bzw. nur zu „rechtfertigen", wenn sie in der Mutter-/Ehe-/Hausfrauen-/Tochterrolle so gut sind, dass niemand (vor allem sie selber nicht) sie in dieser Hinsicht in Frage stellen kann. Erst dann, wenn dieser oberste Anspruch erfüllt ist, steht es ihnen frei, auch etwas anderes zu machen, z.B. berufstätig zu sein. Dies ist sicher *ein* Grund, warum Frauen unter Doppelbelastung leiden, diskontinuierliche Berufsbiographien und deshalb geringere Karrierechancen haben und sich trotzdem mit einem permanenten schlechten Gewissen plagen.

Wenn Sie ein Mensch sind, der sich sehr stark mit Perfektionismus und vielfältigen Ansprüchen quält, kann es wertvoll sein, herauszufinden, welche Ängste und frühkindlichen Botschaften dahinter stecken.

Wenn Sie Ihre (bislang unbewussten) Ängste kennen lernen, können Sie sich damit auseinandersetzen, sie mit dem Erwachsenen-Ich prüfen, ob sie Sinn machen, oder ob es andere Möglichkeiten gibt, mit den Ängsten umzugehen (z.b. sie einfach als gegeben akzeptieren, Fähigkeiten entwickeln, um besser klar zu kommen, sie auf ein realistisches Maß herabzuschrauben oder zu lernen, die eigene „Wurschtigkeit" liebevoll anzunehmen).

Gegen Perfektionismus hilft eine Selbsterlaubnis: *„Neunzig Prozent tun's auch!"* Sie schreiben z.b. eine Diplomarbeit. Sie arbeiten fleißig und werden nicht fertig, weil Sie immer noch neue Literatur einarbeiten müssen. Sie können sicher sein, dass Sie ab einem bestimmten Zeitpunkt nur noch für Ihre eigenen Ansprüche arbeiten. Niemand (auch Ihre Professorin nicht) wird die Zusatzarbeit dann noch bemerken, da Sie die Person sind, die sich mit dem Thema und der Arbeit am besten auskennt.

Oder Beispiel Putzen: Wenn Sie anfangen zu putzen, machen Sie auf einem bestimmten Niveau relativ schnell Ordnung. Um es dann noch sauberer hin zu bekommen, müssen Sie unverhältnismäßig viel mehr Arbeit investieren, jeder weitere Sauberkeitsfortschritt erfordert unverhältnismäßig viel mehr Zeit und am Ende merken nur Sie noch die so mühsam erarbeiteten Fortschritte (z.b. ob die Lamellen hinten am Kühlschrank auch gesaugt sind, merkt außer Ihnen niemand). Irgendwann leiden Sie dann am sogenannten „Putzfimmel". Oder anders ausgedrückt: Ab einem bestimmten (hohen) Leistungsniveau müssen Sie unverhältnismäßig viel mehr Arbeit investieren, um noch weitere Fortschritte zu erzielen. Das ist unsinnig, unökonomisch und selbstquälerisch.

Wenn Sie merken, dass Ihr Perfektionismus Sie regiert, dass Sie ins „Rödeln" kommen, hören Sie sofort auf, kochen Sie sich eine Tasse Kaffee, setzen Sie sich in eine Ecke und denken: Wovor habe ich Angst? Was kann schlimmstenfalls passieren, wenn ich mich mit 90% zufrieden gebe? Was vermeide ich mit dieser Rödelei? Welches unangenehme Gefühl erspare ich mir damit? Als erwachsene Frau (anders als ein Kind) haben Sie die Chance, ihr kritisches Eltern-Ich mit dem Erwachsenen-Ich zu überprüfen.

Ein weiteres Problem taucht auf, wenn ein Mensch in seiner Entwicklung keine Chance hatte, ein stabiles kritisches P zu entwickeln. Dies ist dann der Fall, wenn die Bezugspersonen in den ersten fünf Lebensjahren ständig wechseln und die moralischen und ethischen Botschaften ständig andere sind. Dies ist z.b. die Gefahr bei Heimkindern oder Kindern mit ständig wechselnden Pflegefamilien.

Im Übrigen neigen Menschen mit einem hohen selbstkritischen Anteil manchmal dazu, auch andere mit Kritik und Ansprüchen zu quälen. Prüfen Sie sich doch an dieser Stelle einmal selbstkritisch.

Der andere Teil des Eltern-Ich heißt „liebevolles Eltern-Ich". Dieser Teil der Persönlichkeit enthält alles, was die Eltern (oder die wichtigsten Bezugspersonen) an Unterstützung gegeben haben. Hier sind Botschaften des Trostes, der (Selbst-)Fürsorge, der Hilfe und Unterstützung, des (Selbst-)Vertrauens, des (Selbst-)Lobes und der zugewandten Lehre. Auch (Selbst-) Belohnungen sind in diesem Bereich unserer Persönlichkeit verankert. Ein wichtiger Teil dieses Bereichs ist die Erlaubnis. Die Grundhaltung ist Güte und die Grundbotschaft heißt: „Du darfst...“[8] Körpersprachlich sind prototypisch die Schutzgesten und der Hegekreis der Mutter.

Abb. 12: Hegekreis der Mutter (Käthe Kollwitz: „Mutter mit Zwillingen“)

Formulierungen aus dem liebevollen P könnten lauten:

– „Setz dich erst mal hin und beruhige dich!“
– „Mach dir keine Sorgen, es wird schon gut gehen!“
– „Er hat es doch nicht so gemeint, morgen wird er sich sicher entschuldigen!“
– „Was kann ich dir Gutes tun?“
– „Schau, wenn du hier draufdrückst, kommt unten der Kaugummi raus!“
– „Brauchst du Unterstützung?“

---

8   Vermutlich kannten die Margarinewerber diese Theorie.

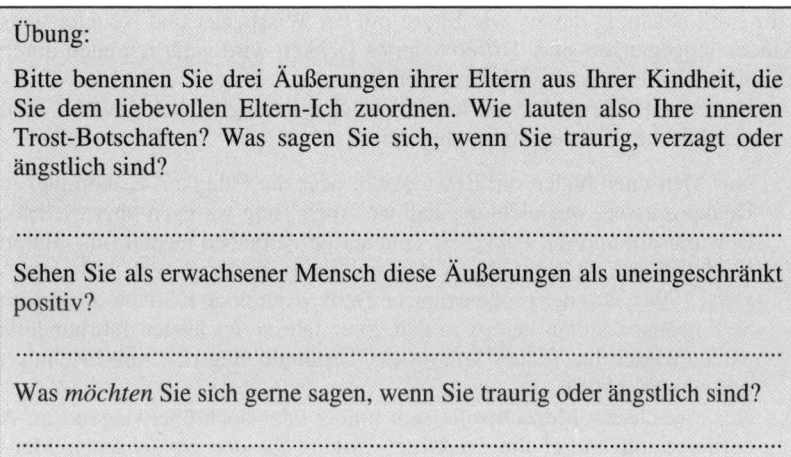

Übung:

Bitte benennen Sie drei Äußerungen ihrer Eltern aus Ihrer Kindheit, die Sie dem liebevollen Eltern-Ich zuordnen. Wie lauten also Ihre inneren Trost-Botschaften? Was sagen Sie sich, wenn Sie traurig, verzagt oder ängstlich sind?

....

Sehen Sie als erwachsener Mensch diese Äußerungen als uneingeschränkt positiv?

....

Was *möchten* Sie sich gerne sagen, wenn Sie traurig oder ängstlich sind?

....

Vordergründig könnte man meinen, das liebevolle P sei nur fabelhaft. Aber Vorsicht, auch hier lauern Gefahren, z.B. wenn Sie schädliche Botschaften gespeichert haben. Wenn Sie für Trauer oder Schreck Botschaften gespeichert haben, die lauten: „Setzt dich erst mal hin und iss was (wahlweise: trink einen Cognac!)!", dann können Sie als erwachsener Mensch damit erhebliche Probleme bekommen. Auch bagatellisieren manche Trostbotschaften das Problem und das damit verknüpfte Gefühl: „Sei doch nicht so traurig, so schlimm ist es ja nicht." Das ist nicht immer positiv, da es verhindern kann, das wir unsere eigenen Gefühle von Traurigkeit oder Angst wahr- und ernst nehmen. Das kann dazu führen, dass wir keine Lösung für unsere Probleme suchen.

Die dritte Instanz heißt *„Erwachsenen-Ich (A von Adult)"*. Diese Instanz bildet sich erst im Laufe der Zeit, beginnend mit dem ersten Lebensjahr, wenn das Kind seine Lernerfahrungen auf Grund seiner körperlichen Voraussetzungen (greifen, krabbeln, laufen können) selbst gestalten kann. Wichtige Meilensteine in der Bildung des A sind die Phasen, in denen das Kind beginnt „Ich" zu sagen und „Warum" zu fragen. Aus der explorativen Neugier des K („Was passiert eigentlich, wenn ich auf diesen interessanten Knopf drücke?") heraus bildet sich die Analysefähigkeit des Menschen, seine Fähigkeit zur Vorhersage von Ereignissen (auch in Abhängigkeit von den eigenen Handlungen), damit die Möglichkeit, sich in andere hinein zu versetzen, die (soziale) Umwelt zu kontrollieren, damit auch (Selbst-)Bewusstsein. Hier ist die Fähigkeit zum rationalen Denken angesiedelt, unsere Vernunft, im Gespräch die Sachebene (während das K die Gefühlsebene und das P die Wertungsebene beisteuert).

Die Bildung des A ist ein lebenslanger Prozess, er ist nie zu Ende, und wir haben bis zum Schluss die Chance, auf der Basis unserer zunehmenden Lebenserfahrung unser A zu verfeinern und zu verbessern. Natürlich ist dies sehr stark abhängig davon, wie Eltern mit der Wissbegier und Neugier ihres Kindes umgegangen sind. Differenziertes Denken wird natürlich auch durch Vorbilder und eine positive Lehre erworben.

Der Begriff „Erwachsenen-Ich" als solcher ist unglücklich gewählt, weil er zwei (falsche) Überlegungen suggeriert:

1. Nur Menschen hätten ein Bewusstsein oder die Fähigkeit zu komplexen Denkprozessen, was nicht der Fall ist. Auch Tiere verfügen über (Selbst-) Bewusstsein und die Fähigkeit, schwierige Aufgaben mental (also durch Nachdenken und nicht durch Ausprobieren) zu lösen (vgl. z.B. DAW-KINS, 1994), was der große deutsche Denkpsychologe KÖHLER an seinem Schimpansen Sultan bereits in den 20-er Jahren des letzten Jahrhunderts nachgewiesen hat (daher kommt der berühmte Begriff „Aha-Erlebnis", ANDERSON, 1996).

2. Der erwachsene Mensch solle sich immer oder doch überwiegend im A befinden, das A sei die „richtige" Instanz für den erwachsenen Menschen, der also überwiegend „sachlich" sein solle. Das wäre natürlich fürchterlich, wenn wir alle permanent herum laufen würden wie Roboter. Vermutlich ist es angenehmer, sich einen gesunden Erwachsenen als gut integriert mit Blick auf alle Persönlichkeitsanteile vorzustellen: Wir brauchen unser kritisches P, um uns selbst (und anderen) gelegentlich in den Hintern zu treten („Reiß dich zusammen!"), sonst erreichen wir nichts im Leben. Wir brauchen auch unser liebevolles P, um uns selbst (und andere) gelegentlich zu trösten, zu beruhigen und wieder aufzubauen nach Misserfolgen. Das natürliche K macht unser Leben schön und uns selbst zu einem sympathischen und erträglichen Menschen für unsere Umwelt. Nichts ist schlimmer, als wenn ein Mensch keinen Spaß und keine Güte in sich trägt. Und natürlich ist unser A hilfreich bei der Lebensbewältigung, weil es uns hilft, Probleme zu lösen, Prognosen zu machen und uns auf Veränderungen einzustellen (und wenigstens gelegentlich in einer Diskussion auf der Sachebene zu bleiben und den roten Faden zu behalten). Kurz: die Persönlichkeitsanteile an sich sind weder gut noch schlecht, es kommt auf die gespeicherten Inhalte an, auf die Ausprägung und auf das Zusammenspiel. Darauf kommen wir später zurück.

Zunächst, um einen besseren Überblick zu ermöglichen, wird der Aufbau der Persönlichkeit noch einmal in Kurzform schematisch verdeutlicht. Die Persönlichkeitsanteile werden, wie bei TransaktionsanalytikerInnen Konvention, als Kreise dargestellt.

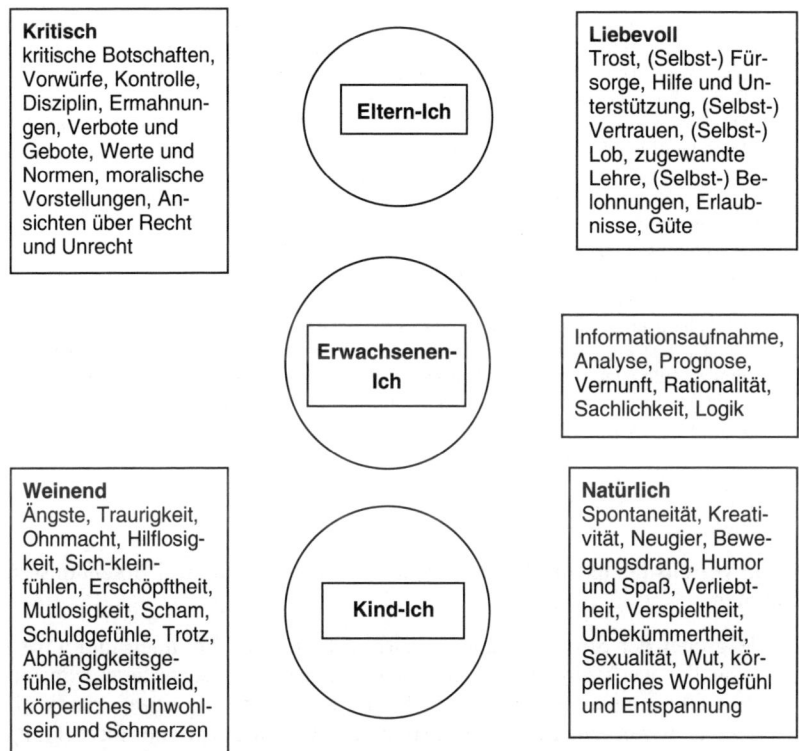

Kritisch
kritische Botschaften, Vorwürfe, Kontrolle, Disziplin, Ermahnungen, Verbote und Gebote, Werte und Normen, moralische Vorstellungen, Ansichten über Recht und Unrecht

Eltern-Ich

Liebevoll
Trost, (Selbst-) Fürsorge, Hilfe und Unterstützung, (Selbst-) Vertrauen, (Selbst-) Lob, zugewandte Lehre, (Selbst-) Belohnungen, Erlaubnisse, Güte

Erwachsenen-Ich

Informationsaufnahme, Analyse, Prognose, Vernunft, Rationalität, Sachlichkeit, Logik

Weinend
Ängste, Traurigkeit, Ohnmacht, Hilflosigkeit, Sich-klein-fühlen, Erschöpftheit, Mutlosigkeit, Scham, Schuldgefühle, Trotz, Abhängigkeitsgefühle, Selbstmitleid, körperliches Unwohlsein und Schmerzen

Kind-Ich

Natürlich
Spontaneität, Kreativität, Neugier, Bewegungsdrang, Humor und Spaß, Verliebtheit, Verspieltheit, Unbekümmertheit, Sexualität, Wut, körperliches Wohlgefühl und Entspannung

Abb. 13: Das Persönlichkeitsmodell der Transaktionsanalyse

13.4 Der innere Monolog

Die Transaktionsanalytiker behaupten, dass wir uns immer (wenn wir wach/bei Bewusstsein sind) in einem der drei, bzw. fünf Ich-Zustände befinden, egal ob wir gerade allein sind oder mit anderen zusammen. Manchmal sind wir lange in einem Zustand (z.B. im natürlichen K, das vor Wohlbehagen eine halbe Stunde lang brummen kann, wenn wir uns massieren lassen oder im weinenden K, wenn wir aus irgend einem Grund sehr traurig sind). Manchmal ändern sich unsere inneren Zustände aber auch blitzschnell, und vor allem unter Stress kommt es dann zu einem mehr oder weniger bewussten *Inneren Monolog*. Wir können uns dann selbst zuhören, wie die Stimmen in uns durcheinander reden[9], und wenn wir genau hinhören, können wir die einzelnen Stimmen auch unterscheiden und zuordnen.

---

9 Virginia Satir spricht in diesem Zusammenhang vom „Inneren Team".

Beispiel: Ich muss in einer entfernten Stadt einen Vortrag halten, und ich bin zu spät zu Hause los gefahren. Ich fahre auf der Autobahn und empfinde Stress, weil ich mit hoher Wahrscheinlichkeit zu spät kommen werde. Ich höre mir selber zu:
„Der Tacho zeigt 160." (Sachinformation A)
„Du fährst viel zu schnell, du wirst noch einen Unfall bauen!" (Vorwurf, kritisches P)
„Mein Gott, ich werde zu spät kommen, der Veranstalter wird sauer sein und die ZuhörerInnen werden denken, dass ich sie missachte!" (Ängste, weinendes K)
„Nun reg dich mal nicht auf. Du wirst schon rechtzeitig kommen!" (Beruhigung, liebevolles P)
„Warnblinckleuchten, Stau" (Optische Wahrnehmung, A)
„Mist!" (Wut, Angst, natürliches K, weinendes K)
„Ich werde es nicht schaffen!" (Verzweiflung, weinendes K)
„Ich hab dir ja gleich gesagt, wenn du so spät aufstehst, kannst du gar nicht pünktlich sein. Du bist eine Schnarchnase, auch viel zu spät ins Bett gestern! Dass du nicht ‚einmal' früh genug ins Bett gehen kannst, vor allem wenn am anderen Tag so etwas Wichtiges ansteht, wie kann man nur so blöd sein!" (Vorwürfe, kritisches P)
„Ich wäre ja gerne noch viel länger geblieben, es war so ein schöner Abend und so ein netter Typ..." (Wünsche, natürliches K)
„Typ???? Was willst du denn mit einem Mann? Hast du sie noch alle?" (Moralische Vorstellungen, kritisches P)
Usw. usw.

Wenn wir uns intensiv selbst beobachten, können wir zu zwei Erkenntnissen kommen:

1. Je größer der Stress ist, um so lauter schreien die Stimmen und um so schneller wechseln sie sich ab, bis wir den Überblick verlieren. Besonders laut jammert das weinende K und besonders viel schreit das kritische P (wir ergehen uns in Selbstvorwürfen). Eine typische Entwicklung ist, dass der Innere Monolog in eine Unterhaltung zwischen kritischem P und weinendem K mündet.
2. Mit steigendem Stress wird gleichzeitig die Stimme unseres A leiser und weniger, d.h. unsere Vernunft, unsere Fähigkeit zur Problemlösung und im Gespräch die Sachebene treten zunehmend in den Hintergrund, ein nachgerade tragischer Umstand. Wir können unter Stress offenbar nicht mehr so gut logisch und vernünftig denken.

13.5 Selbstveränderung – eine Warnung

Vielleicht sind Sie nach der Lektüre der letzten Seiten zu der Erkenntnis gekommen, dass Sie sich verändern sollten, weil einer Ihrer Persönlichkeitsanteile zu viel Raum in Ihrer Persönlichkeit einnimmt. Sie haben also gute Vorsätze gefasst. Aber Achtung – Gefahr im Verzug! Im Folgenden zwei Beispiele:
Vielleicht sind Sie zu der Überzeugung gekommen, dass Sie ein zu dickes (selbst-)kritisches Eltern-Ich haben, dass Sie unter Ihrem Perfektionismus leiden und dass Sie weniger selbstkritisch sein sollten. Sie nehmen sich also vor, in Zukunft weniger kritisch mit sich umzugehen. Bei nächster Gele-

genheit passiert Ihnen ein Fehler. Sie hören Ihre innere Stimme: „Meine Herren, wie hast du das denn wieder verbockt. So doof kann man doch gar nicht sein. Kannst du denn nicht einmal irgendetwas richtig machen? Du bist ein vollständiger Versager!" (So oder so ähnlich äußert sich das kritische Eltern-Ich). Gleich anschließend hören Sie sich sagen: „Was ist das denn jetzt schon wieder? Bist du blöd? Du wolltest doch nicht mehr so streng mit dir sein! Du machst dich ja schon wieder fertig! Kannst du nicht einmal nett zu dir sein?" Wer spricht? Richtig, das kritische Eltern-Ich.

Ein anderes Beispiel: Angenommen, Sie hätten ein großes natürliches Kind-Ich, das gutes Essen besonders genießt und fleißig an Ihrer rundlichen Figur arbeitet. Ihr kritisches Eltern-Ich forciert die Idee: „Du bist zu dick. Du musst abnehmen." Das natürliche Kind-Ich ist schlau. Es antwortet: „Klasse. Abnehmen. Macht Spaß. Sexy Sommerkleider passen wieder, die Männer werden mir zu Füßen liegen, ich werde mich auch körperlich viel wohler fühlen, gute Idee. Aber: Über eines müssen wir uns klar sein, liebes kritisches Eltern-Ich, das wird eine harte Zeit für mich. Und weil wir dann jetzt so wenig Genuss in Zukunft haben werden, können wir uns doch heute noch mal, sozusagen als Motivation, ein dickes Stück Sahnetorte gönnen!" Na bitte, so scheitern Versuche, abzunehmen oder mit dem Rauchen aufzuhören.[10]

Sie merken schon, was da passiert: Wir versuchen offenbar, uns aus der Instanz heraus zu verändern, von der wir sowieso schon sehr viel haben. Das holt uns sozusagen bei unseren Selbständerungsversuchen immer wieder ein. An diesem Mechanismus scheitern die meisten guten Vorsätze.

Empfehlung: Wenn Sie etwas verändern möchten, legen Sie sich am besten die Frage vor: Von welchem Persönlichkeitsanteil könnte ich mehr gebrauchen? Auf welchen Persönlichkeitsanteil müsste ich besser hören? Welchen sollte ich entwickeln?

Im ersten Beispiel: Was steckt hinter dieser immensen Selbstkritik? Mangelt es mir an Selbstfürsorge, an der Fähigkeit, Nein-zu-sagen, manchmal mir selbst etwas Gutes zu tun (liebevolles Eltern-Ich)? Oder habe ich zu wenig Spaß im Leben, sollte meine kreative Seite entwickeln, mir ein Hobby gönnen (natürliches Kind-Ich)? Oder schätze ich mich einfach unrealistisch ein, sollte ich mit anderen Menschen sprechen, mir Rückmeldung holen, um zu einer realistischeren Selbsteinschätzung zu kommen (Erwachsenen-Ich)? Hält meine starke Selbstkritik Ängste oder Traurigkeit in Schach, was oft eine fällige Entscheidung vermeiden soll (weinendes Kind-Ich)?

Wenn es Ihnen nämlich gelingt, herauszufinden, auf welche Seite Ihrer Person sie besser hören wollen oder welche Sie entwickeln wollen, wird diese Stimme automatisch lauter und die andere, bislang dominante Stimme verliert an Gewicht.

Ähnlich verhält es sich im zweiten Beispiel: Das natürliche Kind-Ich schreit sehr laut und streitet sich mit dem kritischen Eltern-Ich (meist ge-

---

10   CARR nennt in seinem hilfreichen Buch „Endlich Nichtraucher" die Stimme des natürlichen Kind-Ichs (in diesem Zusammenhang treffend) „Das kleine Biest".

winnt das natürliche Kind!). Welche Stimme in Ihnen ist zu leise? Selbstfürsorge, sich selbst etwas erlauben, sich trösten und sich Fehler verzeihen, sich liebevoll annehmen, manchmal anderen „nein" zu sagen (liebevolles Eltern-Ich)? Sich traurig sein und Angst erlauben und zulassen, der Einsamkeit oder der Überforderung endlich ins Gesicht zu blicken (und diese Gefühle nicht sofort mit Essen ersticken) (weinendes Kind-Ich)?

Oder anders ausgedrückt: Es ist ein Paradoxon der menschlichen Psyche, dass wir Anteile in uns, die wir bekämpfen oder nicht wahrhaben wollen, eher stärken. Wenn es uns gelingt, die ungeliebten Anteile liebevoll anzunehmen, ihre Funktion zu erkennen und sie zu integrieren, können wir uns verändern. „Akzeptanz des Seienden ermöglicht Veränderung."

Übung:

Vielleicht haben Sie Lust, sich einen Schneemann vorzustellen. Drei Kugeln: die obere für das Eltern-Ich, die in der Mitte für das Erwachsenen-Ich und die untere für das Kind-Ich. Welche Kugel ist bei Ihnen besonders dick? (Warnung: die allerwenigsten Menschen haben ein zu dickes Erwachsenen-Ich, meistens wird dann kritisches Eltern-Ich mit Vernunft verwechselt!)

....

Beim Eltern-Ich und beim Kind-Ich lohnt es sich, auch noch jeweils darüber nachzudenken, ob die Kugel symmetrisch ist oder ob nicht eine Hälfte dicker ist.

....

Welche Kugel, welche Hälfte ist besonders klein, kommt wenig zu Wort?

....

Was genau fehlt Ihnen da?

....

Was genau können Sie tun, um das zu bekommen oder als Fähigkeit zu entwickeln, was Ihnen fehlt?

....

Wie sieht der Schneemann Ihres Partners/Ihrer Partnerin aus? Oder einer Person, mit der Sie häufig Konflikte haben?

....

Stagnation und Verharren in selbstschädigenden Situationen basiert häufig auf dem (mehr oder weniger unbewussten) Wunsch, Ängste zu vermeiden.

Selbstveränderung bedeutet häufig, der eigenen Angst ins Auge zu sehen und eine Entscheidung oder sogar mehrere zu treffen. Es geschieht in den seltensten Fällen ein schnelles Wunder.

Wenn Sie mehr über Transaktionsanalyse erfahren wollen, empfehle ich RAUTENBERG & ROGOLL (1995) und HARRIS & HARRIS (1997).

13.6 Zusammenfassung

In diesem Abschnitt haben wir uns mit dem Persönlichkeitsmodell der Transaktionsanalyse beschäftigt. Das Modell unterteilt die Persönlichkeit in drei bzw. fünf Bereiche:

Im Kind-Ich sind die Gefühle gespeichert, wobei das weinende Kind Gefühle von Traurigkeit, Ohnmacht und Angst enthält, während das natürliche Kind Lust, Kreativität und Verspieltheit beinhaltet. Das Eltern-Ich entsteht in der frühen Kindheit, dort sind elterliche Botschaften gespeichert. Das liebevolle Eltern-Ich enthält Trost, Unterstützung und Vertrauen, das kritische Eltern-Ich Vorwürfe, Ermahnungen, Werte, Regeln und Moral. Zwischen diesen beiden Instanzen steht das Erwachsenen-Ich, das unsere Vernunft, Analyse- und Planungsfähigkeit repräsentiert.

Im Wachzustand befinden wir uns immer in einem der drei bzw. fünf Zustände, die im Denken („Innerer Monolog") aktiviert werden.

Natürlich werden sie auch in der Auseinandersetzung mit anderen wirksam. Wenn also zwei Menschen miteinander sprechen, sind eigentlich zehn Personen im Raum. So gesehen ist Kommunikation ein hochkomplexer Prozess, und es kann leicht zu Missverständnissen und Konflikten kommen. Damit beschäftigen wir uns im nächsten Abschnitt.

14. „Konflikte, Konflikte"

14.1 Einführung

Wir haben im letzten Abschnitt gesehen, dass nach Auffassung der Transaktionsanalyse in jedem Gespräch nicht nur zwei, sondern eigentlich zehn Personen anwesend sind. Der Verlauf eines Gesprächs wird nicht unwesentlich davon bestimmt, aus welcher ihrer fünf Instanzen die Personen agieren.

Das folgende Beispiel zeigt mögliche Reaktionen des Vorgesetzten aus den verschiedenen Persönlichkeitsanteilen auf Fehler der Mitarbeiterin:

Weinendes Kind Ich	Mein Gott, wieso bin ich nur mit so einem depperten Verein geschlagen. Ich bin fix und fertig. Wo sind bloß meine Magentabletten?
Natürliches Kind Ich	Liebe Frau Müller, bei Ihren schönen braunen Augen ist das gar nicht schlimm, wenn Sie mal Fehler machen.
Liebevolles Eltern Ich	Ich mache mir wirklich Sorgen um Sie, Sie sehen so schlecht aus, geben Sie mal her.
Kritisches Eltern Ich	Mein Gott, Frau Müller, das müssen doch selbst Sie einsehen, dass das so nicht geht.
Erwachsenen Ich	Auf Seite 2 sind drei Zahlendreher. Der Zeilenabstand sollte anderthalb sein. Bitte ändern Sie das.

Es ist klar, dass Frau Müller auf jede dieser fünf Verhaltensweisen anders reagieren wird. Ihre Reaktion hängt davon ab, welcher ihrer Persönlichkeitsanteile von der Aussage ihres Chefs jeweils aktiviert wird. Im ersten Fall könnte sie z.B. sagen: „Regen Sie sich nicht auf, ich hole Ihnen Ihre Magentabletten!" D.h. sie würde auf das weinende Kind ihres Chefs mit dem liebevollen Eltern-Ich reagieren. Oder: „Mein Gott, jeder macht doch mal einen Fehler, warum regen Sie sich bloß immer sofort auf?" (kritisches Eltern-Ich).

Im zweiten Fall könnte sie sagen: „Ach, Sie sind mir auch sehr sympathisch!" (natürliches Kind-Ich).

Im letzten Fall könnte die Reaktion sein: „Okay, bis wann brauchen Sie es?" (Erwachsenen-Ich).

Das bedeutet, dass unsere Reaktionen auf den/die andereN natürlich von der Situation abhängt und von den vorausgegangen Transaktionen. Darüber hinaus neigen wir auf der Basis unserer Persönlichkeitsstruktur auch zu bestimmten Reaktionen. Und wir erleben, dass wir mit bestimmten (vertrauten) Menschen in immer gleiche vorhersagbare Abläufe verwickelt werden. Dies bezeichnet die Transaktionsanalyse als „Spiele". Damit werden wir uns im Folgenden beschäftigen.

14.2 Der Spielbegriff

Die Transaktionsanalyse vertritt die Auffassung, dass wir vor allem bei wiederkehrenden Konflikten ein „Spiel" spielen.

Definition:
Ein Spiel ist eine Folge von wiederkehrenden Transaktionen mit verdeckten Motiven und vorhersagbarem Ablauf und (meist schlechtem) Ausgang. Spiele werden in der Regel nicht bewusst gespielt.

> *Beispiel:*
> „Wer spült heute?"
> „Du! Ich hab gestern den Großeinkauf gemacht!"
> „Ach ja, und wer hat das Auto gewaschen und die Steuererklärung fertig gemacht? Immer hab ich den ganzen Mist am Hals. Du ruhst dich auf dem Einkaufen aus!"
> „Ich ruhe mich aus? Ich? Das ist ja wohl die Höhe!...."
> Das geht eine Weile so weiter. Am Ende knallt eineR die Tür, beide sind sauer (wie schon so oft), gespült wird heute nicht (das Problem wird nicht gelöst, weder der konkrete Anlass noch das Beziehungsproblem).

14.3 Verfolger – Retter – Opfer: Das Dramadreieck

Das häufigste Konfliktspiel heißt *Dramadreieck*. Die Beteiligten nehmen Rollen ein mit dem Ziel, die GesprächspartnerInnen zu manipulieren, Einfluss zu bekommen und eine Lösung auf der Sachebene zu vermeiden.

Die drei Rollen (deswegen „Dramadreieck) sind *Verfolger* (entspricht dem kritischen Eltern-Ich), *Retter* (entspricht dem liebevollen Eltern-Ich) und *Opfer* (entspricht dem weinenden Kind-Ich).

Der Verfolger
– Ordnet an: „Tun Sie, was ich Ihnen sage!"
– Ermahnt und droht: „Noch eine solche Bemerkung und ich werde..."
– Macht Vorhaltungen: „Das hätten Sie damals bereits merken müssen." „Ich habe es dir ja gleich gesagt!"
– Urteilt, kritisiert und beschuldigt: „Seien Sie nicht so uneinsichtig."

- Beschämt und macht lächerlich: „Schöne Jacke, gab's die nicht in deiner Größe?"
- Verhört, fordert, predigt: „Ich könnte so glücklich sein, wenn du nicht (untreu, geizig, unpünktlich wärst)...!"
- Stellt (rhetorische) Fragen: „Wo bist du gewesen? Was hast du wieder so lange gemacht?" „Warum hast du schon wieder meinen Locher genommen?"
- Kontrolliert und ertappt: „Hab ich dich endlich, du Schwein!" „Wenn ich hier nicht alles kontrolliere/selber mache...!"

Der Retter
- Gibt Tipps und Ratschläge: „Haben Sie schon mal ... versucht?"
- Gibt fertige Lösungen vor: „Ich will doch nur dein Bestes!"
- Beruhigt, tröstet, lenkt ab: „Das ist doch nicht so schlimm."
- Nimmt Verantwortung/Arbeit ab: „Lassen Sie mich nur machen!"
- Bemitleidet: „Du armes Hascherl, immer kriegst du den Anschiss!"

Das Opfer
- Leidet, am besten vor Publikum: „Seht nur zu, wie ich leide (diese furchtbare Migräne/wie viel ich arbeiten muss!)".
- Fordert andere auf, ihn/sie schlecht zu behandeln: „Kill me, fill me, grill me."
- Bekennt sich schuldig, bittet um Nachsicht: „Ich weiß, ich mache zu viele Fehler, aber..." „Bin ich nicht furchtbar..."
- Jammert: „Wenn man mir nur ein bisschen mehr Zeit gegeben hätte!" „Shit happens, but why does shit always happen to me?"
- Erbittet Ratschläge, um Aufmerksamkeit zu bekommen, keineswegs um ein Problem zu lösen: „Was soll ich nur gegen meine unmögliche Figur tun? (Bitte lösen Sie mein Problem (nicht)...)"
- Fühlt sich schlecht, ist krank.

Häufig wechseln wir die Rollen während einer Spielsequenz. Ich könnte mich z.B. bei meinem Partner zunächst beklagen, dass es mir so schlecht geht (Opfer), danach könnte ich ihm deutlich machen, dass er daran schuld ist (Verfolger), und wenn er dann zerknirscht ist (seinerseits Opfer), könnte ich ihn trösten (Retter). Dies ist eine Strategie, den anderen erfolgreich zu verwirren und uns beide daran zu hindern, unser Beziehungsproblem zu lösen.

Oder langfristig: In der Retter-Rolle versuche ich, einer Freundin zu helfen (Opfer), die mit einem furchtbaren Mann verheiratet ist (Verfolger), sich von diesem zu trennen. Sie beklagt sich aber weiter und ist keineswegs wirklich bereit, an ihrer Situation etwas zu ändern. Dann werde ich sauer, fange an, mit ihr zu schimpfen und den Kontakt mit ihr zu verdünnen (Bestrafung), damit mutiere ich vom Retter zum Verfolger.

Als erwachsene und differenzierte Menschen sind wir natürlich flexibel in der Handhabung der drei Rollen, wir machen unser Verhalten vom Gegen-

über, von der Situation und unserer Tagesform abhängig (an manchen Tagen
stehen wir auf und wissen schon „Das ist heute nicht mein Tag heute fühle
ich mich als Opfer". An anderen Tagen fühlen wir uns zum Bäumeausreißen
und in der Lage, die ganze Welt zu unterstützen und zu retten. Nach Stress im
Büro kommen wir nach Hause und jede Kleinigkeit regt uns auf = Verfolger).
   Aber Menschen haben auch Lieblingsrollen, und es macht Sinn, darüber
einmal nachzudenken.

14.4 Lieblingsrollen

Vielleicht kennen Sie eine Person, von der Sie das Gefühl haben, sie bestehe
im Wesentlichen aus kritischen Eltern-Ich-Botschaften: eine Person, die
ständig kritisiert, Vorwürfe macht, kontrolliert, auf die Einhaltung von Regeln pocht, nie zufrieden zu stellen ist, anderen ein schlechtes Gewissen
macht, also ein „*Verfolger*": Sie verfolgen andere mit ihrer Unzufriedenheit.
Was steckt dahinter?

1. Verfolgersein ist erstens eine Macht- bzw. Manipulationsstrategie: Anderen Vorwürfe zu machen und Scham- und Schuldgefühle auszulösen,
   verschafft Einfluss, lässt die anderen nach den eigenen Liedern tanzen.
2. Außerdem erspart sich der Verfolger paradoxerweise die Auseinandersetzung mit dem eigenen weinenden Kind: Anderen Menschen Vorwürfe
   zu machen, ist vordergründig leichter, als zu spüren, dass man besorgt,
   ängstlich oder traurig ist.
   Beispiel: Falls Sie Mutter oder Vater sind, überlegen Sie mal, wann Sie
   mit Ihrem Kind streng werden: in der Regel, wenn Sie Angst haben[1],
   dass es z.B. auf die schiefe Bahn gerät, d.h. Sie versuchen, Ihr eigenes
   weinendes Kind-Ich mit dem kritischen Eltern-Ich zu beruhigen. Das
   kritische Eltern-Ich im Umgang mit sich selbst zu benutzen, *um das weinende Kind-Ich in sich nicht zu spüren*, ist ein häufig benutzter Mechanismus, um sich vor unangenehmen Gefühlen zu schützen: Es ist offenbar angenehmer, ein Verfolger zu sein als ein Opfer (s u.).
3. Der Verfolger braucht keine Verantwortung zu übernehmen. Indem er
   Vorwürfe macht und kritisiert, anderen die Schuld gibt („Wenn ich mich
   hier nicht um ‚alles' selbst kümmere..."), blendet er praktischerweise den
   eigenen Anteil an der Situation oder am Konflikt aus. Er braucht sich
   über eine Problemlösung, die eine Veränderung seines eigenen Verhaltens erfordern würde, keine Gedanken zu machen.[2]

---

1   Im Deutschen ist die Parallele ja angedeutet: Sowohl in „Angst" als auch in „Strenge" ist
    das lat. „angus" meint „eng" enthalten, die Enge nämlich, die wir in der Brust spüren.
2   In diesem Sinne sagt Dürkheim: „Macht bedeutet, sich nicht verändern zu müssen."

Ein weiteres Beispiel: Eine Frau kommt zu mir und erzählt mir, dass sie eine alte (Schwieger-) Mutter habe, die noch allein in der Wohnung lebt. Sie fahre dreimal in der Woche hin, putze die Wohnung, koche vor, kümmere sich um die Wäsche und leiste der alten Dame, wenn es die Zeit erlaubt, auch noch eine halbe Stunde Gesellschaft. Was sagt die alte Dame, wenn die (Schwieger-) Tochter kommt? „Du warst schon wieder drei Tage nicht da. Deine Erbsensuppe letztes Mal hat mir überhaupt nicht geschmeckt. Die Tochter von der Frau Müller kommt aber alle zwei Tage!" (Verfolger) „Nur Vorwürfe, nur Kritik!" sagt die Tochter. „Ich halte es bald nicht mehr aus. Ich hab schon keine Lust mehr hin zu fahren!"[3] (Opfer mit einem beginnenden Verfolger). Tatsache ist, dass die (Schwieger-) Mutter ihre Gefühle hinter einer kritischen Fassade versteckt, was ihr wahrscheinlich gar nicht bewusst ist, ebenso wenig wie der (Schwieger-) Tochter. Wenn sie genau in sich hinein horchen würde, müsste sie sagen: „Ich fühle mich einsam. Ich bin oft tagelang allein. Ich habe Ängste, Angst vor dem Tod. Ich bin alt. Ich habe Angst, dass ich falle und das Telefon nicht erreichen kann..." (weinendes Kind-Ich). Wahrscheinlich hat sie nicht gelernt, ihre Einsamkeitsgefühle und ihre Angst direkt auszudrücken, so dass sie sich in die Verfolgerrolle flüchtet.

Paradoxerweise passiert dadurch zweierlei: Erstens erreicht sie, dass sich ihre (Schwieger-) Tochter auf Dauer zumindest innerlich von ihr abwendet, also das Gegenteil von dem, was sie möchte, nämlich Zuwendung und Gesellschaft. Zweitens verhindert sie durch die Vorwürfe eine rationale Problemlösung.

Hier wird ein dritter Mechanismus deutlich, der auch für die anderen noch zu besprechenden Rollen gilt:

Sich in eine der Rollen zu begeben, verhindert eine Problemlösung auf der Sachebene (im Erwachsenen-Ich), auch wenn alle vorgeben, genau daran interessiert zu sein.

Der gleiche Mechanismus trifft übrigens auch auf Gespräche mit anderen Personen zu: Wenn wir z.B. in einer beruflichen Diskussion angegriffen werden (und unser weinendes Kind jammert: „Mama, wie kann der nur so unfair mit mir umgehen, ich könnte jetzt heulen!"), dann sagen wir ja in der Regel nicht: „Herr Müller, jetzt fühle ich mich sehr verletzt!" (was ein direkter Ausdruck des Gefühls, aber häufig nicht angebracht wäre), sondern etwa: „Mein lieber Herr Müller, wenn Sie Gelegenheit genommen hätten, vor unserem Gespräch die Aktenlage zu studieren, würden Sie anders argumentieren!" (Meint im Klartext: Du bist unvorbereitet und uninformiert!), d.h. wir nehmen Zuflucht zu ironischer Kritik in eleganter rhetorischer Verpackung (was dem kritischen Eltern-Ich entspricht)).

---

3 Diese Geschichte habe ich mit Abwandlungen ganz häufig gehört, und viele Frauen bekommen Tränen in die Augen, wenn ich sie in meinen Seminaren erzähle.

Ein zweite Rolle, die aus einem dicken weinenden Kind-Ich resultiert und die bereits erwähnt wurde, heißt „Opfer". Das Opfer ist für den Verfolger zwingend notwendig, denn sonst kann er ja nicht verfolgen.[4] Das Opfer jammert, klagt, leidet, ist (sucht)krank, hilflos und ängstlich. Es läuft durch das Leben wie ein Schluck Wasser in der Kurve mit dem ständigen Appell an die Umwelt: „Bitte rette mich, schone mich, tröste mich, sag mir ein liebes Wort, gib mir einen Rat (den ich tunlichst nicht befolgen werde), hilf mir! Sieh her, wie schrecklich ich leide." Dabei ist nicht das Leid an sich das Problem, sondern die Tatsache, dass die Energie des Opfers nicht in die Veränderung der Situation gesteckt wird, sondern in das Bemühen, andere für die eigenen Zwecke zu instrumentalisieren und sich vor einer tatsächlichen Änderung der Situation zu drücken.

Der Profit des Opfers ist vielfältig:

1. Das Opfer braucht für nichts die Verantwortung zu übernehmen. Jemand der/die krank ist, „kann eben nichts dafür".

2. Das Opfer braucht sich nicht zu verändern, andere bemühen sich ja.

3. Das Opfer ist in Konflikten immer der moralische Sieger, da es ja Aggressionen nicht direkt auslebt, nach dem Motto: „Ach was soll ich Ihnen sagen, meine Arbeitskollegin, seit 20 Jahren behandelt die mich schlecht. Aber von mir? Kein böses Wort!"

4. Das Opfer hat eine Menge Macht über andere, es ist eine Machtstrategie. Das Opfer verursacht bei den anderen Schuldgefühle („jetzt geht's ihr schon so schlecht und ich schaff's dann noch nicht mal, sie zu besuchen!") und regiert damit.

Opfersein hat übrigens einen großen Vorteil: Man kann es ganz allein spielen, man braucht dazu keinen Partner (der Verfolger ist ja auf das Opfer angewiesen). Selbstmitleid kann ein wunderbares Gefühl sein.

Motto: „Alle amüsieren sich draußen bei dem schönen Wetter, nur ich muss hier ganz alleine spülen, bügeln (oder wahlweise) die Steuererklärung machen!" „Alle meine Mitarbeiter dürfen nach Hause gehen, nur ich muss hier noch sitzen und den Projektbericht schreiben!" „Warum habe ich diese Frau nur geheiratet (oder wahlweise) warum bin ich mit einer so nervigen Schwiegermutter geschlagen?" „Ich könnte so glücklich sein, wenn mein Chef nicht immer..."

Manchmal hat man sogar den Verdacht, dass sich das Opfer, das gerade so schön alleine leidet, von jedem Hilfeangebot gestört fühlt.

---

4   Es handelt sich um komplementäre Rollen, d.h. die eine Rolle ist nicht möglich ohne die andere, ähnlich wie bei Vater und Sohn: Man kann nicht Sohn sein, ohne den Vater mitzudenken. Übrigens ein interessantes theologisches Problem, denn auch Gott und die Gläubigen sind als komplementäre Rollen angelegt. Nietzsche hat dieses Problem in „Also sprach Zarathustra" in folgende Form gegossen: „Oh du großes Gestirn, was wäre dein Glück, wenn du nicht die hättest, denen du leuchtetest!"

Vielleicht kennen Sie auch eine Person, die ein besonders ausgeprägtes liebevolles Eltern-Ich hat. Dies sind Personen, die immer ein tröstendes Wort haben, eine Tasse Kaffee oder eine Flasche Cognac, die andere nicht leiden sehen können, Konflikte schlichten wollen, keinen Geburtstag vergessen, immer anpacken, wenn Not am Mann/an der Frau ist, anderen die Arbeit abnehmen, die keine Bitte abschlagen können und sich immer Sorgen um andere machen. Es sind die Krankenschwestern und SozialarbeiterInnen der Gesellschaft. In Büros oder Abteilungen sind sie „die gute Seele" oder „die Mutter der Kompanie" (vgl. Abschnitt 6.2). Die Transaktionsanalyse nennt sie *„Retter"*. Erkennen Sie Menschen aus Ihrem Umfeld wieder (oder vielleicht sich selbst?) [5].

Manche RetterInnen retten andere aus Herzensgüte, weil es ihrem Leben Sinn gibt oder Erfüllung. Manchmal allerdings retten sie andere aber auch auf eigene Kosten. Sie sagen dann (oft mit ein bisschen Stolz): „Ach, ich kann einfach nicht nein sagen!" Oder sie sagen: „Wenn ich nicht ständig einspringen würde, würde doch das Chaos ausbrechen (oder wahlweise: die andere Person sich umbringen)!" Natürlich sind auch Retter (wie Verfolger) auf ein geeignetes zu rettendes Opfer verwiesen.

Erstaunlicherweise müssen wir bei genauerem Hinsehen feststellen, dass der Profit, den der Retter/die Retterin hat, ähnlich ist wie beim Verfolger/der Verfolgerin:

1. Zunächst ist „Retten" auch eine Macht-/Manipulationsstrategie. Schutzgesten z.B. installieren sofort ein Oben und Unten in einer sozialen Situation. Ein Retter hat jemanden zum Retten, ein „Opfer", also jemanden, dem er/sie überlegen ist. Das Retten verleiht Einfluss: „Komm setz dich erst mal und beruhige dich, du wirst doch in diesem Zustand nicht aus dem Hause gehen wollen!" (Meint: Wenn du hier bist, brauche ich mich nicht einsam zu fühlen!). Die Botschaft lautet: Wenn ich etwas für dich tue, musst du nach meinem Liede tanzen!

2. Retten verleiht neben sozialer Macht auch soziale Anerkennung für die tapferen Taten: „Mein Gott, wie du das alles schaffst, bewundernswert!" Retten verleiht Status und macht den Retter/die Retterin grundsätzlich zum moralischen Sieger in der Situation. Retten ist eine vor allem von Frauen verwendete Strategie, zu Macht und Anerkennung zu gelangen.

3. Der subtilste Gedanke ist, dass auch Rettersein vor der Wahrnehmung des eigenen weinenden Kind-Ich schützt. Wenn ich mich um das Leid der anderen kümmere, brauche ich mich nicht damit auseinander zu setzen, wie schlecht es mir selbst geht. Wenn ich andere an die Hand nehme und tröste, spüre ich nicht so stark, wie besorgt und traurig ich selbst bin. Das kann kurzfristig gut sein, weil es meine Handlungsfähigkeit erhält,

---

5   Falls Sie aus dem Berufstand der Ärzte, PsychologInnen, SozialpädagogInnen, SozialarbeiterInnen, PfarrerInnen, TherapeutInnen usw. kommen, prüfen Sie sich besonders sorgfältig, ob Sie nicht dem Retterstand angehören: Diese Berufe schreien geradezu nach einer Selbstselektion von geborenen RetterInnen.

langfristig führt diese Art der Verdrängung aber dazu, dass ich an den Ursachen für meine eigene Traurigkeit nichts ändere, d. h. die Situation bleibt für mich so, wie sie ist.

Ein häufiger Mechanismus ist der Folgende: Das „Opfer" jammert, der „Retter" rettet, bemüht sich, nichts ändert sich (das ist ja der Zweck des Spiels). Der Retter bemüht sich weiter, spürt aber allmählich, dass das Opfer sich nicht verändert und fühlt sich zunehmend ausgepowert, ausgebeutet. Latente Aggressionen werden wach, der Retter wird sauer, weil sich das Opfer überhaupt nicht bewegt.

Das folgende Beispiel ist sehr häufig: Eine Arbeitskollegin deckt die Tatsache, dass der Kollege im Dienst gelegentlich trinkt. Sie weiß ja, dass der Kollege seine Frau nach langer Krankheit verloren hat, also deckt sie seine Unpünktlichkeiten und macht Arbeit für ihn mit. Außerdem spricht sie mit ihm über seine Probleme und hofft, dass er sich bald wieder „fängt". Der Kollege trinkt weiter, eher mehr denn weniger im Laufe der Zeit. Allmählich wird die Kollegin sauer, sie beginnt zu drohen und am Ende geht sie zum Vorgesetzten, um das Fehlverhalten zu melden und anzubringen, dass sie mit diesem Kollegen auf keinen Fall in Zukunft weiter zusammen arbeiten will.[6]

Aus dem Retter ist allmählich ein Verfolger geworden, wobei das Verhalten eine Zeit lang durchaus auch eine Mischung aus beiden Rollen sein kann. Sowohl Retter zu Beginn als auch Verfolger im späteren Verlauf ist die typische Entwicklung, die Menschen durch machen, wenn sie es mit suchtkranken Angehörigen, Freunden oder KollegInnen zu tun haben. Der Fachausdruck dafür ist Coabhängigkeit. Der/die Suchtkranke spielt das Spiel, um ungehindert weiter sein Suchtmittel nehmen zu können, es hilft niemandem und eine baldige Therapie wird dadurch verhindert, und zwar auch vom Retter, der es vordergründig gut meint.

Ein weiteres Beispiel für diese schleichende Veränderung ist die oben geschilderte Mutter-Tochter-Beziehung, in der normalerweise die Tochter zunächst voller Mitleid und Fürsorge die Mutter unterstützt, sich mit der Zeit aber immer mehr ausgebeutet, ausgepowert und ungerecht behandelt fühlt, so dass sie wütend wird. Gleichzeitig bekommt sie ein schlechtes Gewissen (nach innen gekehrte Wut). Bald wird sie erste Anzeichen von Verfolgerverhalten zeigen, indem sie z.B. sagt: „Mein Gott, wenn dir mein Essen nicht

---

6   Für Vorgesetzte bedeutet diese Erkenntnis, Klagen über den Alkoholkonsum von KollegInnen unbedingt ernst zu nehmen und keinesfalls zu bagatellisieren: In der Regel gehen die MitarbeiterInnen erst dann zum Vorgesetzten, wenn das Trinkverhalten eines Kollegen/einer Kollegin schon seit längerem problematisch ist. Oft ist der Kontrollverlust bereits eingetreten, d.h. der/die Betroffene kann das Trinken nicht mehr willentlich kontrollieren, ist bereits suchtkrank. Im Bereich des Coalkoholismus spricht man von einem phasenhaften Verlauf: Schützen und Decken, Kontrollieren, Anklagen. Es liegt fast in der Natur der Sache, dass der/die Vorgesetzte erst dann von dem Problem zum ersten Mal erfährt, wenn es schon wirklich schlimm ist.

schmeckt, dann such dir doch jemand anderen!" (wohl wissend, dass die Mutter das so ohne weiteres gar nicht kann).

Es kann außerordentlich wertvoll sein, herauszufinden, zu welcher Rolle man grundsätzlich neigt. Das schafft Distanz zu sich selbst und kann Ihnen helfen, über sich selbst zu schmunzeln, wenn Sie sich beim nächsten Mal beim (z.B.) Opferspielen ertappen. Es zeigt ihnen aber auch, an welchen Stellen Sie manipulierbar sind (und unter Umständen unnötig viel Energie und Zeit investieren für die Zielerreichung ‚anderer Menschen‘). Wenn Sie der geborene Retter sind, braucht Ihnen ja nur ein Opfer über den Weg zu laufen und schon kleben Sie auf der Leimrute.

Spannend wäre auch darüber nachzudenken, wie die Rollen in Ihrer Partnerschaft/Ehe verteilt sind, bzw. welche Rollen die Familienmitglieder einnehmen. Jemand, der/die z.B. als Lebensspiel für sich das Opfer gewählt hat, heiratet möglicherweise unbewusst jemanden, der/die einen hohen fürsorglichen/verantwortlichen Anteil hat, also einen Rettertyp. Oder: Was erstaunlicherweise häufig ist: Das Opfer heiratet einen Verfolger und leidet Jahre unter dieser Beziehung. Manchmal stecken Wiederholungen frühkindlicher Erfahrungen dahinter.

Folgende Übung kann nützlich sein, diesen Anteilen auf die Spur zu kommen.

Übung (entlehnt an RÜTTINGER, 1988)

Machen Sie sich bitte zu den nachfolgenden Fragen Gedanken.

Mit welchen Angeboten versuchen andere, Sie zu ködern? Auf was fallen Sie normalerweise herein? Welche Verhaltensweisen anderer sprechen in Ihnen das Opfer, den Retter oder den Verfolger an?

....

Mit welcher Person aus Ihrem privaten oder beruflichen Umfeld haben Sie wiederholt ähnliche Probleme/sehen Sie sich immer wieder in der gleichen Rolle?

....

Welcher „wunde Punkt" (positiv oder negativ) wird bei Ihnen angesprochen?

....

Was hätten Ihre Mutter und Ihr Vater jeweils in dieser Situation gesagt?

....

Wie endet die Situation gewöhnlich?

....

Welche Gefühle bleiben dann zurück?

....

Halten Sie die o.g. Kommentare Ihrer Eltern auch als erwachsener Mensch
noch für sinnvoll/befolgenswert?

....

Was können Sie in Zukunft anders machen als bisher?

....

Was wird dann schlimmstenfalls passieren?

....

Welche Kosten bzw. Schmerzen wird die neue Lösung verursachen?
(Meint: Welche unangenehmen Konsequenzen vermeiden Sie mit Ihrem
bisherigen Verhalten?)

....

Die oben genannten Fragen können Ihnen helfen, mit Spielen Schluss zu machen, unter denen Sie leiden. Meistens geht das nicht von heute auf morgen
und ist ein langwieriger Übungsprozess, bei dem Sie immer wieder in die alten Muster zurück fallen werden und erst ganz langsam das Gefühl bekommen, Sie werden allmählich besser mit der Situation fertig. In diesem Sinn
möchte ich Ihnen meine Lieblingsgeschichte erzählen. Die Geschichte heißt:

Es fällt kein Meister vom Himmel (PESESCHKIAN, 1986, S. 117).

„Ein Zauberkünstler führte am Hofe des Sultans seine Kunst vor und begeisterte seine
Zuschauer. Der Sultan selber war außer sich vor Bewunderung: „Gott, stehe mir bei,
welch ein Wunder, welch ein Genie!" Sein Wesir gab zu bedenken: „Hoheit, kein
Meister fällt vom Himmel. Die Kunst des Zauberers ist die Folge seines Fleißes und
seiner Übungen!" Der Sultan runzelte die Stirn. Der Widerspruch seines Wesirs hatte
ihm die Freude an den Zauberkunststücken verdorben. „Du undankbarer Mensch! Wie
kannst du behaupten, dass solche Fertigkeiten durch Übung kommen? Es ist, wie ich
sage: Entweder man hat das Talent oder man hat es nicht." Abschätzig blickte er seinen Wesir an und rief: „Du hast es jedenfalls nicht, ab mit dir in den Kerker. Dort
kannst du über meine Worte nachdenken. Damit du nicht so einsam bist und du dei-
nesgleichen um dich hast, bekommst du ein Kalb als Kerkergenossen." Vom ersten
Tag seiner Kerkerzeit an übte der Wesir, das Kalb hochzuheben und trug es jeden Tag
über die Treppen seines Kerkerturmes. Die Monate vergingen. Aus dem Kalb wurde
ein mächtiger Stier und mit jedem Tag der Übung wuchsen die Kräfte des Wesirs. Eines Tages erinnerte sich der Sultan an seinen Gefangenen. Er ließ ihn zu sich holen.
Bei seinem Anblick aber überwältigte ihn das Staunen: „Gott, stehe mir bei, welch ein
Wunder, welch ein Genie!" Der Wesir, der mit ausgestreckten Armen den Stier trug,
antwortete mit den gleichen Worten wie damals: „Hoheit, kein Meister fällt vom

Himmel. Dieses Tier hattest du mir in deiner Gnade mitgegeben. Meine Kraft ist die Folge meines Fleißes und meiner Übung."

Und so sind uns manche Menschen als Kälber mitgegeben, damit wir an ihnen üben können.

14.5 Kein Patentrezept

Vermutlich haben Sie einige Situationen, in denen Sie sich gelegentlich befinden, analysiert und sind zu Erkenntnissen über ihre eigene Lieblingsrolle und die Ihrer Mitmenschen gekommen.

Dann sagen Sie vielleicht: „Jawohl, mein Chef ist der typische Verfolger. Was muss ich jetzt tun, damit er das nicht mehr ist?" Oder: „Mein Mann/meine Tochter ist immer in der Opferrolle. Wie krieg ich ihn/sie daraus?"

Tatsache ist: Wir können das Kalb nicht am Wachsen hindern, aber wir können es nutzen, um uns selbst zu verändern, zu stärken. Das meint: Lösen Sie den Blick vom Gegenüber und richten Sie den Blick auf sich selbst:

- Warum spiele ich dieses Spiel mit? Was ist meine Rolle in dem Spiel?
- Was sind meine unbewussten Motive? Was profitiere ich davon, dass ich das Opfer (den Verfolger, den Retter) mache?
- Warum will ich die andere Person verändern? Was erspart mir das?
- Was passiert, wenn ich endlich aufhöre, auf ein Wunder zu hoffen und akzeptiere, dass der/die andere so ist, wie er/sie ist und sich wahrscheinlich auch nicht ändern wird?
- Wovor habe ich Angst? Was würde (schlimmstenfalls) passieren, wenn ich mein Verhalten verändern würde/eine Entscheidung treffen würde/die andere Person loslassen würde?
- Was will ich erreichen? Wie sieht ein erstrebenswerter Zustand aus? Ist das realistisch?

Wir können andere Menschen nur in den seltensten Fällen verändern, aber wir können uns selbst verändern. Bei Spielen bedeutet das: den eigenen Ängsten ins Gesicht zu sehen, sich aus Abhängigkeiten zu lösen und neues Verhalten auszuprobieren.

Nehmen wir das oben genannte Beispiel mit der alten (Schwieger-)Mutter: Solange die Mutter anklagt und fordert (Verfolger), erspart sie sich, sich ihr Älterwerden und ihre zunehmende Gebrechlichkeit einzugestehen (also ihrem weinenden Kind-Ich ins Gesicht zu sehen). Sie verschiebt das Problem auf ihre (Schwieger-) Tochter: Wenn die Tochter häufiger kommen würde, wäre alles in Ordnung.

Solange die Tochter „rödelt", Fürsorgeleistungen erbringt (aber zunehmend darunter leidet) und immer niedergeschlagener und hasserfüllter wird (Retter/Opfer/Verfolger in einer Person), wird sie das Problem auf die (Schwieger-)Mutter verschieben: Wenn die alte Frau nicht mehr so viel schimpfen würde, sondern anerkennend und dankbar wäre, wäre alles in Ordnung. Beide erwarten, dass die jeweils andere Frau ihr Verhalten verändert. Damit haben beide die Basis, das Spiel weiter zu spielen, beide leiden, eine Lösung wird nicht gefunden. Was könnte die Mutter tun unter den gegebenen Bedingungen? Sie könnte ihren Gefühlen aus dem weinenden Kind-Ich direkt Ausdruck verleihen: „Ich bin zu lange allein, ich fühle mich einsam, ich habe Angst, dass ich mir einmal nicht helfen kann!"

Und die Tochter? Sie könnte sich eingestehen, dass sie es nicht mehr aushalten will, dass sie überlastet ist, dass sie ihren eigenen (Fürsorge-)Ansprüchen nicht mehr gerecht werden will/kann (was für Frauen oft das Allerschlimmste ist).

Damit wäre eine sinnvolle Problemlösung möglich, z.b. ein Umzug in „Betreutes Wohnen". Die „Kosten" wären für die Tochter, dass sie sich mit ihrem schlechten Gewissen auseinandersetzen müsste, die „Kosten" für die Mutter, dass sie sich mit ihren Ängsten auseinandersetzen müsste und dem (wahrscheinlich zunächst auch angstauslösenden) Gedanken näher treten müsste, umzuziehen.

Allerdings bedeutet das Beenden eines Spiels, dass man aus den vertrauten Problemlösungsversuchen heraus treten muss und auf einer höheren Ebene neu nachdenken muss. Das macht Angst, deshalb fügen wir uns oft jahrelang so viel Leid zu. Wenn wir Spiele beenden wollen, geht das in den seltensten Fällen mit einfachen „Patentrezepten" oder durch Wunder, sondern in der Regel müssen wir uns selbst und unser Verhalten verändern.

14.6 Die Feinarbeit im Konflikt

Oberste Maxime für die Auseinandersetzung soll sein, nach Möglichkeit die Situation/Beziehung ‚nicht' zu ‚verschlechtern'.

– Konflikte sollten möglichst früh angegangen werden. Je länger ein Konflikt dauert, um so größer ist die Wahrscheinlichkeit, dass Missverständnisse und Verletzungen sich häufen.
– Konflikte sollten nicht vor Publikum ausgetragen werden. Gespräche unter vier Augen in einer ruhigen störungsfreien Atmosphäre sind besser.
– Die Rückmeldungsregeln (Abschnitt 15.6) sind auch hilfreich in Konfliktgesprächen.
– Abgrenzung und Angriff sind nicht das Gleiche. Eine Person, die sich abgrenzt, nimmt sich selbst ernst und stellt sich selbst ins Zentrum, ohne die andere Person abzuwerten (und damit in die Verfolger-Rolle zu fallen). Beispiele für Abgrenzung: „Ich akzeptiere (nicht)... (dass Sie mich unterbrechen)", „Ich möchte (nicht)...", „Ich schlage vor...!" Beispiel für Angriff: „Halten Sie den Mund, wenn ich rede!"

- Aktives Zuhören und Wiederholungen sind wichtige Strategien, um den anderen/die andere wirklich zu verstehen. *„Ich weiß erst dann, was ich gesagt habe, wenn ich die Antwort gehört habe"* (Norbert Wiener).
- Sprechen Sie möglichst konkret, an Hand von Beispielen und konkreten Verhaltensweisen. Vermeiden Sie Andeutungen, Vorwürfe, Interpretationen und Ironie: Beschreiben statt bewerten.
- Begründen Sie Ihre Nachfragen: Fragen sind ein wichtiges Mittel, um verstehen zu können, dienen aber auch manchmal als Macht- und Abwehrstrategie (s.o.).
- Sprechen Sie von sich und Ich-Botschaften [7]

Beispiele:
- Ich möchte noch mal zum Punkt x zurück.
- Ich möchte gerne zu Ende sprechen.
- Wenn ich Sie richtig verstanden habe, ...
- Klingt (nicht) gut.
- Wie sieht das Problem aus Ihrer Sicht aus?

- Sorgen Sie für etwa gleiche Gesprächsanteile beider Partner. Texten Sie den Partner nicht zu.
- Falls Sie und ihrE PartnerIn sich in Rage geredet haben, machen Sie besser eine Pause
- Verzichten Sie auf Abrechnungen aus der Vergangenheit, präsentieren Sie nicht Ihr Rabattmarkenbüchlein. Ursachensuche in der Vergangenheit führt in der Regel nicht weiter. Orientieren Sie sich an einem Ziel, einer Lösung und der Zukunft.
- Schreiben Sie die Lösung nicht vor (selbst, wenn Sie sie perfekt im Kopf haben). Fragen Sie Ihren Partner: „Was schlagen Sie vor?" Verhandeln Sie darüber und versuchen Sie zu einer Vereinbarung zu kommen.

> Drei Perspektiven:
>
> 1. Wie sehe ich das Problem?
> 2. Wie sehe ich das Problem, wenn ich mich in die Lage der anderen Seite versetze?
> 3. Wie würde ein außenstehender Dritter den Konflikt beurteilen?

---

7   MINDELL (2000) weist darauf hin, dass Ich-Botschaften in persönlichen bzw. privaten Gesprächen zur Klärung beitragen (können) und eine Verschiebung der Verantwortung für das Problem auf die andere Person verhindern helfen (können). Sie rät Frauen jedoch entschieden davon ab, Ich-Botschaften im beruflichen Bereich zu verwenden. Sie ist der Meinung, das mache Botschaften unklar und lenke die Aufmerksamkeit von der Sache weg hin auf die (weibliche) Sprecherin. Dies führe zu einem Aufmerksamkeitsverlust beim/bei der HörerIn.

14.7 Zusammenfassung

In diesem Abschnitt haben wir uns mit Konfliktspielen befasst, dem sog. Dramadreieck, wie es in der Transaktionsanalyse heißt. Dabei wird davon ausgegangen, dass vor allem in wiederkehrenden Konflikten die Beteiligten in drei Rollen gehen: Das Opfer (das leidet), der Verfolger (der anklagt, kontrolliert, Vorwürfe macht) und der Retter (der Ratschläge gibt, Problemlösungen und Hilfe anbietet). Damit wird die Situation perpetuiert und eine konstruktive Problemlösung verhindert. Alle drei Rollen sind Macht- bzw. Manipulationsstrategien, verschieben die Verantwortung für das Problem auf die anderen Personen, entlassen (vordergründig) aus der Verantwortung und sollen dazu dienen, Leid und Ängste nicht zu spüren. Um Spiele aufzulösen, ist es notwendig, den Blick auf die Motive für das eigene Verhalten zu richten und dieses zu verändern. Am Ende wurden einige Empfehlungen für konstruktives Konfliktlösungsverhalten gegeben.

Im nächsten Abschnitt beschäftigen wir uns mit Voraussetzungen für die konstruktive Zusammenarbeit zwischen Vorgesetztem/Vorgesetzter und MitarbeiterIn.

15. Führen und geführt werden

15.1 Merkmale der Beziehung

Definition von Führung: „Zielorientierte soziale Einflussnahme zur Erfüllung gemeinsamer Aufgaben in/mit einer strukturierten Arbeitssituation" (WUNDERER & GRUNDWALD, 1980, zit. nach WUNDERER, 1993).

Führung ist ein wechselseitiger Prozess und definiert auch „Führung von unten". Dabei ist die Beziehung zwischen MitarbeiterIn und Führungskraft gekennzeichnet durch mindestens drei Merkmale:

1. Es handelt sich häufig um eine *Zwangsgemeinschaft*: man kann sich seineN VorgesetzteN in der Regel nicht aussuchen (umgekehrt schon eher), und oft hat man auch nicht die Möglichkeit, bei „Nichtgefallen" umgehend die Stelle zu wechseln.

2. Von daher ist *Rückzug* nicht möglich. Man ist mit dem/der Vorgesetzten/MitarbeiterIn, den Verhaltensweisen und Eigenheiten täglich viele Stunden konfrontiert und kann dem nicht entgehen, d.h. man muss Wege finden, „klar zu kommen". Und man muss mittel- bzw. langfristig denken: Jedes Verhalten heute hat Einfluss auf die Beziehung morgen und übermorgen.

3. Die Beziehung ist gekennzeichnet durch ein *Abhängigkeitsverhältnis*. Sie ist asymmetrisch im Hinblick auf (formale) Einfluss- und Sanktionsmöglichkeiten. MitarbeiterInnen befinden sich in einem Zustand relativer (formaler) Ohnmacht, vor allem innerhalb von Arbeitsverhältnissen wie Zeitverträgen, Ausbildung usw.

WUNDERER (1993) führt aus, dass diese Merkmale die Arbeitsbeziehung von familiären und ehelichen Beziehungen unterscheiden. Ich bin nicht dieser Ansicht: Viele Ehen/Familien werden von den Beteiligten ebenfalls als Zwangsgemeinschaften erlebt, in denen Rückzug kaum möglich ist auf Grund wechselseitiger Abhängigkeiten, die oft auch asymmetrisch sind. Dies gilt vor allem für Eltern – Kind – Beziehungen.

Das Problem dabei ist, dass dadurch unbewusste Übertragungen nahe liegen, die eine professionelle Beziehung stören können.

„Übertragungen" (ursprünglich ein Begriff aus der Psychoanalyse) meint, dass „alte" (z.B. in der Kindheit erlebte) Wahrnehmungs- und Verhaltensmuster sowie emotionale Reaktionen in die berufliche Konstellation eingebracht werden. Dies ist den Beteiligten in der Regel nicht bewusst (vgl. Abs. zur Transaktionsanalyse). In der Vorgesetzten – MitarbeiterIn – Beziehung liegen natürlich Eltern – Kind – Übertragungen nahe.

Die folgenden Fragen können Ihnen helfen, Übertragungen in der Beziehung zu Ihrem Vorgesetztem/Ihrer Vorgesetzten, bzw. MitarbeiterIn zu erkennen.

„Wer Menschen führen will, muss hinter ihnen gehen.“

Fragen:

Was stört Sie an Ihrem/Ihrer Vorgesetzten/MitarbeiterIn?

....

Was gefällt Ihnen an Ihrem/Ihrer Vorgesetzen/MitarbeiterIn?

....

Welche wiederkehrenden Konflikte haben Sie mit ihm/ihr?

....

Wie verhält sich IhrE VorgesetzteR/MitarbeiterIN in dieser Situation?

....

Wie hätten Ihre Mutter/Ihr Vater an der Stelle Ihres/Ihrer Vorgesetzten/MitarbeiterIn reagiert?

....

Reagieren Sie manchmal auf IhreN VorgesetzteN/MitarbeiterIn mit Gefühlen und Verhaltensweisen, die Sie von früher kennen?

....

Was rät Ihnen Ihr liebevolles Eltern-Ich?

....

Was rät Ihnen Ihr Erwachsenen-Ich?

....

15.2 Loyalität, Respekt und Distanz

Definition von Loyalität: Loyalität ist eine grundsätzliche Einstellung gegenüber einer Person oder einer Organisation, die gekennzeichnet ist durch:

1. eine hinreichend große Akzeptanz der gemeinsamen Ziele, Werte, Aufgaben und Methoden,
2. den Willen zur positiven Außendarstellung der Organisation oder der Person,
3. die Bereitschaft zur konflikthaften Auseinandersetzung nach innen, bzw. im Dialog.

Loyalität ist die Basis jeder Führungsarbeit, auch der Führung von unten. Nur dann ist dauerhaft sachorientierte erfolgreiche Zusammenarbeit möglich.

Zum ersten Punkt gehört die Frage, ob Sie die Ziele und Aufgaben der Organisation, in der Sie arbeiten bzw. die Vorgaben Ihres/Ihrer Vorgesetzten (noch) mittragen können. Für manche Menschen kann es z.b. schwierig sein, in einem Atomkraftwerk zu arbeiten, wenn sie „eigentlich" gegen Atomkraft sind. Für FamilienbildungsstättenmitarbeiterInnen kirchlicher Träger ist es oft schwierig, Vorgaben aus der klerikalen Hierarchie umzusetzen, z.B. keine Kurse für ledige Mütter mehr anzubieten.

Zu Loyalität gehört auch, die Organisation in der Außendarstellung nicht abzuwerten, bzw. Handlungen und Entscheidungen des/der Vorgesetzten nach außen mitzutragen, ebenso wie Verschwiegenheit. Dies ist natürlich oft ein Dilemma, besonders betroffen davon sind z.b. Sekretärinnen als Schnittstelle zwischen ChefIn und den anderen MitarbeiterInnen. Hier ist oft „diplomatisches Verhalten" angesagt, vor allem, wenn man selbst nicht hinter der Entscheidung steht.

Beispiel: Eine Gleichstellungsbeauftragte nimmt an einem Gespräch einer Auswahlkommission mit BewerberInnen für eine Stelle teil. Der Personalchef leitet die Kommission. An einer Stelle wird die Gleichstellungsbeauftragte wütend, weil der Personalchef der Bewerberin Fragen stellt, die ihrer Meinung nach unzulässig sind. Sie geht den Personalchef noch während der Sitzung frontal an. Zu Loyalität gehört, den Chef nicht das Gesicht verlieren zu lassen, vor allem nicht vor Dritten, vor Außenstehenden. Es wäre sicher besser gewesen, in der Situation ablenkend zu reagieren und den Personalchef als formalen Vorsitzenden der Kommission nach dem Kommissionsgespräch unter vier Augen anzusprechen und die Angelegenheit zu klären.

Eine Auseinandersetzung vor dem Team oder gar vor (ranghöheren) Außenstehenden mag in der Situation vielleicht „erfolgreich" sein, ist aber fast immer ein Pyrrhussieg, auch wenn Sie sich noch so geärgert hätten. Mittelfristig hat die Beziehung gelitten, das Ansehen des Vorgesetzten wahrscheinlich auch, und es wird für Sie zukünftig schwierig sein, ihn noch für ein Ihnen wichtiges Anliegen zu öffnen.

Der dritte Punkt ist, dass viele Menschen meinen, Loyalität bedeute, zu allem Ja und Amen zu sagen. Das Gegenteil ist der Fall: Eine Organisation leidet, wenn die MitarbeiterInnen ihre Bedenken nicht ausdrücken und „nach oben buckeln". EinE VorgesetzteR braucht realistische Rückmeldungen, wichtig dabei ist es aber, Ort und Situation zu berücksichtigen (s.o.) sowie einige Regeln einzuhalten (s.u.). Manchmal muss man Prioritäten setzen, nicht jede Unzufriedenheit kann sinnvollerweise sofort ausgedrückt werden. Auch einE VorgesetzteR ist nur ein Mensch und nur begrenzt veränderungs-willig/-fähig. Aber einE VorgesetzteR, der/die ausschließlich von „Hof-schranzen" und „Speichelleckern" umgeben ist, wird auf Dauer ein unrealis-tisches Selbstbild entwickeln, die notwendigen Informationen für Entschei-dungen nicht bekommen und deshalb schlechte Arbeit machen. Dies gilt na-türlich zunehmend in einer Zeit sich verändernder Organisationen, in der Führung von unten immer wichtiger wird (s.u.), da Vorgesetzte nicht mehr länger in der Lage sind, inhaltliche Entscheidungen durchgehend selbst zu treffen.

Sollten Sie sich nach einer Auseinandersetzung mit Ihrem/Ihrer Vorge-setzten gezwungen sehen, die nächsthöhere Ebene einzuschalten, gehört zur Loyalität auch, diesen Schritt vorher anzukündigen.

Für Führungskräfte bedeutet das umgekehrt, dass sie Bedingungen schaf-fen müssen, unter denen sie Rückmeldungen von MitarbeiterInnen bekom-men können. Wenn es in der Organisation kein institutionalisiertes Verfahren zum Vorgesetzten – Feedback gibt, ist dies möglicherweise eine schwierige Aufgabe. Wichtig ist, ein angstfreies Klima zu schaffen und MitarbeiterInnen immer wieder um konkrete Rückmeldung zu bitten, am besten mit gezielten Fragen. Das geht häufig am besten unter vier Augen oder in kleinen Gruppen. Denn einerseits ist es schwierig für MitarbeiterInnen, in der „großen" Team-sitzung dem/der Vorgesetzten ein ehrliches Feedback zu geben: Sich einmal im Jahr großmütig vor das versammelte Team zu setzen und um kollektive Rückmeldung zu bitten, ist naiv. Es gehört der Aufbau und die sorgfältige Pflege einer „Rückmeldungskultur" dazu, dass MitarbeiterInnen „sich trau-en", ihre Ideen und ihr Feedback einzubringen. Andererseits sind kollektive Rückmeldungen für den/die VorgesetzteN auch nicht ungefährlich: Es kann auf Grund von gruppendynamischen Prozessen zu „Generalabrechnungen" und zur „Demontage" des/der Vorgesetzten kommen.

Eine weitere Basis von Führungsarbeit ist (gegenseitiger) Respekt.

Definition von Respekt: Respekt ist eine Haltung gegenüber einer Person, die gekennzeichnet ist durch Wertschätzung und eine bewusste Gestaltung von Distanz.

Die MitarbeiterInnen haben ein Recht darauf, respektvoll behandelt zu werden und sich ggf. gegen Übergriffe abzugrenzen. Umgekehrt hat der/die Vorgesetzten Anspruch auf Respekt von Seiten der MitarbeiterInnen.

Respekt lässt sich über zwei Dimensionen definieren: Wertschätzung und Distanz.

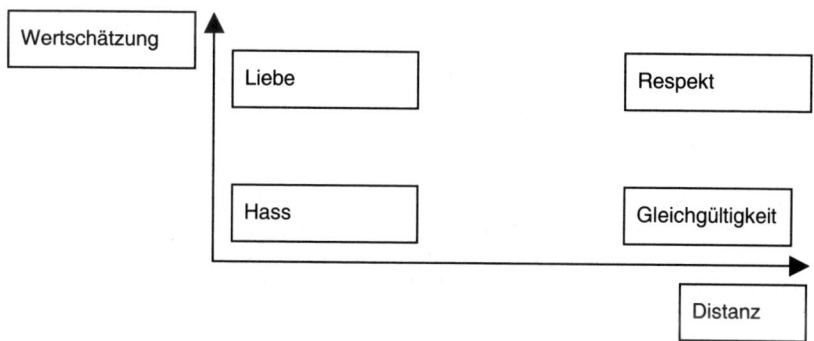

Abb. 14: Respekt als Funktion von Wertschätzung und Distanzgestaltung

Hass ist ein Gefühl, das von Geringschätzung, aber hoher emotionaler Involviertheit gekennzeichnet ist, es resultiert aus anhaltender ohnmächtiger Wut. Geringe Wertschätzung, verbunden mit hoher emotionaler Distanz ist *Gleichgültigkeit*, Ignoranz. *Liebe* ist gekennzeichnet durch hohe Wertschätzung und große emotionale Nähe.

Führungsarbeit macht einsam, viele Vorgesetzte (vor allem wohl Frauen) wollen geliebt werden und machen deshalb den Fehler, sich in die Nestwärme der Gruppe zu kuscheln oder (noch schlimmer) enge Vertrauensbeziehungen zu einzelnen Mitgliedern des Teams zu pflegen (und sich eventuell mit ihnen noch über andere Teammitglieder auszutauschen). Sie reduzieren die Distanz aus Unsicherheit oder Liebesbedürfnis, bieten einzelnen oder allen das „Du" an. Das kann fatale Folgen haben. Es kann zu Eifersüchteleien kommen, zu Ängsten bei einzelnen und zu einem Autoritätsverlust für den/die VorgesetzteN. Manche Probleme, z.B. mit einzelnen Gruppenmitgliedern, sollten am besten mit Vertrauenspersonen außerhalb der Organisation besprochen werden, in besonders problematischen Fällen mit einer professionellen Vertrauensperson, z.B. in Form von Coaching oder Supervision.

„Liebe" ist für Führungsarbeit auf beiden Seiten das „falsche" Gefühl.

Eine wichtige Führungsfunktion ist Schutz der Teammitglieder in zwei Richtungen: Nach außen und nach innen. Schutz nach außen bedeutet, dem Team den Rücken frei zu halten und, wenn etwas schief gelaufen ist, sich hinter die Teammitglieder zu stellen.

Nach innen: Führungskräfte haben dafür zu sorgen, dass in ihrem Team niemand „geschlachtet" wird. Die Haltung: „Macht den Zoff unter euch aus!" öffnet Mobbing die Türen. Schutz der Schwachen im Team ist dem/der Vorgesetzten aber nur möglich, wenn er/sie glaubwürdig *Neutralität* vermittelt und eine gewisse Distanz zu allen Teammitgliedern wahrt.

Das „richtige" Ausmaß an Distanz zu halten, ist eine hohe Kunst, da einem natürlich die Teammitglieder unterschiedlich sympathisch sind. Außerdem ist die Distanz abhängig von der Größe der Gruppe: In kleinen Teams, in denen die Teammitglieder eng zusammenarbeiten und der Chef/die Chefin „schon mal mit anpackt", wird die Distanz automatisch geringer sein, als wenn es sich um eine große Gruppe handelt. Distanz ist auch abhängig von der „Kultur" der Organisation bzw. der Einheit. Der Umgangston z.b. auf dem Bau, auf einem städtischen Bauhof oder in der Betriebsschlosserei ist kumpelhafter als in der Personalabteilung eines Ministeriums, von daher sind auch die Distanzen geringer. Wichtig für Führungskräfte ist es, die Distanz zu den MitarbeiterInnen bewusst in Abhängigkeit von der Situation zu gestalten. Dies gilt umgekehrt auch für die MitarbeiterInnen.

Distanz ist ein Teil von Respekt und schützt beide Seiten. Außerdem: Es ist leichter, Distanz zu Menschen zu reduzieren, wenn man das will, als eine einmal hergestellte Nähe in ein distanzierteres Verhältnis zu überführen (ein Problem, das oft junge Führungskräfte haben, die im Team „groß geworden" sind).

> Wenn Sie sich unsicher fühlen über das richtige Ausmaß an Distanz: Zunächst ist ein bisschen mehr Distanz sicher nicht falsch.

Das Gesagte gilt auch für „Führung von unten". Respekt ist die beste Basis für jede professionelle Beziehung. Versuchen Sie, Ihrem/Ihrer Vorgesetzten Wertschätzung entgegen zu bringen. Auch wenn es im Einzelfall schwer fallen sollte: Eine Organisation ist eben ein Panoptikum, in dem in der Regel ein weites Spektrum menschlicher Verhaltensweisen, Sonderheiten und Schwächen versammelt sind, nach dem Motto „Willkommen in der Anstalt". Sorgen sie dafür, eine gewisse professionelle Distanz zu Ihrem/Ihrer Vorgesetzten zu behalten. Grenzen Sie sich gegen respektloses und grenzüberschreitendes Verhalten Ihres/Ihrer Vorgesetzten höflich, aber bestimmt ab. Man kann es eigentlich von beiden Seiten erwarten, aber:

> Respekt muss man sich manchmal erst erwerben.

Beispiel: Eine junge wissenschaftliche Mitarbeiterin, Frau B., arbeitet in einer großen technischen Behörde. Sie hat die Absicht, in den nächsten zwei Jahren zu promovieren, wobei der Abteilungsleiter die innerbehördliche Betreuung der Arbeit übernehmen will. Eines Tages ruft die Sekretärin des Abteilungsleiters bei Frau B. an: Am nächsten Tag sei eine wichtige Sitzung mit Vertretern externer Kooperationspartner, sie selbst habe Urlaub und der Abteilungsleiter bitte deshalb Frau B., an diesem Tag den Kaffee zu kochen und in der Sitzung zu servieren. Frau B. ärgert sich, empfindet das als Diskriminierung (der männliche Kollegen werden nie gebeten, in solchen Fällen das Kaffeekochen und –servieren zu übernehmen, und sie hat das Gefühl, dass sich der Abteilungsleiter mit der jungen servierenden Mitarbeiterin „schmücken" will) und sie hat auch Angst vor Statusverlust, da sie mit manchen der Gäste in anderen Projekten als Behördenvertreterin und Fachkraft zusammenarbeiten muss. Andererseits hat sie Angst, dass ihr der Abteilungsleiter eine Ablehnung der Bitte übel nehmen würde. Nun überlegt sie, wie sie mit der Situation umgehen will. Berufserfahrene Kolleginnen haben ihr folgende Ratschläge erteilt:

– Kommentarlos Kaffee kochen und servieren.
– Den Kaffee vorher kochen, alles vorbereiten und in das Sitzungszimmer stellen, in der Sitzung selbst nicht in Erscheinung treten.
– Kommentarlos sich nicht um das Kaffeekochen und -servieren zu kümmern. Den Abteilungsleiter auflaufen lassen, seinen Ärger anschließend „aussitzen", ggf. auf die eigenen Gründe hinweisen.
– Das Gespräch mit dem Abteilungsleiter suchen und das Ansinnen ablehnen, dabei den eigenen Ärger und die Befürchtungen ausdrücken.
– Das Gespräch mit dem Abteilungsleiter suchen, auf den befürchteten Statusverlust den Gästen gegenüber und die empfundene Diskriminierung hinweisen, Bereitschaft signalisieren, dieses eine Mal den Kaffee zu kochen (aber nicht zu servieren, sondern in das Sitzungszimmer zu stellen) und den Vorschlag machen, den „Kaffeedienst" in Notfällen unter allen KollegInnen routieren zu lassen.

Was würden Sie tun?

Zum Nachdenken in diesem Zusammenhang: In einer Untersuchung von HITE (2000) gaben 62% der Frauen und 71% der Männer an, schon einmal eine Affäre am Arbeitsplatz gehabt zu haben. 39% der Männer und *73% der Frauen* bezeichneten das im nachhinein als negative Erfahrung.

15.3 Lenkung

Führungsarbeit ist Lenkungsarbeit. Das für Situation und Person passende Ausmaß an Lenkung zu finden, ist eine hohe Kunst. Den/die GesprächspartnerIn/VorgesetzteN zu stark zu bedrängen/einzuengen, ist „Übersteuerung". Wahrscheinlich wird er/sie sich zurück ziehen (Flucht: „Bitte kommen Sie zum Ende. Ich habe gleich einen Termin!" Oder: „Die hält mich wohl für blöd!"). Oder er/sie wird sich Ihrem Vorschlag verweigern (vielleicht sogar mit Angriff reagieren: „Wie kommen Sie denn auf diese (dusselige) Idee?". Ebenso wenig macht es Sinn, den/die VorgesetzteN/einE MitarbeiterIn zu „untersteuern", also keine eigenen Ideen/Vorschläge einzubringen, Unzufriedenheiten nicht auszudrücken und alles in sich „hinein zu fressen" (s.o.).

Mit Blick auf Entscheidungen sieht das Lenkungskontinuum des/der Vorgesetzten folgendermaßen aus:

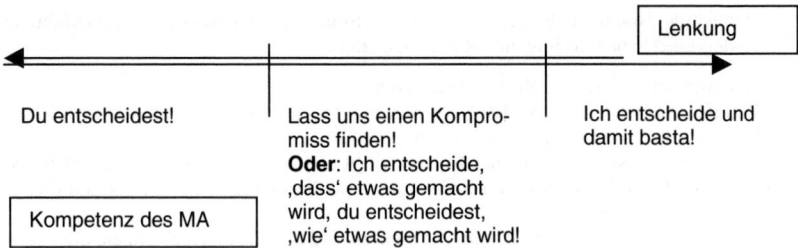

Abb. 15: Zusammenhang zwischen Lenkung durch den/die VorgesetzteN
und Kompetenz des Mitarbeiters/der Mitarbeiterin

Zwischen diesen drei Entscheidungstypen gibt es natürlich fließende Über-
gänge. Alle drei Entscheidungstypen sind prinzipiell für die Führungskraft
möglich, wichtig sind dabei zwei Überlegungen:

1. Das Ausmaß an notwendiger Lenkung ist abhängig von der Art der Auf-
    gabe und der inhaltlichen Kompetenz des Mitarbeiters/der Mitarbeiterin.
    Einen neuen Mitarbeiter/eine neue Mitarbeiterin wird man kleinschrittig
    lenken müssen und klare Vorgaben machen müssen (Ich entscheide! Du
    tust!), einer sehr kompetenten Mitarbeiterin wird man einen großen eige-
    nen Entscheidungsspielraum überlassen (Du entscheidest! Du tust!
    Oder : Ich entscheide, dass es gemacht wird, du entscheidest, wie es ge-
    macht wird). Natürlich macht es Sinn, MitarbeiterInnen möglichst so zu
    fördern, dass sie sich mit der Zeit auf der Achse von rechts nach links
    entwickeln können, größere Entscheidungsräume bekommen können und
    immer weniger Lenkung benötigen. Dementsprechend wird das Kon-
    trollverhalten sein: Bei einer neuen oder (noch) wenig kompetenten Mit-
    arbeiterin ist vielleicht Prozesskontrolle notwendig, d.h. die Führungs-
    kraft wird auch während der Ausführung der Arbeit immer wieder Zwi-
    schenkontrollen machen, Rückmeldungen und ggf. Hilfestellungen ge-
    ben. Bei sehr kompetenten MitarbeiterInnen beschränkt sich die Kon-
    trolle auf das Ergebnis (Ergebniskontrolle). Natürlich ist es von Vorteil,
    wenn es gelingt, möglichst viele Mitglieder des Teams allmählich mög-
    lichst weit links auf der Achse zu positionieren, das bedeutet weniger
    Lenkungs- und Kontrollaufwand für den/die Vorgesetzte und mehr Spaß
    an der Arbeit für die MitarbeiterInnen.
2. Es ist notwendig, dass Sie zu Beginn einer Arbeitsbesprechung deutlich
    machen, um welchen der drei Entscheidungstypen es sich heute handelt,
    um die MitarbeiterInnen zu orientieren. Es ist außerordentlich schädlich,
    wenn Sie mit der Botschaft in eine Teambesprechung gehen: Heute han-
    delt es sich um den Entscheidungstyp: Ihr entscheidet! Oder lass uns ge-
    meinsam eine Lösung entwickeln! Und dann, wenn Ihnen das erzielte
    Ergebnis nicht gefallen sollte, sagen: „Ich hab's mir überlegt, ich ent-
    scheide doch lieber selbst." Damit verlieren Sie an Glaubwürdigkeit, die

MitarbeiterInnen sind wahrscheinlich enttäuscht und werden beim nächsten Mal nicht mehr so viel „Gehirnschmalz" in eine gesuchte Lösung investieren.

Ein Admiral, Kommandant eines Kriegsschiffes im Nordatlantik, befindet sich während einer besonders stürmischen Nacht mit seinem Schiff auf hoher See. Als er ein Licht auf sein Schiff zukommen sieht, sendet er sofort einen Funkspruch: „Sofort 20 Grad nach Süden ausweichen." Seltsamerweise kommt die Botschaft sofort zurück: „Sofort 20 Grad nach Norden ausweichen." Der Admiral ist daran gewöhnt, dass man ihm gehorcht, und so denkt er, hier müsse wohl ein Irrtum vorliegen. Aus diesem Grund lässt er seinen ersten Funkspruch wiederholen, und wieder kommt die Antwort zurück: „Weichen Sie 20 Grad nach Norden aus." Nun ist der Admiral wirklich wütend, daher fällt sein nächster Funkspruch etwas präziser aus: „Ich bin Vizeadmiral und Kapitän eines Kriegsschiffes. Daher befehle ich, dass Sie sofort 20 Grad nach Süden ausweichen." Dieses Mal gibt es eine längere Pause, bevor die Antwort eintrudelt. Trotzdem ist sie nicht weniger klar als die Botschaft des Admirals: „Ich bin Seemann erster Klasse und Leuchtturmwärter." (aus MINDELL, 2000, S. 153)

Oder wie Napoleon gesagt hat: „Vom Erhabenen zum Lächerlichen ist es nur ein kleiner Schritt!"

15.4 Strategien „von unten"

Auf Grund der asymmetrischen formalen Beziehung zwischen Führungskraft und MitarbeiterIn stehen den MitarbeiterInnen nur eingeschränkte Möglichkeiten zur „Führung von unten" offen. Welche Strategien der Einflussnahme auf den/die VorgesetzteN haben die MitarbeiterInnen?

In der Literatur werden z.B. folgende Strategien benannt:

1. Rationale, sachliche Argumentation und Vorlagen, Begründung
2. freundliches, unterstützendes Verhalten
3. Bestimmtheit, Nachhaken, Konsequenz
4. Verhandeln, Tauschgeschäfte, Wechselseitigkeit
5. Koalitionen bilden
6. höheres Management einschalten
7. Sanktionen (androhen).

Führungskräfte bevorzugen nach diversen Untersuchungen (vgl. WUNDERER, 1993, EMMERICH, 2001) Begründungen, Bestimmtheit und Freundlichkeit als Strategien seitens ihrer MitarbeiterInnen, während die MitarbeiterInnen ihrerseits Begründungen, Koalitionsbildung und Freundlichkeit als bevorzugte Strategien nannten.

> Gut ausgearbeitete Vorlagen, rationale Begründungen und sachliches Argumentieren stellen sich neben Freundlichkeit als bei beiden Seiten besonders beliebte Strategien von unten heraus (mindestens in Befragungen).

EMMERICH (2001) weist darauf hin, dass es für einen erfolgreichen Beeinflussungsversuch wichtig ist, eine „Passung" der Argumentation zu den
Schemata des/der Vorgesetzten zu finden. Dies gelingt mit höherer Wahrscheinlichkeit, wenn:

–   eine Problemlösung als „Chance" oder günstige Gelegenheit dargestellt
    wird: *„Der Wurm muss dem Fisch schmecken, nicht dem Angler!"*
–   die Informationen, die der/die MitarbeiterIn dem/der Vorgesetzten gibt,
    sorgfältig ausgewählt werden und fundiert, umfassend und glaubwürdig
    wirken und keinen „Sprachmüll" enthalten.
–   Vor- und Nachteile von Vorschlägen oder Problemlösungen dargestellt
    werden.
–   der Beeinflussungsversuch vom/von der Vorgesetzten als nicht zu auf-
    dringlich empfunden wird: *Vorsicht vor Übersteuerung!*
–   der/die MitarbeiterIn dem/der Vorgesetzten sympathisch ist (!).
–   es gelingt, den/die VorgesetzteN emotional zu begeistern[1].

Diese Ergebnisse hängen sicherlich einerseits damit zusammen, dass MitarbeiterInnen immer besser qualifiziert sind, also SpezialistInnen ihrer Arbeits-
felder sind. Andererseits wird für einzelne Vorgesetzte durch Verflachung
der Hierarchien die Führungsspanne immer größer, so dass sie die Vorgänge
fachlich und auch von der Breite her nicht mehr bis ins Detail durchschauen
können. Dies bedeutet, dass Vorgesetzte sich auf die Urteile und Entscheidungen ihrer MitarbeiterInnen verlassen müssen. Hiermit wird die Führungskraft vom „Entscheider" zum „Moderator" und „Geburtshelfer".[2]

Für MitarbeiterInnen bedeutet das, dass sie zunehmend Abschied nehmen müssen von dem Gedanken, „ein richtiger Chef/eine richtige Chefin entscheidet (alles)". Viele MitarbeiterInnen gehen mit dem Anliegen zur Führungskraft, eine fachliche Entscheidung zu bekommen und sind enttäuscht,
wenn sie „nur" eine Beratung bekommen und auf die eigene Kompetenz zurück verwiesen werden.

Manchmal muss man zu weit gehen, um zu wissen, wie weit man gehen kann.

Eine gute Führungskraft erkennt man weniger daran, dass sie auftretende
Probleme (selbst) löst, sondern eher daran, dass sie möglicherweise auftretende Probleme antizipieren kann und im Vorfeld überlegt, wie sie zu verhindern, zu umgehen oder zu bewältigen sein werden: *Problemprävention statt
Krisenintervention!*

---

1   Darüber gibt es in der Literatur eine extrem kontroverse Diskussion, da emotionale
    Appelle dem Rationalitätsparadigma der Organisation widersprechen.
2   Die Auswirkungen des organisationalen Wandels auf die Führungsrolle im Detail zu
    betrachten, würde hier zu weit führen. Für einen Überblick s. KRUMPHOLZ, 1998.

In den genannten Veränderungen liegt eine große Chance für die MitarbeiterInnen, zu größeren Entscheidungs- und Handlungsräumen zu kommen. Nehmen Sie diese Chance wahr und nutzen Sie sie. Wenn Sie sich abhängiger machen als nötig und mit jedem Problem zu Ihrem/Ihrer Vorgesetzten gehen, dürfen Sie sich nicht wundern, wenn Sie auf Dauer eng und „autoritär" geführt werden.

Wenn Sie jedoch Ihrem/Ihrer Vorgesetzten wirklich ein Problem vorlegen müssen, bringen Sie mindestens zwei Lösungsvorschläge mit und stellen Sie deren jeweilige Konsequenzen dar.

Für Vorgesetzte bedeutet diese Entwicklung, dass sie sich frei machen müssen von dem Anspruch, alle Vorgänge bis ins Detail durchschauen zu müssen. Die Haltung „Wenn ich hier nicht alles selbst mache...!" überlastet Sie und entmündigt und demotiviert die MitarbeiterInnen. Es ist besser

– Vertrauen in die MitarbeiterInnen zu entwickeln.
– die eigene Haltung kritisch zu überprüfen (z.B. haben Sie durch zu enge Vorgaben, durch zu kleinschrittige Kontrolle und eigenes „Nacharbeiten" MitarbeiterInnen zu einer abhängigen Haltung „erzogen"? Eine gute, selbständige Mitarbeiterin kann durch zu enge Führung/Übersteuerung „kaputt gemacht" werden. Sind Sie in der Lage, Lösungen ihrer MitarbeiterInnen, die funktionieren, zu akzeptieren, auch wenn Sie andere angedacht hatten? Umgekehrt: Wenn MitarbeiterInnen „machen, was sie wollen" oder das Zusammenspiel nicht klappt, müssen Sie vielleicht enger führen, energischer und klarer steuern? MitarbeiterInnen testen mitunter (mit Recht) aus, wie viele Freiräume sie sich nehmen können).
– MitarbeiterInnen individuell zu steuern. Manche Menschen brauchen mehr Führung und Rückmeldung, andere weniger.
– MitarbeiterInnen zu entwickeln, sie in größere Freiräume hinein wachsen zu lassen und dabei Überforderung und Untersteuerung zu vermeiden. Dies bindet natürlich Zeit. Investieren Sie die Zeit, die Sie einsparen, indem Sie „nicht mehr alles selbst machen", in die Ausbildung und Entwicklung Ihres Teams.

Ich kenne eine Frau, die fünf Kinder hat, der Tagesablauf und die Organisation läuft reibungslos, jedes Kind erledigt, je nach Alter, seine Dinge selbst. Ich habe sie gefragt, wie sie das hinkriegt. Sie gab mir die erstaunliche Antwort: „Wenn meine Kinder zum ersten Mal in ihrem Leben etwas selbst tun können, tue ich es nie mehr wieder für sie."

15.5 Delegation von Aufgaben

Viele Führungskräfte (nach meinen Erfahrungen vor allem Frauen) haben Schwierigkeiten zu delegieren. Dies kann viele Gründe haben:

– Manche Aufgaben machen Spaß, man beherrscht sie gut und hat bei Erledigung ein kleines Erfolgserlebnis (oft braucht man das im Alltagsdschungel wirklich fürs Ego).

– Darüber hinaus können Sie sich mit solchen Routineaufgaben prima selbst überlisten, indem Sie sich davon überzeugen können, dass Sie so viel zu tun haben, dass sich vor unangenehmen Aufgaben (wie z.b. Führungsaufgaben, unangenehme Gespräche usw.) erst einmal drücken können/quasi müssen.

– Wenn Sie in Ihrem Beruf wachsen, werden Sie auf Grund der neu übernommenen Aufgaben immer wieder an Punkte kommen, an denen Sie alte liebgewordene Aufgaben oder Projekte (an denen vielleicht Ihr Herzblut hängt, „Babies", die Sie aus der Taufe gehoben haben, die Teil Ihrer Biographie sind) loslassen und verabschieden müssen, sonst bleiben Sie stecken. Es kann schwierig sein, ein „Baby" zu delegieren und dann noch zusehen zu müssen, dass die NachfolgerIn andere, wenn auch nicht minder erfolgreiche Wege beschreitet. Und es kann schwierig sein, Gelassenheit entwickeln zu müssen, wie der/die NachfolgerIn mit dem „Baby" zunächst Fehler macht.

– Vor allem Frauen haben oft Erfolg, weil sie ihr Fachgebiet perfekt beherrschen und sich im Wesentlichen auf sich selbst, ihre Kenntnisse und ihr Arbeitsvermögen verlassen. Aufstieg in der Hierarchie erfordert dann ein Umdenken: Man kann nicht mehr alles selbst machen und man soll und darf es auch nicht. Führung von Menschen erfordert die Fähigkeit, anderen Menschen etwas zuzutrauen und sich auf sie zu verlassen. Viele Frauen müssen das erst lernen.

– Viele Führungskräfte, vor allem Frauen, handeln nach dem Motto: „Bevor ich ihm/ihr das erklärt habe, habe ich es schon selbst gemacht!". Dies stimmt natürlich nur kurzfristig, mittelfristig muss es zur Überlastung und zur Haltung: „Wenn ich hier nicht alles selbst mache..." (verbunden mit einer guten Portion Selbstmitleid) führen. Nach dem Motto: Wie mache ich mich zum Opfer! Der Alltagsstress kann dazu führen, dass man meint, keine Zeit mehr für die so wichtige Pflege und den Ausbau der eigenen Ressourcen, wie Mitarbeiterqualifikation zu haben (zur Ressourcenpflege gehört im übrigen auch die eigene Weiterbildung, die Sorge für die eigene Gesundheit, der Ausbau von informalen Netzwerken und die Investition ins technische Equipment).

– Delegation von (liebgewonnenen) Aufgaben kann Ängste auslösen, dass der/die MitarbeiterIn es nicht so gut macht wie Sie selbst (auch MitarbeiterInnen müssen lernen. Denken Sie daran: *Perfektionismus ist*

der Feind alles Guten!). Oder, was vielleicht fast noch schlimmer wäre, der/die MitarbeiterIn könnte es besser machen als Sie selbst!
– Führungskräfte haben Angst, dass es zu einem Konflikt kommen könnte, wenn das Ergebnis nicht ihrer Zufriedenheit entspricht. Oder noch vorher: dass sie in Probleme/Konflikte mit sich selbst kommen.

Beispiel: Meinen Haushalt schmeißt Frau Klein. Frau Klein ist eine Perle und phantastisch. Sie hat nur einen Fehler: Sie faltet die Handtücher falsch! Ich habe Handtücher, die auf der einen Seite mit lila Verloursblümchen bedruckt sind und auf der anderen Seite weißen Frottee haben. Ich habe es gerne, wenn ich die lila Blümchen sehe, wenn ich den Wäscheschrank aufmache. Was macht Frau Klein? Sie faltet die Handtücher so, dass der weiße Frottee außen ist. Jetzt überlege ich, ob ich mit ihr darüber sprechen soll. Aber dann denke ich: „Nein, wirklich, ich bin zu penibel, das ist ja nachgerade albern. Aber ich habe es nun mal gerne, wenn die Blümchen mich ordentlich gestapelt anlachen. Schließlich bezahle ich sie ja dafür, dass sie meinen Haushalt nach meinen Wünschen macht. Aber nein, wegen so einer Kleinigkeit mit ihr sprechen! Wo sie sonst alles so phantastisch macht und so zuverlässig ist, wo findet man schon so eine Perle? Vielleicht versteht sie überhaupt nicht, was ich von ihr will und am Ende ist sie noch gekränkt, mit Recht, wie ich finde, und ich demotiviere sie mit meinem Perfektionismus, aber es ärgert mich doch jedes Mal, wenn ich den Schrank aufmache... usw." Dieser innere Konflikt quält mich schon seit einiger Zeit. Zwischenzeitlich bin ich dazu übergegangen, die Handtücher selbst zu falten, um mir das Gespräch zu ersparen, was mir Gelegenheit gibt, an meiner Zurechnungsfähigkeit zu zweifeln.

Prüfen Sie sich also zunächst selbstkritisch, wie Ihre eigene Haltung zur Delegation ist, wenn Sie MitarbeiterInnen zu führen haben. Gerade wenn Führung eines Teams ein relativ neuer Job für Sie ist, müssen Sie vielleicht erst eine positive Einstellung zur Delegation entwickeln. Weitere Voraussetzungen sind:

1. Eine positive Einstellung zu Delegation auch bei den MitarbeiterInnen. Diese Einstellung kann sich entwickeln, wenn sie merken, dass sie an anspruchsvollere und interessantere Aufgaben herangeführt werden, dass sie größere Entscheidungsspielräume bekommen und dass sie sich beruflich weiter qualifizieren können.
2. Eine eindeutige Abgrenzung von Aufgaben, Kompetenzen und Verantwortung.
3. Förderungsmaßnahmen für die MitarbeiterInnen, z.B. im Sinne von Weiterbildung, und/oder die notwendige technische Ausstattung.
4. Veränderte Kommunikationsformen, z.B. die Einstellung, dass Fehler machen zum Lernen dazu gehört. *Shit happens.*

Delegation ist ein Instrument zur Personalentwicklung. Sie führt die MitarbeiterInnen an anspruchsvollere und interessantere Aufgaben heran und ermöglicht ihnen so berufliche Weiterqualifikation. Sie entlastet die Führungskräfte von Routineaufgaben und setzt sie frei für originäre Führungsaufgaben.

Wenn Sie sich schließlich dazu durchgerungen haben sollten, eine Aufgabe zu delegieren sind folgende Vorüberlegungen wichtig:

– WelcheR MitarbeiterIn braucht welche Aufgabe, um sich zu qualifizieren?
– Was können andere genauso gut oder besser als ich, schneller als ich, billiger als ich?
– Welche Vorkenntnisse, andere Ressourcen, organisatorische Maßnahmen sind notwendig zur erfolgreichen Erledigung der Aufgabe (Vorsicht vor Überforderung einzelner MitarbeiterInnen!)? Wie kann ich diese Ressourcen zur Verfügung stellen?
– Muss ich den/die MitarbeiterIn im Ausgleich von anderen Aufgaben entlasten?
– Wo stehen organisatorische/rechtliche Rahmenbedingungen der Delegation von Aufgaben im Wege? (z.B. das Tarifrecht im Öffentlichen Dienst).
– Wie viel Zeit steht zur Verfügung, die/den betreffende MitarbeiterIn in die neue Aufgabe einzuarbeiten? Muss ich das unbedingt selbst tun oder kann ich das delegieren?

Wenn Sie als Führungskraft (vor allem unter Zeitdruck) eine Aufgabe delegieren wollen, prüfen Sie sich selbstkritisch, ob Sie nicht dazu neigen, immer die gleichen MitarbeiterInnen zu beauftragen, weil Sie wissen, dass die Aufgabe von diesen Personen fristgerecht und zu Ihrer Zufriedenheit erledigt wird. Dieses Verhalten birgt mittelfristig zwei Gefahren: Es belastet (und frustriert vielleicht) MitarbeiterInnen, die zuverlässig gute Dauerleistungen bringen, und MitarbeiterInnen, die fehlerhafte Arbeit abliefern, lernen, dass sie sich mit diesem Verhalten unliebsame Zusatzarbeit vom Halse halten können. Sie erreichen unbeabsichtigt einen unguten pädagogischen Effekt, der (neben Ungerechtigkeit) zu Unzufriedenheit und Leistungsverlusten führen kann.

| Der Weg des geringsten Widerstandes ist nur am Anfang gepflastert. |

Delegation bedeutet Übertragung von Aufgaben, Kompetenzen *und* Verantwortung sowie gelegentlich auch Außendarstellung, z.B. Präsentation eines Projektberichts auf einem Kongress. Die MitarbeiterInnen die Aufgaben erledigen zu lassen und selbst die Lorbeeren einzustreichen, ist demotivierend.

Nicht alle Aufgaben sind gleich gut delegierbar. Besonders gut geeignet dafür sind Routineaufgaben (z.B. wiederkehrende Sachbearbeitungstätigkeit), Detailaufgaben (z.B. konkrete Daten für ein Buchprojekt zu sammeln) und Spezialistenaufgaben (die andere vielleicht besser und schneller erledigen).

Nicht-delegierbare Aufgaben sind alle Aufgaben, die mit der Gruppenleitung zu tun haben, v.a. Entscheidungen über die Struktur der Gruppe (z.B. Mitarbeiterauswahl, -einsatz), die gesamte „Sozialarbeit" (Konfliktmanagement, Integration „schwieriger" MitarbeiterInnen, die Beeinflussung der

Gruppe auf ein Ziel (z.B. Motivation und Rückmeldung), Vertretung der Gruppe nach außen). Diese Aufgaben müssen Sie als VorgesetzteR selbst übernehmen.

Und umgekehrt: Lassen Sie sich als MitarbeiterIn nach Möglichkeit keine Aufgaben übertragen, die z.b. mit der Gruppenleitung zu tun haben („Frau Schmidt, binden Sie dem Müller mal den Schlips gerade, sein letzter Projektbericht war eine Katastrophe!").

Bestandteile der Vereinbarung/des Maßnahmenkatalogs sollen sein:

1. Was soll getan werden? (Inhalt)
2. Wer soll es tun? (Person: Befähigung, Belastung)
3. Warum soll er/sie es tun? (Motivation, Ziele)
4. Wie soll er/sie es tun (Umfang, Details)
5. Womit soll es gemacht werden? (Arbeitsmittel)
6. Wann soll es erledigt sein? (Zwischen- und Endtermine)
7. Woran erkennen wir später, dass es gut gemacht wurde? (Beurteilungskriterien)

MitarbeiterInnen haben ein Recht darauf, diese Informationen zu bekommen, vor allem zu wissen, woran ihrE ChefIn ein gutes Ergebnis festmacht. MitarbeiterInnen sollten nachfragen und ggf. hartnäckig bleiben. „Machen Sie mal. Sie kriegen das schon hin!" ist kein guter Führungsstil, vor allem, wenn hinterher Unzufriedenheit mit dem Ergebnis ausgedrückt wird. Von Vorgesetzten, die delegieren, kann erwartet werden, dass sie sich zuvor Gedanken gemacht haben.

MitarbeiterInnen werden auch mit Recht frustriert sein, wenn der Zeitrahmen/der Endtermin eng gesteckt wird („Ich brauche das unbedingt bis Montag morgen!"), um dann fest zu stellen, dass die Unterlagen noch friedlich eine Woche auf dem Schreibtisch des/der Vorgesetzten schlummern, sie selbst sich aber das Wochenende um die Ohren geschlagen haben, um die Unterlagen termingerecht fertig zu stellen.

15.6 Rückmeldung

Beispiel: Frau Moosbrugger ist Sekretärin. Sie ärgert sich seit langem, dass ihr Chef sein Büro verlässt und dann für Stunden „verschollen" ist, ohne ihr Bescheid zu sagen. Wenn Kunden anrufen, kann sie keine präzisen Auskünfte geben, muss ausweichend reagieren. Außerdem fühlt sie sich durch dieses Verhalten von ihrem Chef auch in ihrer Arbeit und Funktion nicht ernst genommen. Sie traut sich aber nicht, mit ihrem Chef zu sprechen, weil sie nicht weiß, wie sie es ihm sagen soll. Vor allem hat sie Angst, dass sie sich im Ton vergreift, wenn sie es endlich anspricht, weil sie den Ärger jetzt schon so lange in sich hinein gefressen hat.[3]

---

3   Ein wiederkehrendes und offenbar typisches Beispiel aus meinen Seminaren, ebenso wie das ungepflegte Äußere des Kollegen/der Kollegin oder Körpergeruch.

Konstruktive Kritik zielt darauf ab, beim Gegenüber eine Verhaltensänderung zu erreichen und nicht, die andere Person zu „schlachten", also einfach den eigenen Ärger abzulassen und Verletzungen zu verursachen. Grundsätzlich gelten für konstruktive Kritik folgende Regeln (sowohl gegenüber MitarbeiterInnen, KollegInnen als auch gegenüber dem/der Vorgesetzten):

–   Kritik sollte seltener sein als Lob. Ich persönlich erlaube niemandem mehr, mich zu kritisieren, wenn ich von ihm/ihr nicht gelegentlich auch etwas Positives höre.

–   Den meisten Menschen ist es unangenehm, eine andere Person zu kritisieren. Nutzen Sie Ihren Ärger als Energie. Wenn Sie sich sehr geärgert haben, sollten sie sich selbst etwas Zeit lassen („eine Nacht drüber schlafen"). Warten Sie aber nicht zu lange, sonst verfliegt die „Ärgerenergie" und Sie beginnen, das Verhalten vor sich selbst zu bagatellisieren, um sich vor dem Gespräch zu drücken. Gefühle werden am besten in Ich-Botschaften ausgedrückt: „Ich habe mich gestern geärgert, als Sie...". Vermeiden Sie Vorwürfe.

–   Kritik sollte unter vier Augen erfolgen und ohne Zeitdruck.

–   Vermeiden Sie eine „Ouvertüre", sprechen Sie nach der Anwärmphase direkt zur Sache: Einleitungen folgender Art sind nicht zweckmäßig: „Ich will Sie ja nicht verletzten, aber was ich Ihnen immer schon mal sagen wollte... Ich würde es ja nicht sagen, wenn nicht die ganze Abteilung schon so lange darüber reden würde..." Sie produzieren damit erst die Verletzung, die Sie vermeiden wollen. Wenn Sie unsicher sind, überlegen Sie sich Ihren ersten Satz vorher. Verkneifen Sie sich auch ein entschuldigendes Lächeln: Ihre Absicht ist wahrscheinlich, die Schärfe aus dem Gespräch zu nehmen, aber die Gefahr ist groß, dass ihr Gegenüber die doppelbödige Botschaft als Ironie versteht und noch stärker verletzt ist.

–   Kritik sollte sich auf *die Sache, die Leistung, das Verhalten* beziehen und niemals auf die Person selbst oder Eigenschaften der Person: „In diesem Bericht sind drei Tippfehler auf der Seite 8." Sinnvoll zu kritisieren sind nur Verhaltensweisen, die vom Gesprächspartner/von der Gesprächspartnerin auch geändert werden können. „Es stört mich, dass Sie hinken!" ist nicht konstruktiv.

–   Geben Sie möglichst konkrete Rückmeldungen, z.B. mit einem Beispiel, einem Vorgang, einem konkreten Ereignis, das nicht zu lange zurück liegen sollte.

–   Vermeiden Sie Ironie, Worte wie: „nie", „immer", „man kann doch nicht..."

–   Wenn wir uns sehr über eine Person geärgert haben, neigen wir zu „Generalabrechnungen" und „Gardinenpredigten". Das hilft uns zwar im günstigen Falle, unseren Ärger los zu werden, ist aber nicht konstruktiv. Die meisten Menschen sind so gestrickt, dass sie nur ein oder zwei Kritikpunkte am Stück vertragen, bei mehr verschließen sie sich. Deshalb:

Kritik vereinzeln, notfalls vorher eine Prioritätenliste aufstellen und die Probleme „abschichten".

– Sagen Sie ihrem Gesprächspartner/ihrer Gesprächspartnerin, welche (unangenehmen, unerwünschten) Konsequenzen sein/ihr Verhalten hat. Machen Sie ggf. Ihren eigenen Leidensdruck klar.

– Es fällt uns manchmal schwer, eine andere Person zu kritisieren. Manchmal ist es aber noch schwerer, zu formulieren, wie es denn in Zukunft gehen soll. Machen Sie also Vorschläge, geben Sie Tipps oder benennen Sie das gewünschte Verhalten konkret: „Ich möchte, dass Sie in Zukunft...".

– In der Regel ist der Gesprächspartner/die Gesprächspartnerin erst einmal frustriert, wenn Kritik gekommen ist. Es gehört zur Gesprächsfairness, die Stellungnahme des/der MitarbeiterIn zu erbitten, bzw. zuzulassen und ruhig anzuhören.

– Wenn es gut läuft, finden Sie am Ende eine gemeinsame Lösung für ein offengelegtes Problem (zusätzliche Maßnahmen und Hilfen, organisatorische Änderungen etc.).

– Manchmal ist es zweckmäßig, am Ende einen Kontrolltermin fest zu legen: „Gut, dann treffen wir uns in 14 Tagen noch einmal und schauen, wie es bis dahin gegangen ist. Sind Sie damit einverstanden?"

Tipp: Falls Sie es mit einer „Mimose" oder einem/einer Vorgesetzten zu tun haben und überlegen, wie Sie es ihm/ihr schonend beibringen können: *Die denkbar schonendste Form von Kritik ist es, die Kritik fortzulassen und direkt mit einem Vorschlag einzusteigen.*

Frau Moosbrugger hat sich nach langen inneren Kämpfen entschieden, zu ihrem Chef zu gehen und zu sagen: „Ich habe hier eine große rote Karte. Ich wäre Ihnen dankbar, wenn Sie mir die jedes Mal auf den Tisch legen würden, wenn Sie für längere Zeit das Haus verlassen. Ich weiß dann Bescheid und kann den Kunden eine genauere Auskunft geben."

15.7 Zusammenfassung

In diesem Abschnitt haben wir uns mit den Grundlagen der Zusammenarbeit zwischen Vorgesetztem/Vorgesetzter und MitarbeiterIn beschäftigt. Die Beziehung ist gekennzeichnet durch ein gegenseitiges Abhängigkeitsverhältnis, in dem Rückzug kaum (sofort) möglich ist, sie ist eine Zwangsgemeinschaft. Grundlagen der Beziehung sollten Loyalität, gegenseitiger Respekt und eine bewusste Gestaltung der Distanz sein. Führung ist (gegenseitige) Lenkung/Steuerung, sowohl Über- als auch Untersteuerung sind dabei zu vermeiden. Grundregeln der Führung von unten, der Delegation und der Rückmeldung wurden diskutiert.

Literatur

ABELE, A.: Der Karriere-Hürdenlauf von Frauen – Chancen und Stolpersteine. Report Psychologie 4, 22, 1997, S. 302-308.

ABELE-BREHM, A.: Berufskarrieren von Frauen – Möglichkeiten, Probleme, psychologische Beratung. In: GROSS, W. (Hg.): Karriere 2000. Hoffnungen – Chancen – Perspektiven – Probleme – Risiken. Bonn: Deutscher Psychologen Verlag, 1998, S. 99-125.

ABURDENE, P. & NAISBITT, J.: Megatrends: Frauen. Düsseldorf: ECON – Verlag, o. J.

ACKER, J.: Hierarchies, Jobs, Bodies: A Theory of Gendered Organizations. In: Gender & Society, 1990, 4. S. 139-158.

ACKER, J.: Gendering Organizational Theory. In: MILLS, A. J. & TANCRED, P. (Eds.): Gendering Organizational Analysis. Newbury Park, London, New Delhi: Sage, S. 248-260.

ALLMENDINGER, J. & PODSIADLOWSKI, A.: Segregation in Organisationen und Arbeitsgruppen. In: Kölner Zeitschrift für Soziologie und Sozialpsychologie, 2001, S. 276-307.

ALTENKRICH, B.: Die Moral des Nicht-Verletzens in Arbeitsbeziehungen von Frauen. In: Projekt Offene Frauenhochschule und Gesellschaft für Sozialwissenschaftliche Forschung und Praxis (Hg.): Frauen untereinander. Dokumentation der Offenen Frauenhochschule 18.5.-21.5.1989, Wuppertal, 1989, S. 139-151.

AMBERG, E.: Vorbild sind die vielen Männerseilschaften. Eine neue Idee: Mentoring für Frauen. Frankfurter Rundschau, 38, 1998, S. ZB 5.

ANDERSON, J. R.: Kognitive Psychologie. Heidelberg: Spektrum, 1996, 2.

ARDELT, E., BERGER, C.: Frauen in Führungspositionen – Analyse und Konsequenzen neuer gesellschaftlicher Anforderungen. In: VOSS, B. (Hg.): Kommunikations- und Verhaltenstrainings. Göttingen: Verlag für Angewandte Psychologie, 1995, S. 109-124.

ARENDT, H.: Macht und Gewalt. München: Piper, 1996, 12.

ARIES, E.: Interaction patterns and themes of male, female, and mixed groups. Small Group Behavior, 7, 1976, p. 7-18.

ASSIG, D., BECK, A.: Frauen revolutionieren die Arbeitswelt. Das Handbuch zur Chancengerechtigkeit. München: Vahlen, 1996.

ASSIG, D., BECK, A.: Was hat sie, was er nicht hat? Aus Politik und Zeitgeschichte. Beilage zur Wochenzeitung das Parlament. B 22-23/98, 22. 5. 1998, S. 23-30.

AUTENRIETH, C.: Wandel im Personalmanagement. Differenzierung und Integration im Interesse weiblicher Führungskräfte. Wiesbaden: Gabler, 1996.

AUTENRIETH, C., CHEMNITZER, K., DOMSCH, M.: Personalauswahl und -entwicklung von weiblichen Führungskräften. Frankfurt/M.: Campus, 1993.

BARBER, J., WATSON, R.: Frau gegen Frau. Rivalinnen im Beruf. Reinbek: Rowohlt, 1993.

BAUMAN, Z.: Dialektik der Ordnung. Die Moderne und der Holocaust. Hamburg: Büchergilde Gutenberg, 1992.

BEDNARZ-BRAUN, I.: Antidiskriminierung, Frauenförderung und Personalpolitik im internationalen Vergleich: USA, Großbritannien, Deutschland. Der Personalrat, 11, 2000, S. 450-454.

BENDL, R.: Chancengleichheit am Arbeitsplatz für Frauen – Integration in die strategische Unternehmensführung. München: Hampp, 1997.

BENTNER, A., PETERSEN, S. J. (Hg.): Neue Lernkultur in Organisationen. Personalentwicklung und Organisationsberatung mit Frauen. Frankfurt: Peterson, 1996.

BERGER, J.: Das Bild der Welt in der Bilderwelt. Reinbek: Rowohlt, 1974.

BERGHAHN, S.: Soll der Gesetzgeber in die familiäre Arbeitsteilung eingreifen? In: STOLZ-WILLIG, B., VEIL, M. (Hg.): Es rettet uns kein höh'res Wesen. Feministische Perspektiven der Arbeitsgesellschaft. Hamburg: VSA-Verlag, 1999, S. 112-137.

BERCKHAN, B.: Die etwas gelassenere Art, sich durchzusetzen. München: Kösel, 1996, 9.

BIERACH, B.: Das dämliche Geschlecht. Weinheim: Wiley – VCH, 2002.

BIERHOFF-ALFERMANN, D.: Androgynie. Möglichkeiten und Grenzen der Geschlechterrollen. Opladen: Westdeutscher Verlag, 1989.

BILDEN, H.: Geschlechtsspezifische Sozialisation. In: HURRELMANN, K., ULICH, D. (Hg.): Neues Handbuch der Sozialisationsforschung. Weinheim: Beltz, 1991, 4, S. 279-301.

BISCHOF-KÖHLER, D.: Geschlechtstypische Besonderheiten im Konkurrenzverhalten. In: KRELL, G., OSTERLOH, M. (Hg.): Personalpolitik aus der Sicht von Frauen. Was kann die Personalforschung von der Frauenforschung lernen? München: Hampp, 1993, S. 251-281.

BISCHOFF, S.: Männer und Frauen in Führungspositionen der Wirtschaft in Deutschland. Neuer Blick auf alten Streit. Köln: Wirtschaftsverlag Bachem, 1999.

BISCHOFF, S.: Frauen in Führungspositionen: Mythos, Realität und Zukunft. Personalführung, 3, 2001, S. 28-33.

BORST, A.: Computus. Zeit und Zahl in der Geschichte Europas. Berlin: Wagenbach, 1991.

BRÜCKNER, M. (Hg.): Frauen und Sozialmanagement. Freiburg i. B.: Lambertus, 1996, 3.

BRUMLOP, E. & HORNUNG, U.: Betriebliche Frauenförderung – Aufbrechen von Arbeitsmarktbarrieren oder Verfestigung traditioneller Rollenmuster? In: BECKMANN, P & ENGELBRECH, G. (Hg.): Arbeitsmarkt für Frauen 2000 – ein Schritt vor oder ein Schritt zurück? Kompendium zur Erwerbstätigkeit von Frauen. Nürnberg: Institut für Arbeitsmarkt- und Berufsforschung der Bundesanstalt für Arbeit, 1994, S. 836-851.

BUBER, R.: Unterschiede im Führungsverhalten von Frauen und Männern. In: BENDL, R., BUBER, R., GRISOLD; A. (Hg.): Wenn zwei das gleiche tun, ist das noch lange nicht dasselbe. Wien: Service, 1991, S. 79-105.

BÜHLMANN, B.: Lernkonzepte maßgeschneidert: Von der Praxisberatung bis zur Teamentwicklung. In: STALDER, B. et al.: Frauenförderung konkret. Handbuch zur Weiterbildung im Betrieb. Zürich: vdf, 1997, S. 179-198.

Bund-Länder-Kommission für Bildungsplanung und Forschungsförderung (BLK): Frauen in Führungspositionen. Zweite Ergänzung zum BLK-Bericht „Förderung von Frauen im Bereich der Wissenschaft". Bonn, 1998.

BURRELL, G.: Sexualität und Organisationsanalyse. In: KRELL, G., OSTERLOH, M. (Hg.): Personalpolitik aus der Sicht von Frauen. Was kann die Personalforschung von der Frauenforschung lernen? München: Hampp, 1993, S. 122-147.

BUSCH, C.: Väter, Familie, Erwerbsarbeit. Ein Zustandsbericht. Trojaner, 8, 1997, S. 36-38.

CASPER, W.: Frauenerwerbstätigkeit, Frauenkarrieren und Frauenförderung. Rodgau, 1990.

COCKBURN, C.: Blockierte Frauenwege. Wie Männer Gleichheit in Institutionen und Betrieben verweigern. Hamburg: Argument, 1993.

COLBERG-SCHRADER, H., KRUG, M.: Arbeitsfeld Kindergarten: pädagogische Wege, Zukunftsentwürfe und berufliche Perspektiven. Weinheim: Beltz, 1999.

CORDES, M.: Chefinnen. Zur Akzeptanz von weiblichen Vorgesetzten bei Frauen. Opladen: Leske + Budrich, 2001.

CROZIER, M. & FRIEDBERG, E.: Macht und Organisation. Die Zwänge kollektiven Handelns. Königsstein: Athenäum, 1979.

CYBA, E.: Geschlecht und soziale Ungleichheit. Konstellationen der Frauenbenachteiligung. Opladen: Leske + Budrich, 2000.

DAWKINS, M. S.: Die Entdeckung des tierischen Bewußtseins. Heidelberg: Spektrum, 1994.

DERICHS-KUNSTMANN, K., MÜTHING, B. (Hg.): Frauen lernen anders. Theorie und Praxis der Weiterbildung für Frauen. Bielefeld: Kleine, 1993.

DERICHS-KUNSTMANN, K., AUSZRA, S., MÜTHING, B.: Von der Inszenierung des Geschlechterverhältnisses zur geschlechtsgerechten Didaktik. Bielefeld: Kleine, 1999.

DICK, P.: Frauenförderung als Ansatzpunkt zur unternehmerischen Gestaltung der Personalarbeit – Darstellung aus Sicht der Wissenschaft. In: Wunderer, R., Kuhn, T.(Hg.): Innovatives Personalmanagement. Theorie und Praxis unternehmerischer Personalarbeit. Neuwied: Luchterhand, 1995, S. 333-351.

DIEHL-BECKER, A.: Personal-Effectiveness-Trainings für Frauen. Göttingen: Hogrefe, 1991.

DIENEL, C.: Frauen in Führungspositionen in Europa. München: Verlag Deutsches Jugendinstitut, 1996.

DION, K. L.: Sex, Gender, and Groups: Selected Issues. In: O'LEARY, V. E., UNGER, R. K., WALLSTON, B. S. (Ed.): Women, gender, and social psychology. Hillsdale: Erlbaum, 1985, p. 293-347.

DOBNER, E.: Wie Frauen führen. Innovation durch weibliche Führung. Heidelberg: Sauer, 1997.

DÖRING, C.: Frauenförderung im Betrieb und Weiterbildung. In: DÖRING, K. W. & RITTER-MAMCZEK, B.: Weiterbildung im lernenden System. Weinheim: Deutscher Studien Verlag, 1999, S. 349-370.

DOMSCH, M. E.: Karrierewege von Frauen in Führungspositionen in Deutschland. In: Japanisch-Deutsches-Zentrum Berlin (Hg.): Frauen in Führungspositionen. München: IUDICIUM, 2002, S. 68-92.

DOMSCH, M. E., REGNET, E.: Weibliche Fach- und Führungskräfte. Wege zur Chancengleichheit. Stuttgart: Schäffer, 1990.

DOMSCH, M. E., HADLER, A., KRÜGER, D.: Personalmanagement & Chancengleichheit. München: Hampp, 1994.

DOMSCH, M. E., LUDWIG, A.: Dual Career Couples: Die unerkannte Zielgruppe. In: GROSS, W. (Hg.): Karriere 2000. Hoffnungen – Chancen – Perspektiven – Probleme – Risiken. Bonn: Deutscher Psychologen Verlag, 1998, S. 127-143.

DOMSCH, M. E., KLEININGER, K., LADWIG, D. H., STRASSE, C.: Teilzeitarbeit für Führungskräfte. München: Hampp, 1994.

DORST, B.: Psychodynamische und gruppendynamische Besonderheiten von Frauengruppen. Supervision, 20, 1991, S. 8-21.

DOVIDO, J. F., ELLYSON, S. L.: Decoding visual dominance: Attributions of power based on relative percentage of looking while speaking and looking while listening. Coc. Psychol. Quart., 1982, 45, S. 106-113.

EDDING, C.: Einbruch in den Herrenclub. Reinbek: Rowohlt, 1983.

EDDING, C.: Frauen und Männer in der Erwachsenenbildung. In: MÜLLER, K. R. (Hg.): Kurs- und Seminargestaltung. Weinheim: Beltz, 1992, 4, S. 82-95.

EKMANN, P.: Weshalb Lügen kurze Beine haben. Berlin: de Gruyter, 1989.

EMMERICH, A.: Führung von unten. Konzept, Kontext und Prozess. Wiesbaden: Deutscher Universitäts-Verlag, 2001.

ERNST, S.: Geschlechterverhältnisse und Führungspositionen. Opladen: Westdeutscher Verlag, 1999.

EUROSTAT (Hg.): Das Leben von Frauen und Männern in Europa. Ein statistisches Porträt. Themenkreis 3 – Bevölkerung und soziale Bedingungen. Luxemburg, 2002.

EXLINE, R. V. & WINTERS, L. C.: Affective Relations and Mutual Glances in Dyads" in: TOMKINS, S. & IZARD, C. (Hg.): Affect, Cognition, and Personality. New York: Springer, 1965, S. 319-350.

FREVERT, U.: Frauen – Geschichte. Zwischen Bürgerlicher Verbesserung und Neuer Weiblichkeit. Frankfurt/Main: Suhrkamp – Verlag, 1986.

FRIEDEL – HOWE, H.: Zusammenarbeit von weiblichen und männlichen Fach- und Führungskräften. In: DOMSCH, M., REGNET; E.: Weibliche Fach- und Führungskräfte. Wege zur Chancengleichheit. Stuttgart: Schäffer, 1990, S. 16-34.

FRIEDEL – HOWE, H.: Frauen und Führung: Mythen und Fakten. In: ROSENSTIEL, L. v., REGNET, E., DOMSCH, M. (Hg.): Führung von Mitarbeitern. Stuttgart: Schäffer-Poeschel, 1993, S. 455-467.

FRIEZE, I. H., FISHER, J. R., HANUSA, B. H., MCHUGH, M. C., VALE, V. A.: Attributions of the cause of success and failure as internal and external barriers to achievement. In: SHERMAN, J. L., DENMARK, F. L. (Hg.): The psychology of women. Future directions in research. New York: Psychological Dimensions Inc., 1978, S. 519-552.

GEENEN, E. M.: Blockierte Karrieren. Frauen in der Hochschule. Opladen: Leske & Budrich, 1994.

GEISSLER, R.: Die Sozialstruktur Deutschlands. Opladen: Westdeutscher Verlag, 1996.

GERBER, P.: Wann ist Weiterbildung mit Frauen feministisch? In: BENTNER, A., PETERSEN, S. J. (Hg.): Neue Lernkultur in Organisationen. Personalentwicklung und Organisationsberatung mit Frauen. Frankfurt: Peterson, 1996, S. 137-142.

GERMANN, G.: Der Krieg ist der Vater aller Dinge oder: Die Auseinandersetzung zwischen weiblicher und männlicher Kultur als Anstoß zur Unternehmensentwicklung. In: BENTNER, A., PETERSEN, S. J. (Hg.): Neue Lernkultur in Organisationen. Personalentwicklung und Organisationsberatung mit Frauen. Frankfurt: Peterson, 1996, S. 173-188.

Gewerkschaft Öffentliche Dienste, Transport und Verkehr (Hg.): Frauenfördergesetz des Bundes. ötv-Materialien Nr. 6, o. J.

GÖTZ, K., GEISLER, J.: Weibliche Führung. In: Götz, K.: Führungskultur. Die individuelle Perspektive. München: Hampp, 1999, S. 119-141.

GOFFMAN, E: Interaktion und Geschlecht. Frankfurt: Campus, 1994.

GOLDBERG, P. A.: Are women prejudiced against women? Transaction, 5, 1968, S. 28-30.

GOOS, G., HANSEN, K.: Frauen in Führungspositionen. Münster: Waxmann, 1999.

GOTTSCHALL, K.: Soziale Ungleichheit und Geschlecht. Opladen: Leske + Budrich, 2000.

GREENBURG, D.: How to be a Jewish Mother. Los Angeles: Price, Stern, Sloan, 1983.

GROSSMANN, H.: Sozialer Wandel und seine Folgen für die Lebenssituation von Kindern – eine soziologische Perspektive. In: STURZBECHER, D. (Hg.): Kindertagesbetreuung in Deutschland. Bilanzen und Perspektiven. Freiburg i. B.: Lambertus, 1998.

GUTEK, B.: Sexuality in the Workplace. Key Issues in Social Research and Organizational Practice. In: HEARN, J. et al. (Hg.): The Sexuality of Organization. London, 1989.

HABERMAS, J.: Vorstudien und Ergänzungen zur Theorie des kommunikativen Handelns. Frankfurt/Main: Suhrkamp – Verlag, 1984.

HADLER, A.: Frauen und Führungspositionen. Frankfurt/Main: Lang, 1995.

HAGEMANN-WHITE, C.: Sozialisation: Weiblich-männlich? Opladen: Leske + Budrich, 1984.

HALFORD, S.; SAVAGE, M. & WITZ, A.: Gender, Careers and Organisations. Current Developments in Banking, Nursing and Local Government. London: Macmillan, 1997.

HALPERN, D. F.: Sex differences in cognitive abilities. Hillsdale, N. J.: Erlbaum, 1992.

HANSEN, R. D., O'LEARY, V. E.: Sex-determined attributions. In: O'LEARY, V. E., UNGER, R. K., WaLLston, B. S. (Ed.): Women, gender, and social psychology. Hillsdale: Erlbaum, 1985, S. 67-99.

HARRIS, A. B. & T. A.: Einmal o.k., immer o.k.. Transaktionsanalyse für den Alltag. Reinbek: Rowohlt, 1997.

HEFFTNER, S.: Chancengleichheit statt Frauenförderung. Zeitschrift für Arbeits- und Organisationspsychologie, 34, 1990, S. 46-50.

HEINTZ, B., NADAI, E., FISCHER, R., UMMEL, H.: Ungleich unter Gleichen. Studien zur geschlechtsspezifischen Segregation des Arbeitsmarktes. Frankfurt a. M.: Campus, 1997.

HELGESEN, S.: Frauen führen anders. Vorteile eines neuen Führungsstils. Frankfurt a. M.: Campus, 1991.

HENLEY, N.: Körperstrategien. Geschlecht, Macht und nonverbale Kommunikation. Frankfurt/Main: Fischer-Verlag, 1988.

HENNIG, M. & JARDIM, A.: Frau und Karriere. Erwartungen, Vorstellungen, Verhaltensweisen. Reinbek: Rowohlt, 1978.

HENNERSDORF, S.: Aufstiegsdiskriminierung von Frauen durch Mitarbeiterbeurteilungen. Wiesbaden: DeutscherUniversitätsVerlag, 1998.

HENRY-HUTHMACHER, C.: „... und wer passt auf Ihre Kinder auf?" Vereinbarkeitspolitik in Europa. Die politische Meinung, 394, 2002, S. 31-36.

HENSS, R.: „Spieglein, Spieglein an der Wand...". Geschlecht, Alter und physische Attraktivität. Weinheim: PsychologieVerlagsUnion, 1992.

HERKNER, W.: Sozialpsychologie. Bern: Huber, 1995, 5.

HERTZER, K. & WOLFRUM, C.: Lexikon der Irrtümer über Männer und Frauen. Frankfurt/Main: Eichborn, 2001.

HILDEBRANDT-WOECKEL, S.: Karrierefalle Erziehungsurlaub. Reinbek/Hamburg: Rowohlt, 1999.

HIRSCHAUER, S.: Das Vergessen des Geschlechts. Zur Praxeologie einer Kategorie sozialer Ordnung. In: Kölner Zeitschrift für Soziologie und Sozialpsychologie, 2001, S. 208-235.

HINZ, T. & SCHÜBEL, T.: Geschlechtersegregation in deutschen Betrieben. Mitteilungen aus der Arbeitsmarkt- und Berufsforschung, 3, 2001, S. 286 – 301.

HITE, S.: Sex & Business. Männer und Frauen bei der Arbeit. München: Financial Times Prentice Hall, 2001.

HÖKE, F.: Qualitätsmanagement als Herausforderung für den Kindergarten. Unveröffentlichte Diplomarbeit, Fachhochschule Düsseldorf, 2000.

HOFMANN, I., KÖRNER, K., FÄRBER, C., GEPPERT, J., RÖSGEN, A., WANZEK, U.: Gender Mainstreaming in Sachsen-Anhalt: Konzepte und Erfahrungen. Opladen: Leske + Budrich, 2003.

HOHNER, H.-U., GROTE, S., HOFF, E.-H.: Unterschiede auf dem Weg nach oben. Deutsches Ärzteblatt, 100, 4, 2003, S. 148-151.

HONNEGER, C. & HEINTZ, B. (Hg.): Listen der Ohnmacht. Zur Sozialgeschichte weiblicher Widerstandsformen. Frankfurt/Main: Europäische Verlagsanstalt, 1984.

HORNUNG, U.: Berufliche Gleichstellung und die Politik der Differenz: Frauenförderung im Mittelstand. Zeitschrift für Frauenforschung, 3, 1996, S. 39-48.

HORNUNG, U.: Geschlechterdemokratie in neoliberaler Zeit. Gewerkschaftliche Monatshefte, H. 12, 51. Jg., 2000a, S. 689-697.

HORNUNG; U.: Let's do „Gender". And don't forget „Sex"!? Reflexionen über berufliche Gleichstellung, A-Sexualisierung und Frauenförderung am Beispiel mittlerer Dienstleister.In: LENZ, I., NICKEL, H. M., RIEGRAF, B. (Hg.): Geschlecht Arbeit Zukunft. Münster: Verlag Westfälisches Dampfboot, 2000, S. 96-126.

HUMMELL, H. J., ZIEGLER, R.: Korrelation und Kausalität. Stuttgart: Enke, 1976.

HYDE, J. S.: Half the Human Experience. The Psychology of Women. Lexington: Heath and Company, 1991.

IRIGARAY, L.: Ethik der sexuellen Differenz. Frankfurt/M.: 1991.

JÜNGLING, C.: Geschlechterpolitik in Organisationen. In: KRELL, G., OSTERLOH, M. (Hg.): Personalpolitik aus der Sicht von Frauen. München: Hampp, 1993, S. 173-205.

JÜNGLING, C.: Politik, Macht und Entscheidungen in Projektgruppen. Münster: Waxmann, 1995.

JUNGBAUER-GANS, M.: Frauen als Unternehmerinnen. Eine Untersuchung der Erfolgs- und Überlebenschancen neugegründeter Frauen- und Männerbetriebe. Frankfurt/M.: Lang, 1993.

JURCZYK, K.: Arbeitszeit, Familie und Geschlechterverhältnisse – die Erosion von Normalitäten. Empirische Ergebnisse. Zeitschrift für Personalforschung, 3, 1998, S. 302-318.

KANTER, R. M.: Men and women of the corporation. New York: Harper Collings, 1993.

KAY, R.: Diskriminierung von Frauen bei der Personalauswahl. Problemanalyse und Gestaltungsempfehlungen. Wiesbaden: Deutscher Universitätsverlag, 1998.

KELLNER, H.: Projekte konfliktfrei führen. München: Hanser, 1996.

KIRCHLER, E., WAGNER, J., BUCHLEITNER, S.. Der langsame Wechsel in Führungsetagen – Meinungen über Frauen und Männer als Führungspersonen. Zeitschrift für Sozialpsychologie, 1996, S. 148-166.

KIEPER-WELLMER, M.: Wo Frauen unter sich sind. Supervision, 20, 1991, S. 22-32.

KLAMMER, U.: Managerin gesucht. Erwerbstätige Mütter in Europa zwischen Sozialpolitik und sozialer Praxis. WSI – Mitteilungen, 5, 2001, S. 329-336.

KLINGEN, N.: Geschlecht und Führungsstruktur. München: Hampp, 2001.

KÖNIG, O.: Macht in Gruppen. Gruppendynamische Prozesse und Interventionen. München: Pfeiffer, 1996.

KOHN, S., BREISIG, T.: Teilzeitarbeit für Führungskräfte? Erkenntnisse aus einer Fallstudie. Arbeit, Heft 2, Jg. 8, 1999, S. 162-178.

KOTTHOFF, H.: Kommunikative Stile, Asymmetrie und „Doing Gender". Feministische Studien, 2, 1993, S. 79-95.

KOTTHOFF, H.: Geschlecht als Interaktionsritual? In: GOFFMAN, E: Interaktion und Geschlecht. Frankfurt: Campus, 1994, S. 159-194.

KREISSL, R.: Die ewige Zweite. Warum die Macht den Frauen immer eine Nasenlänge voraus ist. München: Droemer, 2000.

KRELL, G., OSTERLOH, M. (Hg.): Personalpolitik aus der Sicht von Frauen. Was kann die Personalforschung von der Frauenforschung lernen? München: Hampp, 1993.

KRELL, G.: Ecksteine einer erfolgversprechenden Gleichstellungspolitik. Personal, 3, 1997a, S. 143-145.

KRELL, G.: Von der Entwicklungshilfe zum Erfolgsfaktor. Trojaner, 8/1997b, S. 15-17.

KRUMPHOLZ, D.: Kognitionen von Studierenden während einer mündlichen Prüfung in Abhängigkeit von Prüfungsängstlichkeit, Geschlecht und Studienfach. Zeitschrift für Differentielle und Diagnostischen Psychologie, 14, 1993, S. 177-188.

KRUMPHOLZ, D.: „Ich schau' Dir in die Augen, Kleines." Weibliches Geschlechtsrollenstereotyp, äußeres Erscheinungsbild von Frauen und Führungsarbeit. Gruppendynamik, 27, 1996, S. 181-187.

KRUMPHOLZ, D.: Die Konsequenzen des Wertewandels für Organisationen und Führungskräfte. Gruppendynamik, 29, 1998, S. 349-358.

KRUMPHOLZ, D.: Frauen in Arbeitsgruppen und Organisationen. Gruppendynamik, 30, 1999, S. 415-426.

KRUMPHOLZ, D.: Die Großgruppenveranstaltung: Plattform für öffentlichen Auftritt und Vernetzung. In: Roos-Schumacher, H. (Hg.): Kompetent in die Öffentlichkeit. Opladen: Leske + Budrich, 2001, S. 123-141.

KRUSE, L., NIEDERFRANKE, A. HARTMANN, U.: Frauen in Führungspositionen. Gutachten für die Enquète-Kommission „Zukünftige Bildungspolitik – Bildung 2000" des 11. Deutschen Bundestages. Bonn: o. V., 1991.

KÜMMERLING, A. & HASSEBRAUCK, M.: Schöner Mann und reiche Frau? Die Gesetze der Partnerwahl unter der Berücksichtigung gesellschaftlichen Wandels. Zeitschrift für Sozialpsychologie, 32, 2, 2001, S. 81-94.

LANGE, R.: Geschlechterverhältnisse im Management von Organisationen. München: Hampp, 1998.

LANGMAACK, B., BRAUNE-KRICKAU, M.: Wie die Gruppe laufen lernt. München: PsychologieVerlagsUnion, 1989, 3.

LEHNERT, N.: „...und jetzt wollen Sie uns wieder in die Frauenecke stellen!" Die Bedeutung der Kategorie Geschlecht in den Vorstellungen von Frauenförderung. Bielefeld: Kleine, 1999.

LENZ, I., NICKEL, H. M., RIEGRAF, B. (Hg.): Geschlecht Arbeit Zukunft. Münster: Verlag Westfälisches Dampfboot, 2000.

LUDWIG, S.: Geschlechtsspezifische Aspekte der Leistungsmotivation. Psychologie, Erziehung, Unterricht, 30, 1983, S. 7-15.

LUHMANN, N.: Frauen, Männer und George Spencer Brown. Zeitschrift für Soziologie, 17, 1, 1988, S. 47-71.

LUSZYK, D.: Geschlechtsunterschiede in Partnerwahlpräferenzen. Ein Beitrag zur Diskussion zwischen Evolutionspsychologie und Sozioökonomie. Zeitschrift für Sozialpsychologie, 32, 2, 2001, S. 95-106.

MACHA, H.: Erfolgreiche Frauen. Wie sie wurden, was sie sind. Frankfurt/M.: Campus, 2000.

MACHARZINA, K., WOLF, J., DÖBLER, T.: Werthaltungen in den neuen Bundesländern. Strategien für das Personalmanagement. Wiesbaden: Gabler, 1993.

MAINDOK, H.: Frauenalltag in Männerberufen. Frankfurt/M.: Fischer, 1987.

MEYER, S.: Das kommentierte Internet-Adressbuch 2000. Orlanda-Verlag, 2000.

MENGEL-BELABBES, K.: Möglichkeiten und Schwierigkeiten hochqualifizierter Frauen auf dem Arbeitsmarkt. Informatikerinnen in der Bundesrepublik. Aus Politik und Zeitgeschichte. Beilage zur Wochenzeitung Das Parlament, B 22-23/98, 22. 5. 1998.

MERZ, F.: Geschlechterunterschiede und ihre Entwicklung. Göttingen: Hogrefe, 1979.

MICHEL, U.: Zur Teamdynamik von Frauenteams in unterschiedlichen Arbeitsfeldern. In: BENTNER, A., PETERSEN, S. J. (Hg.): Neue Lernkultur in Organisationen. Personalentwicklung und Organisationsberatung mit Frauen. Frankfurt a. M.: Peterson, 1996, S. 145-170.

MILWID, B.: Allein unter Männern. Düsseldorf: ECON, 1993.

MINDELL, P.: Starke Frauen sagen was sie wollen. München: Hugendubel, 2000 (Sphinx).

MINER, V., LONGINO, H. E. (Hg.): Konkurrenz. Ein Tabu unter Frauen. München: Frauenoffensive, 1990.

MOHNECK, B.: Wandel des Verhaltens von Frauen und Männern in Führungspositionen., Mainz: Unveröff. Diss., Johannes Gutenberg-Universität, 1998.

MOHNEN-BEHLAU, E., MEIXNER, H.-E. (Hg.): Frauenförderung in Verwaltung und Wirtschaft. Gleichstellung der Frau im Beruf. Regensburg: Walhalla und Praetoria-Verlag, 1991.

MÜHLEN ACHS, G.: Geschlecht bewusst gemacht. Körpersprachliche Inszenierungen – Ein Bilder- und Arbeitsbuch. München: Frauenoffensive, 1998.

MÜLLER, G. F., BIERHOFF, H. W.: Unterstützung und Leistung in Projektgruppen. Affektive Prozesse und stimmungsklimatische Einflüsse. In: SPIESS, E. & NERDINGER, F. W. (Hg.): Kooperation in Unternehmen. München: Hampp, 1998, S. 165-183.

MÜLLER, M.: Rendezvous am Arbeitsplatz. Niedernhausen: Mosaik, 2001.

MÜLLER, U.: Sexualität, Organisation und Kontrolle. In: AULENBACHER, B., GOLDMANN, M. (Hg.): Transformationen im Geschlechterverhältnis. Frankfurt a. M.: Campus, 1993, S. 97-114.

MÜLLER, U.: Asymmetrische Geschlechterkultur in Organisationen und Frauenförderung als Prozess – mit Beispielen aus Betrieben und der Universität. Zeitschrift für Personalforschung, 12, 2, 1998 S. 123-142.

MÜLLER; U:: Asymmetrische Geschlechterkultur in Organisationen und Frauenförderung als Prozess – mit Beispielen aus Betrieben und der Universität. In: LENZ, I., NICKEL, H. M., RIEGRAF, B. (Hg.): Geschlecht Arbeit Zukunft. Münster: Verlag Westfälisches Dampfboot, 2000, S. 126-144.

MÜLLER, U.: Zwischen Licht und Grauzone: Frauen in Führungspositionen. Arbeit, Heft 2, Jg. 8, 1999, S. 137-161.

NERGE, S., STAHMANN, M.: Mit Seidentuch und ohne Schlips. Frauen im Management. Eine empirische Untersuchung ihrer Lebens- und Arbeitsbedingungen. Frankfurt a. M.:, 1991.

NEUBAUER, R .: Frauen im Assessment Center – ein Gewinn? Zeitschrift für Arbeits- und Organisationspsychologie, 34, 1990, S. 29-36.

NEUBERGER, O.: Von sich reden machen. Geschichtsschreibung in einer organisierten Anarchie. In: VOLLMERG, B., LEITHÄUSER, T., NEUBERGER, O., ORTMANN, G., SIEVERS, B.: Nach allen Regeln der Kunst. Macht und Geschlecht in Organisationen. O. O.: Kore, 1995, S. 25-72.

NEUBERGER, O.: Mikropolitik. Stuttgart: Enke, 1995.

NICKEL, H. M., VÖLKER, S., HÜNIG, H. (Hg.): Transformation – Unternehmensreorganisation – Geschlechterforschung. Opladen: Leske & Budrich, 1999.

NIELSEN, L.: Die Verdrängung von Männerarbeit durch Frauenarbeit in der Industrie. Dissertation Universität Bonn, 1920.

NITZSCHE, I.: Abenteuer Karriere. Ein Survival-Guide für Frauen. Reinbek: Rowohlt, 2000.

O'LEARY, V. E., UNGER, R. K., WALLSTON, B. S. (Ed.): Women, gender, and socialpsychology. Hillsdale: Erlbaum, 1985.

OPPERMANN, K., WEBER, E.: Frauensprache – Männersprache. Die verschiedenen Kommunikationsstile von Männern und Frauen. Landsberg a. L.: verlag moderne industrie, 1995.

ORTMANN, G.: Heuchelei, Bigotterie, Intrige. Eine Apologie. In: VOLLMERG, B., LEITHÄUSER, T., NEUBERGER, O., ORTMANN, G., SIEVERS, B.: Nach allen Regeln der Kunst. Macht und Geschlecht in Organisationen. O. O.: Kore, 1995, S. 99-136.

OSTERLOH, M. & LITTMANN-WERNLI, S.: Die „gläserne Decke": Realität und Widersprüche. In: PETERS, S. & BENSEL, N. (Hg.): Frauen und Männer im Management. Wiesbaden: Gabler, 2000, S. 123-140.

PINKER, S.: Wie das Denken im Kopf entsteht. München: Kindler, 1998.

PLOGSTEDT, S. & DEGEN, B.: Nein heißt nein! München: Piper, 1992.

QUACK, S.: Unternehmensreorganisation, Karrierewege und Geschlecht. In: NICKEL, H. M., VÖLKER, S., HÜNIG, H. (Hg.): Transformation – Unternehmensreorganisation – Geschlechterforschung. Opladen: Leske & Budrich, 1999, S. 110-130.

RASTETTER, D.: Sexualität und Herrschaft in Organisationen. Opladen: Westdeutscher-Verlag, 1994.

RAU, I.: Weibliche Führungskräfte. Ursachen ihrer Unterrepräsentanz und Konsequenzen für die Förderung von Frauen in Führungspositionen. Frankfurt a. M.: Lang. 1995.

RAUTENBERG, W., ROGOLL, R.: Werde, der du werden kannst. Persönlichkeitsentfaltung durch Transaktionsanalyse. Freiburg: Herder, 1995.

REGNET, E.: Konflikte in Organisationen. Göttingen: Verlag für Angewandte Psychologie, 2001.

REINHOLD, B.: Frauen und Leitung in der Freien Wohlfahrtspflege. In: MAECKLICHE, B. (Hg.): Beratung und Entwicklung sozialer Organisationen. Baden-Baden: Nomos, 1994, S. 121-131.

RIDGEWAY, C. L.: Interaktion und die Hartnäckigkeit der Geschlechter-Ungleichheit in der Arbeitswelt. In: Kölner Zeitschrift für Soziologie und Sozialpsychologie, 2001, S. 250-275.

RIEGRAF, B.: Organisationswandel, Organisationslernen und das Geschlechterverhältnis. In: LENZ, I., NICKEL, H. M., RIEGRAF, B. (Hg.): Geschlecht, Arbeit, Zukunft. Münster: Westfälisches Dampfboot, 2000, S. 150-177.

RIES, M.-L.: Erfahrungen mit frauenspezifischer Bildungsarbeit in Betrieben. In: STALDER, et al.: Frauenförderung konkret. Handbuch zur Weiterbildung im Betrieb. Zürich: vdf, 1997, S. 165-176.

RODA-LEGER, P.: TED: Testsystem zur Erfassung von Denk- und Kommunikationsstilen in der Führungskräfte-Entwicklung. Frankfurt/M.: Swets, 1998.

ROLOFF, C.: Professionalisierung und erzeugte Fachdistanz. In: WETTERER, A. (Hg.): Profession und Geschlecht. Über die Marginalität von Frauen in hochqualifizierten Berufen. Frankfurt/M.: Campus, 1992, S. 133-143.

ROSENER, J. B.: Ways women lead. Harvard Businness Review, Nov.-Dec. 1990, S. 119-125.

ROSENSTIEL, L. v., REGNET, E., DOMSCH, M. (Hg.): Führung von Mitarbeitern. Stuttgart: Schäffer-Poeschel, 1993.

RUBLE, T. L.: Sex stereotypes: Issues of change in the 1970s. Sex Roles, 1982, 9, S. 297-304.

RÜDENAUER, M. R. A.: Econ – Handbuch der Verhandlungspraxis. Düsseldorf: Econ, o. J.

RÜHL, M.: Netzwerke und Cross-Mentoring-Strategien bei der Lufthansa. In: PETERS, S. & BEN-SEL, N. (Hg.): Frauen und Männer im Management. Wiesbaden: Gabler, 2000, S. 190-199.

SCHATTAT – FISCHER, B.: Frauenförderung nach dem 2. Gleichberechtigungsgesetz. Der Personalrat, 12, 1994, S. 541-547.

SCHAUFLER, B.: Frauen in Führung! Bern: Huber, 2000.

SCHEFFLER, S.: Organisationskultur in Frauenprojekten. In: PÜHL, H. (Hg.): Supervision in Institutionen. Frankfurt a. M.: Fischer, 1997, S. 226-240.

SCHIERSMANN, C.: Weiblicher Lebenszusammenhang und Weiterbildung. In: DERICHS – KUNSTMANN, K., MÜTHING, B. (Hg.): Frauen lernen anders. Theorie und Praxis der Weiterbildung für Frauen. Bielefeld: Kleine, 1993, S. 93-11110.

SCHIERSMANN, C.: Frauen und berufliche Weiterbildung – Erfahrungen und neue Projekte: Eine Bilanz aus Deutschland. In: STALDER, B. et al.: Frauenförderung konkret. Handbuch zur Weiterbildung im Betrieb. Zürich: vdf, 1997, S. 277-293.

SCHLICK, G. H.: Projektmanagement – Gruppenprozesse – Teamarbeit. Renningen-Malmsheim: expert, 1997, 2.

SCHMITT, B.: Professionalisierungsprozesse und Frauenbeteiligung in der Informatik. In: WETTERER, A. (Hg.): Profession und Geschlecht. Über die Marginalität von Frauen in hochqualifizierten Berufen. Frankfurt/M.: Campus, 1992, S. 145-156.

SCHREYÖGG, A.: Konfliktcoaching. Frankfurt/M.: Campus, 2002.

SCHREYÖGG, F.: Zum Einfluss von Geschlechtsrollenstereotypen auf die Beurteilung der Arbeitsleistung. OSC Organisationsberatung – Supervision – Clinical Management, 5, 1, 1998, S. 27-46.

SCHÖLER- MACHER, B.: Auf den Spuren einer möglichen Fremdheit von Frauen in der Politik. In: WETTERER, A. (Hg.): Profession und Geschlecht. Über die Marginalität von Frauen in hochqualifizierten Berufen. Frankfurt/M.: Campus, 1992, S. 145-156.

SCHÖNFELD, S. & TSCHIRNER, N.: Mentoring – Programme für Frauen. In: PETERS, S. & BEN-SEL, N. (Hg.): Frauen und Männer im Management. Wiesbaden: Gabler, 2000, S. 242-259.

SCHREYER, F.: Frauen sind häufiger arbeitslos – gerade wenn sie ein „Männerfach" studiert haben. Aktuelle Analysen aus dem Institut für Arbeitsmarkt- und Berufsforschung der Bundesanstalt für Arbeit. Kurzbericht Nr. 14 vom 29. 9. 1999.

SCHULTE-FLORIAN, G.: Determinanten der Karriere. Eine theoretische Analyse unter Berücksichtigung geschlechtsspezifischer Besonderheiten. München: Hampp, 1999.

SCHULZ – GAMBARD, J., GLUNK, U., GULDENSCHUH, C., HELFERT, G.: Maßnahmen deutscher Wirtschaftsunternehmen zur vermehrten Integration von Frauen in den: eine Bestandsaufnahme. Zeitschrift für Frauenforschung, 4, 11, 1991.

SCHWARZ, G.: Konfliktmanagement. Sechs Grundmodelle der Konfliktlösung. Wiesbaden: Gabler, 1995, 2.

SEEG, B.: Frauen und Karriere. Strategien des beruflichen Aufstiegs. Frankfurt/Main: Campus, 2000.

SIEVERDING, M. : Geschlecht und physische Attraktivität. In: HASSEBRAUCK, M. & R. (Hg.): Physische Attraktivität. Göttingen: Hogrefe, 1993, S. 235-269.

SIX, B. & ECKES, T.: A closer look at the complex structure of gender stereotypes. Sex, 24, 1991, S. 57-71.

SPREEMANN, S.: Geschlechtsstereotype Wahrnehmung von Führung. Der Einfluß einer maskulinen oder femininen äußeren Erscheinung. Hamburg: Kovac, 2000.

STALDER, B.: Frauenspezifische Weiterbildung im Betrieb. Eine Untersuchung. Zürich: vdf, 1995.

STALDER, B. et al.: Frauenförderung konkret. Handbuch zur Weiterbildung im Betrieb. Zürich: vdf, 1997.

Statistisches Bundesamt, Mikrozensus, 1998: Erwerbsbeteiligung der Mütter. Mitteilung für die Presse, 15. 4. 1999. http://www.statistik-bund.de/presse/deutsch/pm/p9135031.htm

Statistisches Bundesamt (Hg.): Statistik der Sozialhilfe: Empfänger/-innen von laufender Hilfe zum Lebensunterhalt am 31. 12. 2000.

SÜLLWOLD, S.: Frauenförderung. Aufgaben, Befugnisse und Zusammenarbeit von Frauenbeauftragten und Personalvertretungen. Bonn: DeutscherBeamtenBund-Verlag, 1995.

TANNEN, D.: Job – Talk. Wie Frauen und Männer am Arbeitsplatz miteinander reden. Hamburg: Kabel, 1995.

TEUBNER, U.: Geschlecht und Hierarchie. In: WETTERER, A. (Hg.): Profession und Geschlecht. Über die Marginalität von Frauen In hochqualifizierten Berufen. Frankfurt/M.: Campus, 1992, S. 45-50.

THOMAS, R. F.: Chefsache Mobbing. Wiesbaden: Gabler, 1993.

TOMASKOVIC-DEVEY, D. & SKAGGS, S.: Führt Bürokratisierung zu geschlechtsspezifischer Segregation? In: Kölner Zeitschrift für Soziologie und Sozialpsychologie, 2001, S. 308-331.

TRÖMEL-PLÖTZ, S.: Frauensprache: Sprache der Veränderung. Frankfurt/M.: Fischer-Verlag, 1984.

TUCKMAN, B. W.: Developmental Sequence in Small Groups. Psychological Bulletin, 63, 1965, S. 384-399.

VEIL, M.: Wohlfahrtsstaaten und Geschlechterbeziehungen: Wie revisionsbedürftig sind feministische Theorien? In: STOLZ-WILLIG, B., VEIL, M. (Hg.): Es rettet uns kein höh'res Wesen. Feministische Perspektiven der Arbeitsgesellschaft. Hamburg: VSA-Verlag, 1999, S. 192-214.

WALLSTON, B. S., O'LEARY, V. E.: Sex makes a difference: differential perceptions of women and men. In: WHEELER, L. (Ed.): Review of personality and social psychology. Beverly Hills: Sage, 1981, 2.

WEBER, C.: Neue Produktionskonzepte: Folgen für Frauen. München: Hampp, 1998.

WEINERT, A. B.: Organisationspsychologie. München: PsychologieVerlags-Union, 1998.

WEINERT, A. B.: Geschlechtsspezifische Unterschiede im Führungs- und Leistungsverhalten. In: DOMSCH, M., REGNET, E. (Hg.): Weibliche Fach- und Führungskräfte. Wege zur Chancengleichheit. Stuttgart: Schäffer, 1990, S. 35-66.

WEST, C. & ZIMMERMAN, D. H.: Doing Gender. Gender & Society, 1987, 1, S. 125-151.

WETTERER, A. (Hg.): Profession und Geschlecht. Über die Marginalität von Frauen in hochqualifizierten Berufen. Frankfurt/M.: Campus, 1992.

WEX, M.: „Weibliche" und „männliche" Körpersprache als Folge patriarchalischer Machtverhältnisse. Frankfurt/M.: Frauenliteraturvertrieb, 1980.

WIECHMANN, E., KESSLER, L.: Frauenförderung zwischen Integration und Isolation. Berlin: Sigma, 1997.

WILL, H.: Zielarbeit in Organisationen. Frankfurt/Main: Lang, 1992.

WILLIAMS, J. E. & BEST, D. L.: Measuring sex stereotypes. A thirty nation study. Beverly Hills: Sage, 1982.

WIMBAUER, C.: Organisation, Geschlecht, Karriere. Fallstudien aus einem Forschungsinstitut. Opladen: Leske + Budrich, 1999.

WINSEN, van C.: Die Stärke der Frauen sichtbar machen – Wie Frauen in Führungspositionen durch eigene Netzwerke Selbstsicherheit erfahren und Beweglichkeit gewinnen. In: WUNDERER, R., DICK, P. (Hg.): Frauen im Management. Kompetenzen. Führungsstile. Fördermodelle. Neuwied: Luchterhand, 1997, S. 296-308.

WIRTH, L.: Breaking through the glass ceiling. Women in management. Genf: International Labour Office, 2001.

WUNDERER, R.: Führung des Chefs. In: ROSENSTIEL, L. v., REGNET, E. & DOMSCH, M. (Hg.): Führung von Mitarbeitern. Stuttgart: Schäffer-Poeschel, 1993, S. 237-258.

WUNDERER, R., DICK, P. (Hg.): Frauen im Management. Kompetenzen. Führungsstile. Fördermodelle. Neuwied: Luchterhand, 1997.

YOUNG, I. M.: Geschlecht als serielle Kollektivität: Frauen als soziales Kollektiv. In: Institut für Sozialforschung (Hg.): Geschlechterverhältnisse und Politik. Frankfurt am Main: 1994, S. 221-261.

ZAUNER, M.: Förderung von Managerinnen. Frauenförderpläne als Mittel zur Erschließung weiblicher Führungskräfteressourcen. München: Hampp, 1990.